LES ANNÉES ROUGES

1, avenue de Ségur 75007 Paris
Diffusion : Les Belles Lettres
ISBN : 978-2-35096-069-2
Réalisation : Les Prairies ordinaires
Révision du manuscrit : Louise Guilbaud
Conception graphique : Maëlle Dault
Impression : Normandie Roto Impression

Alain Badiou

LES ANNÉES ROUGES

Préface d'Alain Badiou
Postface de Bruno Bosteels

LES PRAIRIES ORDINAIRES
COLLECTION « ESSAIS »

À propos des années rouges

Alain Badiou

Les trois courts textes qu'on va lire ont été écrits et publiés entre 1974 et 1976. Classiquement, on considère ces deux années comme tout à fait terminales dans la séquence « révolutionnariste » mondialement ouverte à partir du milieu des années soixante, et dont un des plus remarquables produits fut le maoïsme, sublimé en Chine par la violente tempête nommée « Révolution culturelle » et alimenté en France par Mai 68 et ses conséquences. Cette dimension finissante fut illustrée chez nous, d'abord par l'auto-dissolution de la Gauche Prolétarienne, organisation maoïste sinon la mieux inspirée, du moins la plus connue, et par l'apparition des « nouveaux philosophes » qui entendaient substituer au couple qui avait dominé les consciences depuis 68 – couple qu'on peut écrire révolution/contre-révolution, ou encore communisme/impérialisme – le couple infiniment plus bénin de la « démocratie » et du « totalitarisme ».

Pour ce qui me concerne, je n'avais aucunement, dans ces années-là, le sentiment d'une fin, et à certains égards je ne l'ai toujours pas. D'abord, avec mes amis de l'UCFML, j'avais toujours combattu la Gauche Prolétarienne, qui me paraissait une organisation dont le gauchisme tapageur était à mes yeux une sorte de snobisme sans endurance, cherchant surtout à capter l'attention des médias, et dont la disparition me semblait logique quand les temps de la politique se faisaient plus exigeants. Ensuite, la réaction intellectuelle engagée par Bernard-Henri Lévy et ses suiveurs divers ne me semblait ni nouvelle ni philosophique. On y retrouvait, sans grande modification, tous les poncifs de l'anticommunisme tels qu'ils avaient fleuri dès les années cinquante, et même avant la dernière guerre, voire depuis 1920, accompagnés d'un misérable éloge du capitalo-parlementarisme rebaptisé « démocratie » après avoir été béni aux États-Unis, pendant trente ans, sous le nom de « monde libre ». Enfin et surtout, de très nombreuses échéances militantes passionnaient notre conception de la ligne de masse – du lien politique, obligé et créateur, entre les intellectuels et les travailleurs ordinaires. Dans des usines, des foyers d'ouvriers venus d'Afrique, dans les campagnes où sévissait encore l'expropriation capitaliste de milliers de paysans, dans les cités qui entourent les grandes villes, dans la jeunesse, intellectuelle ou populaire, notre maoïsme revisité et refondu dans les actions collectives de cette époque trouvait des interlocuteurs actifs et enthousiastes. Notre doctrine était que la politique, telle que nous l'avions redéfinie dans le sillage de l'histoire, éclatante et terrifiante à la fois, du communisme mondial, se suffit à elle-même, qu'elle est, selon l'expression de Sylvain Lazarus, avant tout « une pensée », dont le subtil exercice est à lui seul une invention joyeuse. Les notions d'échec et de défaite, de victoire et de succès, nous en donnions notre propre définition, intérieure aux processus que nous suivions, aux grèves, assemblées, mouvements, constructions de noyaux ouvriers ou de comités populaires, dont nous étions comptables, et que nous éclairions dans des réunions magnifiques et dans nos publications multiformes. Nous n'avions aucunement les yeux braqués sur l'État, nous ne participions ni aux élections ni aux « négociations » syndicales. Nous étions indépendants, heureux et souverainement actifs.

J'ai été conforté, par toute la séquence ultérieure, dans la conviction qu'il fallait tenir bon, ne rien céder sur nos principes, en trouver de nouveaux, rectifier ce qui devait l'être, et quoi qu'il arrive ne jamais nous résigner à honorer l'ordre établi capitalo-parlementaire mondialisé – son économie, son État, sa vision du monde, son racisme « occidental », ses expéditions militaires impériales déguisées en humanitarisme, sa « communauté internationale » de puissants bandits –, de la moindre nuance d'acceptation. Le devenir sépulcral d'une partie du noyau dirigeant de la Gauche Prolétarienne et de tous les « nouveaux philosophes », reconvertis dans la propagande américaine de type « monde libre », le soutien aveugle aux errements dramatiques du gouvernement israélien, la servilité « démocratique » et, pire que tout, l'islamophobie – ce qui veut dire la haine du peuple déguisée en « laïcité » –, tout cela m'a garanti contre toute tentation de suivre le mouvement, par ailleurs très étendu, d'abaissement et de renégation auquel ont participé tant d'intellectuels de ma génération.

C'est pourquoi, quand je relis les trois essais ici republiés, j'ai un double sentiment. D'un côté, bien entendu, je reconnais le ton de l'époque, sa vigueur un peu raide, ses polémiques aujourd'hui devenues pour part ésotériques, cette sorte de « gai savoir » brutal, qui ne recule pas devant l'enflure et la promesse de nouveaux matins, parce qu'il est convaincu d'être du côté de la vraie vie, celle qui se dévoue à autre chose qu'à sa propre et indifférente perpétuation. Mais d'un autre côté, je ne vois rien d'essentiellement égaré, ou même d'inutile, dans l'effort dont ces écrits témoignent : inventer les ressources philosophiques qui soient aptes à accompagner, à renforcer, la nouveauté politique dont l'époque est porteuse. Qu'il s'agisse de détailler le concept actif de la contradiction, le rôle de la révolte et de la négation dans l'invention politique ; de rénover autant que faire se peut le vieux concept d'idéologie, à travers notamment une vigoureuse et attentive critique de ce qu'Althusser croit devoir lui faire dire ; ou de revenir sur l'importance et la figure matérielle de la dialectique à travers un nouvel examen de sa source hégélienne : dans tous les cas, si l'animation conjoncturelle des disputes et élans intellectuels n'est plus du même ordre, bien des conclusions demeurent, bien des pistes ouvertes doivent encore être explorées.

Témoignage des « années rouges » – entre 1965 et 1980 – et dans la ligne de ce que nos classiques, Lénine comme Mao, ont appelé leurs « essais philosophiques », ce qui veut dire des interventions dialectiques adossées à la condition politique, ces écrits sont, trente-cinq ans plus tard, à nouveau proposés au public. J'en remercie Nicolas Vieillescazes et sa maison d'édition Les Prairies ordinaires. Non seulement je n'ai jamais rien dissimulé de ce que j'ai fait et écrit, contrairement à ce que tentent de faire croire certaines canailles, mais je pense que tout ce qui fut public a vocation à le demeurer. Merleau-Ponty, mal inspiré comme souvent, a écrit que « l'Histoire n'avoue jamais ». Je suis convaincu du contraire, et qu'il est heureux pour le devenir de l'humanité qu'à la fin tout soit sur la table. Il importe en particulier que soit transmises aux jeunes générations, que des décennies de propagande réactive tentent de vouer à une existence obscure et soumise, toutes les tentatives, même les plus discutables ou les plus singulières, dont depuis des siècles l'inextinguible désir collectif de justice égalitaire est le support.

THÉORIE
DE LA CONTRADICTION
(1975)

Alain Badiou

I. Une thèse philosophique essentielle: « on a raison de se révolter contre les réactionnaires »

On connaît la formule de Mao Tsé-toung : « Le marxisme comporte de multiples principes, mais ils peuvent tous se ramener en dernière analyse à une seule phrase : on a raison de se révolter contre les réactionnaires. »

Cette phrase, si simple, est en même temps assez mystérieuse : comment est-il concevable que l'énorme entreprise théorique de Marx, ses analyses sans cesse remaniées et refondues jusqu'au plus extrême scrupule, que tout cela puisse être concentré dans une seule maxime : « On a raison de se révolter contre les réactionnaires » ? Et qu'est-ce que cette maxime ?

S'agit-il d'un constat, qui résumerait l'analyse marxiste des contradictions objectives, l'inéluctable affrontement de la révolution et de la contre-révolution ? S'agit-il d'une directive orientée vers la mobilisation subjective des forces révolutionnaires ? La vérité marxiste est-elle : on se révolte, on a raison ? Ou plutôt : il faut se révolter ? Les deux peut-être, et plus encore le mouvement en spirale de l'un à l'autre, la révolte réelle (force objective) s'enrichissant et revenant sur elle-même dans la conscience de sa raison (force subjective).

A. Pratique, théorie, connaissance

Déjà nous est ici confié quelque chose d'essentiel : tout énoncé marxiste est, d'un seul mouvement qui se divise, constat et directive. Concentré de la pratique réelle, il s'égale à son mouvement pour y retourner. Puisque ce qui est n'a d'être que dans son devenir, ce qui est théorie – connaissance de ce qui est – n'a d'être également que de se mouvoir vers ce dont il est la théorie. Toute connaissance est orientation, toute description est prescription.

La phrase « on a raison de se révolter contre les réactionnaires » l'atteste plus que toute autre. En elle s'exprime que le marxisme, avant d'être la science développée des formations sociales, est l'abrégé de ce que la révolte exige : qu'on lui donne raison. Le marxisme est prise de parti et systématisation d'une expérience partisane. L'existence d'une science des formations sociales n'a d'intérêt pour les masses que pour autant qu'elle reflète et concentre leur mouvement révolutionnaire réel.

Le marxisme doit être conçu comme la sagesse cumulée des révolutions populaires, la raison qu'elles engendrent, la fixation et la précision de leur cible. La phrase de Mao Tsé-toung situe clairement la révolte comme le lieu originaire des idées justes, les réactionnaires comme ceux dont la théorie légitime la destruction. La phrase de Mao Tsé-toung situe la vérité marxiste à l'intérieur de l'unité de la théorie et de la pratique. La vérité marxiste est ce dont la révolte fait sa raison pour abattre l'ennemi. Elle répudie toute égalité devant la vérité. D'un seul mouvement, qui est la connaissance dans sa division spécifique en description et directive, elle juge, prononce la sentence, et s'immerge dans son exécution.

Les révoltés ont connaissance, selon leur mouvement essentiel déjà donné, de leur pouvoir et de leur devoir : anéantir les réactionnaires. *Le Capital* de Marx ne dit rien d'autre : les prolétaires ont raison de renverser violemment les capitalistes. La vérité marxiste n'est pas une vérité conciliante. Elle est, par elle-même, dictature, et, s'il le faut, terreur.

La phrase de Mao Tsé-toung rappelle que, pour un marxiste, la liaison de la théorie à la pratique (de la raison à la révolte) est une condition interne de la théorie elle-même, car la vérité est processus réel, la vérité est révolte contre les réactionnaires. Il n'y a guère d'énoncé de Hegel plus profond et plus vrai que celui-ci : « L'Idée absolue, comme elle s'est donnée, est l'identité de l'Idée pratique et de l'Idée théorique, dont chacune pour soi est encore unilatérale[1]. »

La vérité absolue, pour Hegel, est l'unité contradictoire de la théorie et de la pratique. Elle est le procès ininterrompu et divisé de l'être et du Pacte. Ce que Lénine salue avec enthousiasme : « Unité de l'idée théorique (connaissance) et de la pratique – ceci N.B. – et cette unité précisément dans la théorie de la connaissance, car comme résultat on obtient l'Idée absolue[2].»

Lisons très attentivement cette phrase, car, chose remarquable, elle divise en deux le mot « connaissance ». C'est là un point crucial, sur lequel nous reviendrons souvent : la connaissance, en tant que théorie, s'oppose (dialectiquement) à la pratique. Théorie et pratique forment une unité, c'est-à-dire, pour la dialectique, l'unité de deux contraires. Mais cette contradiction : connaissance (théorie)/pratique, est à son tour l'objet même de la théorie de la connaissance. Autrement dit : le procès de connaissance a pour nature interne la contradiction théorie/pratique. Ou encore : la pratique, qui, en tant que telle, s'oppose dialectiquement à la connaissance (à la théorie), est néanmoins partie intégrante de la connaissance comme processus.

Dans tous les textes marxistes, on retrouve cette scission, cette double occurrence du mot « connaissance », selon qu'il désigne la théorie dans sa corrélation dialectique à la pratique, ou le procès d'ensemble de cette dialectique, c'est-à-dire le

1. Hegel, *Science de la logique*, Aubier, t. II, p. 549.
2. Lénine, *Cahiers philosophiques*, Éditions sociales, p. 208.

mouvement contradictoire de ces deux termes, théorie et pratique. Voyez Mao, « D'où viennent les idées justes ?» : « Pour que s'achève le mouvement qui conduit à une connaissance juste, il faut souvent maintes répétitions du processus consistant à passer [...] de la pratique à la connaissance, puis de la connaissance à la pratique. Telle est la théorie marxiste de la connaissance, la théorie matérialiste dialectique de la connaissance[3]. »

Le mouvement de la connaissance, c'est le passage pratique-connaissance-pratique. « Connaissance » désigne ici un des termes du processus et également ce processus pris dans son ensemble, processus qui inclut à son tour deux occurrences de la pratique, initiale et finale.

Pour fixer le langage[4] (et dans la tradition), on appellera théorie, le terme de la contradiction théorie/pratique, dont le mouvement d'ensemble sera, lui, le processus de la connaissance. On dira : la connaissance est le procès dialectique pratique/théorie. À partir de quoi s'avère l'illusion réactionnaire de ceux qui s'imaginent pouvoir contourner la thèse stratégique du primat de la pratique. Il est clair que quiconque n'est pas dans le mouvement révolutionnaire réel, que quiconque n'est pas pratiquement intérieur à la révolte contre les réactionnaires, ne connaît rien, même s'il théorise.

Mao Tsé-toung a certes affirmé que, dans la contradiction théorie/pratique, c'est-à-dire dans une phase du processus réel, la théorie pouvait avoir transitoirement le rôle principal : « Lorsqu'on est dans le cas dont parle Lénine : "Sans théorie révolutionnaire, pas de mouvement révolutionnaire",

3. Mao Tsé-toung, *Cinq essais philosophiques*, éditions de Pékin, 1971, p. 294.

4. Le marxisme-léninisme-maoïsme n'est pas un formalisme. Les mots y sont pris dans le mouvement de destruction/construction qui est celui de la connaissance réelle. Si la cible est atteinte, peu importent les signes. De là que les mots peuvent se déplacer : seul compte leur pouvoir. La force, là aussi, l'emporte sur le respect des places.

la création et la propagation de la théorie révolutionnaire joue le rôle principal, décisif[5]. »

Est-ce que cela signifie que la théorie est à ce moment-là une possibilité révolutionnaire intrinsèque, que peuvent et doivent surgir de purs « théoriciens marxistes » ? Absolument pas. Cela signifie que, dans la contradiction théorie/pratique qui est le processus de connaissance, la théorie est l'aspect principal de la contradiction ; que la systématisation des expériences révolutionnaires pratiques est ce qui permet d'avancer ; qu'il ne sert à rien de continuer à cumuler quantitativement ces expériences, à les répéter, car ce qui est à l'ordre du jour est le bond qualitatif, la synthèse rationnelle immédiatement suivie de son application, c'est-à-dire de sa vérification. Mais, sans ces expériences, sans pratique organisée (car seule l'organisation permet la centralisation des expériences), pas de systématisation, pas de connaissance du tout. Sans application organisée, pas de plan d'épreuve, pas de vérification, pas de vérité. La « théorie » ne peut alors qu'engendrer des absurdités idéalistes.

Nous en revenons donc à notre point de départ : la pratique est intérieure au mouvement rationnel de la vérité. Dans son opposition à la théorie, elle fait partie de la connaissance. C'est cette intuition qui enthousiasme Lénine dans la conception hégélienne de l'Idée absolue, au point qu'il fait de Marx le simple continuateur de Hegel. « Marx rejoint donc directement Hegel en introduisant le critère de la pratique dans la théorie de la connaissance[6]. »

La phrase de Mao Tsé-toung donne sa précision à l'enthousiasme de Lénine. Elle est le contenu historique général de l'énoncé dialectique de Hegel. Ce n'est pas n'importe

5. Mao Tsé-toung, *De la contradiction*, O.C., t. I.

6. Lénine, *Cahiers philosophiques*, E.S., p. 201.

quelle pratique qui est l'ancrage interne de la théorie, c'est la révolte contre les réactionnaires. Et la théorie, en retour, ne légifère pas extérieurement sur la pratique, sur la révolte : elle s'y incorpore par le dégagement médiateur de sa raison. En ce sens, il est vrai que cette phrase dit tout, d'un tout qui résume la position de classe du marxisme, sa signification révolutionnaire concrète. Un tout à l'extérieur de quoi se tient quiconque entreprend de considérer le marxisme, non du point de vue de la révolte, mais du point de vue de la coupure ; non du point de vue de l'histoire, mais du point de vue du système ; non du point de vue du primat de la pratique, mais du point de vue du primat de la théorie ; non comme la forme concentrée de la sagesse du peuple travailleur, mais comme sa condition *a priori*.

B. Les trois sens du mot « raison »

Si cette phrase dit tout, cependant, c'est selon la dialectique, c'est-à-dire selon une simplicité qui se divise. Ce qui concentre cette division, ce qui la supporte, et apparemment l'occulte, c'est le mot « raison » : on a raison, la révolte a raison, contre les réactionnaires se dresse une nouvelle raison. De fait, la phrase, à travers le mot « raison », dit trois choses, et c'est l'articulation des trois qui fait le tout.

1. On a raison de se révolter contre les réactionnaires, cela veut dire, non pas d'abord : il faut se révolter contre les réactionnaires, mais : on se révolte contre les réactionnaires, c'est un fait, ce fait est raison. La phrase dit : primat de la pratique.

La révolte n'attend pas sa raison, la révolte est ce qui est toujours déjà là, pour n'importe quelle raison possible. Le marxisme dit seulement : la révolte est raison, la révolte est sujet. Le marxisme, c'est le récapitulatif de la sagesse de la révolte. Pourquoi écrire *Le Capital*, des centaines de pages de scrupules minutieux, d'intelligence laborieuse, des volumes de dialectique aux lisières parfois de l'intelligible ? Parce que cela seul est à la mesure de la profonde sagesse de la révolte. L'épaisseur historique et l'opiniâtreté de la révolte précèdent le marxisme, cumulent les conditions, et la nécessité, de son apparition, parce qu'elles enracinent la conviction qu'au-delà des causes particulières qui provoquent la levée prolétaire, existe une profonde et indéracinable raison. *Le Capital*, de Marx, est la systématisation, en termes de raison générale, de ce qui se donne dans la sommation historique des causes.

La bourgeoisie, qui connaît et reconnaît la lutte des classes, veut bien admettre et chercher les causes particulières d'une révolte, ne serait-ce que pour parer à son retour. Mais elle ignore la raison, à quoi se tiennent en fin de compte les prolétaires, qu'aucune résorption des causes et des circonstances ne satisfait jamais. L'entreprise de Marx est de refléter ce qui se donne, non pas tant dans la particularité des combats, que dans la persistance et le développement de l'énergie de classe qui s'y investit. La pensée des causes n'y suffit pas[7].

Il faut en profondeur rendre raison de cette persistance. L'essence de la position prolétarienne ne réside pas dans les épisodes de la lutte des classes, mais dans le projet historique qui les sous-tend, projet dont la durée inlassable et les étapes successives de l'obstination prolétarienne sont la forme d'existence pratique. Là se tient la raison. Sa clarification, son exposition, simultanément reflets et directives, rendent seules justice au mouvement, que la révolte met à jour, de

7. Lénine souligne bien l'insuffisance de la catégorie de causalité quand il donne raison à Hegel, contre Kant, de ne pas lui faire un sort particulier : « Quand on lit Hegel sur la causalité, il semble à première vue étrange qu'il se soit si peu arrêté sur ce thème tant chéri des kantiens. Eh bien ! parce que, pour lui, la causalité est une des déterminations de la liaison universelle... » (Lénine, *Cahiers philosophiques*, E.S., p. 152.)

l'être de classe des phénomènes. Seule l'entreprise maoïste développe intégralement aujourd'hui ce que les prolétaires font et donnent à connaître dans le caractère inconditionnel et permanent de leur révolte. Cela seul dit : oui, la contradiction est antagoniste, oui, la révolte ouvrière, qui est le feu de cette contradiction, est la raison même de l'histoire. « On a raison de se révolter contre les réactionnaires » veut d'abord dire : les prolétaires obstinés ont raison, ils ont de leur côté toutes les raisons, et plus encore.

2. « On a raison de se révolter contre les réactionnaires » veut dire aussi : la révolte aura raison. Les réactionnaires rendront raison au tribunal de l'histoire de tous les forfaits de l'exploitation et de l'oppression.

L'obstination de la révolte prolétaire, c'est certes, premier sens du mot raison, le caractère objectif, irréductible, de la contradiction qui oppose ouvriers et bourgeois, mais c'est aussi la certitude pratique de la victoire finale, c'est la critique spontanée, sans cesse renaissante, du défaitisme ouvrier. Que l'état des choses soit inacceptable et divisé, telle est la première raison de la révolte contre les réactionnaires. Qu'il soit transitoire et condamné, telle est la seconde. C'est la raison, non plus du point de vue du motif, ou du moment, mais du point de vue de l'avenir. C'est la raison au sens de la victoire, au-delà de la raison au sens de la légitimité. La révolte est sagesse parce qu'elle est juste, parce qu'elle est fondée en raison, mais aussi parce que c'est elle qui légifère sur l'avenir. Le marxisme répudie toute conception seulement justifiante de la raison. Le prolétariat n'a pas seulement des raisons vraies de se révolter, il a des raisons triomphantes. « Raison » est ici le carrefour de la légitimité révolutionnaire et de l'optimisme révolutionnaire. La révolte est allergique à la maxime de la morale de Kant :

« Tu dois, donc tu peux. » Kant concluait d'ailleurs qu'un acte ainsi réglé sur le pur devoir n'avait sans doute jamais eu lieu. La morale est une prescription défaite. Mais la révolte ouvrière a bien lieu, et trouve dans le marxisme son lieu de prescription victorieuse. La raison marxiste n'est pas devoir-être, elle est l'affirmation de l'être même, le pouvoir illimité de ce qui se dresse, s'oppose, contredit. Elle est la victoire objective du refus populaire. Matérialiste, la raison ouvrière dit : « Tu peux, donc tu dois. »

3. Mais « raison » signifie encore autre chose, autre chose qui est la fusion scindée de ses deux premiers sens. « On a raison de se révolter contre les réactionnaires » veut dire cette fois : la révolte peut se renforcer de la conscience de sa propre raison. L'énoncé lui-même « on a raison de se révolter contre les réactionnaires » est à la fois le développement de noyaux de connaissance internes à la révolte elle-même, et le retour dans la révolte de ce développement. La révolte, qui a raison, trouve dans le marxisme de quoi développer cette raison, de quoi assurer sa raison victorieuse. Ce qui fait que la légitimité de la révolte (premier sens du mot raison) s'articule à sa victoire (deuxième sens du mot raison), c'est une fusion de type nouveau entre la révolte comme pratique toujours là et la forme développée de sa raison. Fusion du marxisme et du mouvement ouvrier réel, c'est cela le troisième sens du mot raison, c'est-à-dire la liaison dialectique, objective et subjective, de ses deux premiers sens. Nous retrouvons ici le statut dialectique des énoncés marxistes, tous divisés selon le reflet et selon la directive : saisissant, au-delà des causes, la raison de l'énergie de classe, la théorie formule du même coup la règle par quoi la raison peut prévaloir sur la cause, l'ensemble sur le local, la stratégie sur la tactique. La révolte formule

sa raison dans la durée pratique ; mais l'énoncé clarifié de cette raison rompt la règle encore répétitive de cette durée. La révolte s'arme de sa propre raison, au lieu de seulement la déployer. Elle concentre sa qualité rationnelle : elle organise sa raison, et dispose les instruments de sa victoire. Savoir qu'« on a raison de se révolter contre les réactionnaires », en délivrant la raison (théorique) de cette raison (pratique), permet d'égaler le subjectif (l'organisation, le projet) à l'objectif (la lutte des classes, la révolte). « Raison », qui disait la légitimité révolutionnaire et l'optimisme, dit maintenant la conscience, la maîtrise de l'histoire.

C. La raison comme contradiction

« On a raison de se révolter contre les réactionnaires » est bien une phrase qui dit tout du mouvement historique, parce qu'elle en dit l'énergie, le sens et l'instrument. L'énergie, c'est la lutte des classes, rationalité objective interne de la révolte. Le sens, c'est l'inéluctable effondrement du monde de l'exploitation et de l'oppression, c'est la raison communiste.

L'instrument, c'est la direction possible du rapport, dans l'histoire, entre l'énergie et le sens, entre la lutte des classes (qui est toujours et partout le moteur de l'histoire) et le projet du communisme (qui est toujours et partout la valeur mise en avant par la révolte des opprimés). L'instrument, c'est la raison devenue sujet, c'est le parti. « On a raison de se révolter contre les réactionnaires » dit le tout, parce qu'il dit la lutte des classes et le primat de la pratique, le communisme et le dépérissement de l'État, le parti et la dictature du prolétariat. La phrase dit la raison intégrale, c'est-à-dire la raison divisée, selon le subjectif et l'objectif, selon la réalité et le projet, selon le terme et les étapes. Et voici que cette raison intégrale est contradiction : impossible d'avoir raison seul, et pour soi.

On a raison contre les réactionnaires. On a toujours raison contre les réactionnaires, le « contre les réactionnaires » est une condition interne du vrai.

C'est aussi pourquoi la phrase de Mao Tsé-toung résume le marxisme ; elle dit : toute raison contredit. « Les idées vraies surgissent dans la lutte contre les idées fausses », la raison se forge dans la révolte contre la déraison, contre ce que les Chinois appellent invariablement « les absurdités réactionnaires ». Toute vérité s'affirme dans la destruction du non-sens. Toute vérité est ainsi essentiellement destruction. Tout ce qui uniquement conserve est uniquement faux. Le champ de la connaissance marxiste est toujours un champ de ruines. La phrase de Mao Tsé-toung nous dit la dialectique : l'essence de classe de la raison comme révolte se tient dans la lutte à mort des contraires. La vérité n'existe que dans un procès de scission. La théorie des contradictions est tout entière impliquée dans la sagesse historique des révoltés. De là que la dialectique existe depuis toujours, comme les révoltes. La dialectique concentre philosophiquement la conception du monde des exploités qui se dressent contre le monde existant et veulent son changement radical. C'est pourquoi elle est une tendance philosophique éternelle, qui s'oppose sans relâche à l'oppression métaphysique conservatrice : « Dans l'histoire de la connaissance humaine, il a toujours existé deux conceptions du développement du monde : l'une est métaphysique, l'autre dialectique ; elles constituent deux conceptions du monde opposées[8]. »

Il s'agit toujours de continuer la dialectique, de la continuer contre la métaphysique, ce qui veut dire : donner raison aux révoltés. Aujourd'hui : au vrai marxisme contre le faux, aux maoïstes contre les révisionnistes.

8. Mao Tsé-toung, *De la contradiction*, O.C., t. I.

II. À la recherche des principes fondamentaux de la dialectique

Donner raison à la révolte contre les réactionnaires veut philosophiquement dire : réunifier, à chaque étape du processus historique, la pensée des exploités, la pensée dialectique ; rendre vivants et militants les principes de cette unification. Mais y a-t-il des principes acquis de la dialectique ? Combien ? Lesquels ? Tous les dirigeants prolétariens ont abordé cette question. On va voir qu'ils ne l'ont pas pour autant fermée. Pas plus que la pensée dialectique ne commence, prise qu'elle est dans le mouvement de la révolte, pas plus elle ne finit, ses formulations systématiques les plus avancées n'étant jamais que les directives philosophiques provisoires des dirigeants du prolétariat.

A. Engels

Toute pensée révolutionnaire est en partie déterminée par ce contre quoi elle se développe. Engels et Marx livrent la première grande bataille idéologique de l'avant-garde ouvrière consciente essentiellement contre toutes les variantes de l'idéalisme petit-bourgeois : les socialismes utopiques ; le fédéralisme proudhonien ; l'anarchisme de Bakounine. Ce qu'il s'agit pour eux de restituer, en détruisant toutes les impatiences et toutes les rêveries, c'est l'objectivité du mouvement révolutionnaire réel, les bases matérielles de la lutte des classes. De là que dans la contradiction qui spécifie la philosophie du prolétariat – la contradiction matérialisme/dialectique – Engels est le plus souvent conduit à tenir la thèse matérialiste pour l'aspect principal. Or, à l'époque, et dans l'héritage assumé du combat idéologique de la bourgeoisie révolutionnaire, tout matérialisme doit se prévaloir des sciences de la nature, qui demeurent un instrument privilégié de ruine des constructions religieuses et spiritualistes. Au « socialisme utopique », Engels oppose tout naturellement le « socialisme scientifique ». Engels est à coup sûr un immense dialecticien. Voyez ses analyses historiques concrètes. Cependant, dans la présentation générale (philosophique) qu'il fait de la dialectique, il la subordonne étroitement au matérialisme, et, en dernier ressort, au contenu des sciences de la nature. Ce n'est pas là une déviation, mais une exigence essentielle, historiquement déterminée, de la lutte entre les deux voies dans le mouvement ouvrier. Pour Engels, l'appropriation de la dialectique par la science est l'objectif essentiel, et cette opération dissout finalement la philosophie dans la science même, n'en laissant subsister qu'un résidu épistémologique : « Ce n'est que lorsque la science de la nature et de l'histoire aura assimilé la dialectique que tout le bric-à-brac philosophique (à l'exception de la pure théorie de la pensée) deviendra superflu et se perdra dans la science positive[9]. »

(Même thème dans le *Ludwig Feuerbach*, avec pour conséquence la fixation du domaine de réalité de la philosophie : les processus intellectuels : « Il ne reste plus dès lors à la philosophie que [...] la doctrine des lois du processus intellectuel lui-même, c'est-à-dire la logique et la dialectique[10] ». Chose étonnante : cette conséquence d'allure matérialiste rend un son légèrement idéaliste.)

La conséquence principale de cette détermination polémique de la philosophie est que la dialectique n'a pas, chez Engels, la théorie des contradictions comme centre de gravité. Les définitions qu'il en donne sont à cet égard caractéristiques : pour l'opposer à la métaphysique, il en fait la « science des connexions » (*Anti-Dühring*). Dans le *Ludwig Feuerbach*,

9. Engels, *Dialectique de la nature*, E.S., 1961, p. 211..
10. O.C., t. III. p. 397.

il désigne la dialectique comme « la science des lois générales du mouvement ». Tout se passe comme si Engels privilégiait la théorie des liaisons et des interdépendances sur la théorie des contradictions. Il s'agit pour lui d'établir que la dialectique relève elle aussi de la thèse matérialiste, d'affirmer, y compris contre Hegel, que les lois dialectiques ne relèvent pas du mouvement de l'Idée, mais sont le simple reflet de lois objectives, lois que retrouvent par ailleurs les sciences de la nature et la science de l'histoire. Cette rectification matérialiste ne peut aboutir qu'à une conception encore restrictive des lois fondamentales de la dialectique. Un des liens entre la philosophie et les révoltes, marqué dans la philosophie même, est le développement inégal de la thèse matérialiste et de la thèse dialectique. Quand l'ennemi principal dans le mouvement ouvrier sera, non pas l'ultra-gauchisme petit-bourgeois, mais l'économisme révisionniste, c'est la thèse dialectique qui connaîtra à son tour le plein essor qu'Engels donne à la seule thèse matérialiste. De là que, pour nous, la formulation des lois de la dialectique dans *La Dialectique de la nature* apparaît comme insuffisante. Notre poste d'observation historique nous permet seul cette appréciation. Quelles sont ces lois ? On sait qu'Engels, dans un texte très connu, en formule trois : « C'est donc de l'histoire de la nature et de celle de la société humaine que sont abstraites les lois de la dialectique. Elles ne sont précisément rien d'autre que les lois les plus générales de ces deux phases du développement historique, ainsi que de la pensée elle-même. Elles se réduisent pour l'essentiel aux 3 lois suivantes :
– la loi du passage de la quantité à la qualité et inversement ;
– la loi de l'interpénétration des contraires ;
– la loi de la négation de la négation[11]. »

11. Engels, *Dialectique de la nature*, E.S., p. 69.

Ce qui frappe, dès l'abord, est l'absence pure et simple du principe dialectique en tant que tel : le primat de la contradiction sur l'identité. À partir de cette absence, aucune des trois lois ne peut recevoir son plein développement : elles demeurent approximatives. Le caractère asymptotique, approché, de la connaissance l'emporte sur le reflet : trace d'une subordination étroite des thèses dialectiques aux thèses matérialistes. Mettre en tête la loi du passage de la quantité à la qualité, c'est aborder la question de la dialectique par le petit bout de la lorgnette.

D'abord parce que cette « loi » n'est en fait, comme le remarquent Lénine et Mao Tsé-toung, qu'un cas particulier de ce qui seul est véritablement principe : la loi de l'unité des contraires, et du passage de chaque contraire dans l'autre. Ensuite, parce que l'essence dialectique de cette loi n'est pas la simple affirmation de la réversibilité du passage, mais la notion de rupture qualitative succédant à une accumulation quantitative. Le véritable sens de ce principe réside dans la conception du développement par bonds, et par conséquent dans la théorie du caractère périodisé du processus dialectique. Dans le simple énoncé de sa loi, Engels laisse échapper ce qui en fait une arme contre l'évolutionnisme et la représentation linéaire du développement des choses. De ce qui est théorie des périodes et des étapes, des ruptures qualitatives, il fait une simple loi de conversion. De la loi dite « de la négation de la négation », Mao Tsé-toung aurait dit dans un texte qui lui est attribué par Smart Schram qu'il n'existait absolument rien de pareil[12].

12. *Mao Tse-toung Unrehearsed*, Penguin Books, 1974. Nous traduisons ici le principal passage qui nous intéresse : « Engels a parlé de trois catégories, mais en ce qui me concerne, il y a deux de ces catégories en lesquelles je ne crois pas. L'unité des contraires est la loi la plus fondamentale. La transformation de la qualité en quantité, et inversement, n'est rien d'autre que l'unité de la qualité et de la quantité considérées comme des contrai-

Il va de soi que nous ne prenons, pour l'instant, position ni sur l'authenticité, ni sur l'exactitude de ces « inédits de Mao Tsé-toung ». Toutefois la cohérence de ce passage avec les « 5 essais philosophiques » bien connus ne fait à notre avis aucun doute. De fait, on peut à la rigueur dire que la révolution prolétarienne est la négation de la société bourgeoise, encore que, la lutte des classes continuant sous dictature du prolétariat, c'est plutôt sur le développement du procès de scission interne de la société bourgeoise, sur le processus ininterrompu par étapes de la contradiction bourgeoisie/prolétariat qu'il faudrait mettre l'accent. Le concept de négation lui-même, lourdement marqué par la formulation idéaliste (hégélienne) de la dialectique, n'est qu'une abréviation commode. Mais dire, par exemple, que la révolution prolétarienne est la négation de la négation de la féodalité, est proprement inintelligible, surtout si l'on admet le seul sens déterminé de « négation de la négation », c'est-à-dire le sens hégélien : cela reviendrait à affirmer que, par la médiation de la négativité bourgeoise, le prolétariat produit le concept complet de l'ordre féodal, que la dictature du prolétariat est l'essence en soi et pour soi de cet ordre ! Si l'on examine de près l'usage fait par Marx de la catégorie « négation de la négation », on s'aperçoit du reste qu'il s'agit seulement de désigner le processus contradictoire d'accumulation, dans une phase donnée, des conditions objectives du passage nécessaire à la phase suivante. Autrement dit : ce que le mouvement d'une contradiction détruit prépare la scission

res. Quant à la négation de la négation, cela n'existe pas du tout. La juxtaposition sur le même plan de la transformation de la qualité en quantité et inversement, de la négation de la négation, et de la loi de l'unité des contraires, c'est du « triplisme », ce n'est pas du monisme [...] ; il n'existe rien de tel que la négation de la négation. Affirmation, négation, affirmation, négation [...] dans le développement des choses : chaque maillon dans la chaîne des événements est à la fois affirmation et négation [...]. »

du terme destructeur lui-même. Voyons ce passage caractéristique : « L'appropriation capitaliste, conforme au mode de production capitaliste, constitue la première négation de cette propriété privée qui n'est que le corollaire du travail indépendant et individuel. Mais la production capitaliste engendre elle-même sa propre négation avec la fatalité qui préside aux métamorphoses de la nature. C'est la négation de la négation. Elle rétablit non la propriété privée du travailleur, mais sa propriété individuelle, fondée sur les acquêts de l'ère capitaliste, sur la coopération et la possession commune de tous les moyens de production, y compris le sol[13]. »

« Négation de la négation » veut seulement dire qu'en anéantissant, par la concentration du capital, la propriété du travailleur indépendant, la bourgeoisie rend nécessaire et objectivement possible la suppression par le prolétariat de toute propriété privée. Au lieu en effet que celle-ci soit dispersée dans une grande masse laborieuse, elle est concentrée dans les mains de quelques capitalistes. Autrement dit : la contradiction qui oppose l'accumulation capitaliste à la petite propriété privée déblaie le terrain pour la nouvelle contradiction : celle qui oppose le prolétariat à la propriété capitaliste elle-même. La « négation de la négation » n'est pas une loi. Elle n'est qu'une expression abrégée désignant l'articulation historique de deux processus contradictoires. Reste donc la loi de l'interpénétration des contraires comme seule loi dialectique véritable. Encore la formulation d'Engels met-elle l'accent davantage sur l'action réciproque que sur l'antagonisme.

On peut même se demander si l'extension considérable de la loi d'interaction ne fait pas perdre de vue que le moteur des processus, leur véritable cause interne, est la contradiction. Il y a chez Engels une volonté opiniâtre et justifiée d'en finir

13. Marx, *Le Capital*, O.C., t. II, p. 152.

avec toute formulation métaphysique du principe de causalité. La séparation de la cause et de l'effet comme entités fermées interdit en effet de saisir les phénomènes d'interversion et d'effet en retour. L'économisme de la IIe Internationale, subordonnant toute action révolutionnaire dans la superstructure (et en particulier en ce qui concerne l'État) à la « maturation » des conditions économiques objectives, exigeait un combat philosophique contre la conception antidialectique du déterminisme. La séparation et l'ordre immuable de la cause et de l'effet fonctionnent comme reflets « théoriques » de l'opportunisme le plus grossier. Cependant, Engels suit peut-être sa pente un peu loin : « Ce qui manque à tous ces messieurs, c'est la dialectique. Ils ne voient qu'ici cause, là effet. Ils ne voient pas que c'est là une froide abstraction, que de pareilles oppositions polaires, métaphysiques, n'existent dans le monde réel que pendant les crises ; que le vaste développement tout entier se poursuit dans la forme de l'action réciproque (encore que les forces soient inégales, dont le mouvement économique est le plus puissant, le plus originel, le plus décisif) ; qu'il n'y a là rien d'absolu, tout est relatif. Pour eux, Hegel n'a pas existé[14]. »

Convoquer Hegel et la dialectique est toujours indispensable quand un révisionnisme d'allure scientiste s'installe. Mais enfin, la restriction des « oppositions polaires » aux seuls moments de crise ne laisse qu'un champ étroit à la pensée de la contradiction. Disons que la définition de la dialectique laisse ici ouvert le risque, dans l'unité des contraires, et sous couvert d'action réciproque, d'un privilège conciliateur de l'unité sur la contrariété. Et puis, contrairement à ce que dit Engels, il y a de l'absolu, Lénine et Mao Tsé-toung le diront avec force. C'est la lutte, précisément, qui est absolue, seule l'unité est relative.

14. Engels, *Lettre à Conrad Schmidt*, octobre 1890, O.C., t. III, p. 520.

Finalement, les trois « lois » d'Engels figurent un affaiblissement du principe de contradiction, et c'est au prix de cet affaiblissement qu'Engels parvient à prendre appui principalement sur les sciences de la nature pour illustrer sa polémique. De là que, dans d'autres circonstances historiques, toute une race de dogmatiques s'alimente à ces trois « lois ». La lutte des classes continue, la dialectique continue. Engels aujourd'hui ne peut nous suffire. Engels doit être développé.

B. Staline

Staline est le dirigeant du premier État de dictature du prolétariat. Sa vision du mouvement réel d'un tel État est largement fondée sur l'exigence d'un développement concentré et accéléré des forces productives, avec comme noyau l'industrie lourde. Pour ce faire, il faut briser tous les obstacles, au besoin, et de plus en plus, par la terreur. Il faut mener une lutte de classe volontaire, étatique, violente. La principale intervention de Staline sur la question de la dialectique se trouve dans le texte : « Le Matérialisme dialectique et le matérialisme historique. » Ce texte est de 1938 : au lendemain de l'épuration terroriste des oppositions dans le parti, à la veille de la Seconde Guerre mondiale. Là encore, les circonstances, les choix de ligne et l'adversaire dictent des limitations : l'importance accordée à l'accumulation industrielle privilégie le quantitatif comme promesse du bond qualitatif ; l'encerclement impérialiste, l'obsession de la subversion étrangère trouvent leur reflet dans l'interdépendance de tous les phénomènes. Le gigantesque espoir marqué d'un volontarisme violent, qui caractérise Staline, s'avère dans la conviction que ce qui se développe vaincra nécessairement. Tout cela marque une fois de plus la théorie des contradictions d'une sorte de raideur tranchée, et d'un privilège latent du matérialisme évolutif, de ce qu'on pourrait appeler le matérialisme dynamique, sur la théorie de la scission interne et du développement par séquences conflictuelles. Staline propose, quant à lui, quatre principes, qu'il appelle « les traits fondamentaux de la méthode dialectique marxiste » :

1. L'interdépendance générale de tous les phénomènes. C'est ce qu'on pourrait appeler la loi de totalité.
2. Le principe de mouvement : « Selon la méthode dialectique, il n'y a d'invincible que ce qui naît et se développe. »
3. La transformation de la quantité en qualité, clairement conçue cette fois comme dialectique d'une accumulation quantitative graduelle et de ruptures qualitatives soudaines, faisant passer d'un état à un autre.
4. La loi des contraires, conçue comme « contenu interne du processus de développement[15] ».

L'énoncé des quatre lois de Staline représente à coup sûr, à nos yeux (c'est-à-dire du point de vue de nos besoins politiques), une amélioration notable sur celui des trois lois d'Engels. On constate avec satisfaction que disparaît la négation de la négation. La loi de la conversion de la quantité en qualité est formulée de façon plus rigoureuse ; le principe de contradiction est bien posé comme loi interne des processus.

Cela étant, ces quatre lois constituent un ensemble hétérogène, qui là encore n'est pas clairement subordonné à l'affirmation du primat de la contradiction sur l'identité. En outre, la promotion du principe de totalité peut fort bien fonctionner comme le point d'appui d'une infiltration métaphysique. Staline, comme Engels, accentue en effet l'importance de l'idée de corrélation par rapport à l'idée de scission. En outre, aucune cohérence véritable n'est instituée entre le

15. Staline, « Le Matérialisme dialectique et le matérialisme historique », *Les Questions du léninisme*, Norman Bethune, t. II, p. 785.

principe 1 (interdépendance générale) et le principe 2 (primat des forces ascendantes). Comment l'action réciproque se trouve-t-elle à son tour déterminée par l'action des forces qui sont porteuses du nouveau ? Chez Staline, la question de la structure (combinaison des termes d'un processus) reste séparée de celle de la tendance (action déterminante du terme principal de la contradiction). Reflet de ce que l'avenir communiste n'est pas clairement pensé à l'intérieur même du mouvement contradictoire sur quoi se règle un présent prolétarien et dictatorial. Il n'y a pas, dans la forte pensée de Staline, de quoi s'emparer de la lutte entre les deux voies. En ce sens, la formulation stalinienne répète l'affaiblissement du principe de contradiction que nous avons repéré dans celle d'Engels.

C. Lénine

Dans ses notes sur *La Science de la logique* de Hegel, Lénine, commentant le chapitre sur l'Idée absolue, entreprend d'énumérer ce qu'il appelle les « éléments de la dialectique ». De toute évidence, cette liste vise à une clarification analytique d'un chapitre passablement complexe de Hegel. Elle ne représente pas un dispositif théorique cohérent.

Lénine dénombre seize éléments, mais il indique lui-même qu'ils n'ont pas tous le même statut. Critiquant implicitement Engels, il note par exemple que le point 16 (passage de la quantité en qualité) n'est qu'un exemple du point 9 (passage de chaque détermination en une détermination contraire). D'autres points sont en substance identiques. Ainsi le point 14 (retour apparent à l'ancien) a-t-il déjà son contenu réel dans le point 13 (répétition à un stade supérieur de certains traits du stade inférieur[16]).

16. C'est ce retour apparent à l'ancien que Lénine appelle négation de la négation. À notre

Finalement, on peut regrouper les seize éléments de Lénine de la façon suivante :
1. La thèse matérialiste quant au processus de connaissance :
– « objectivité de l'examen » (point 1) ;
– caractère d'approximation infinie du procès de connaissance (points 10, 11, 12).

On remarquera que ces deux caractéristiques renvoient, pour la première à la métaphore du reflet, pour la seconde à la métaphore de l'asymptote. La connaissance matérialiste est à la fois reflet du mouvement réel et approximation tendancielle de ce mouvement. À la fois elle le redouble, et elle tend, sans jamais y parvenir, à s'identifier à lui. La connaissance est une image en mouvement. Considérée comme processus matériel, elle est divisée, selon son exactitude (reflet, caractère absolu de la connaissance) et selon son inexactitude (tendance, caractère relatif de la connaissance). Cette division a pour loi interne asymptotique de se résorber dans l'unité. Mais deux ne fusionnent jamais en un, l'image en mouvement reste divisée d'avec son objet. Lénine rappelle ici les grandes thèses de *Matérialisme et Empiriocriticisme*[17].

C'est en ce point que se nouent, dans la théorie de la connaissance, le matérialisme et la dialectique : la connaissance est processus-reflet[18].

avis cette désignation est équivoque : le retour apparent à l'ancien est effectivement une loi du développement historique, celle que les Chinois appellent loi du développement en spirale. On expliquera ailleurs ce qu'il faut entendre par là. Disons tout de suite que cela n'a rien à voir avec la négation de la négation.

17. « Que la vérité absolue résulte de la somme des vérités relatives en voie de développement ; que les vérités relatives soient des reflets relativement exacts d'un objet indépendant de l'humanité ; que ces reflets deviennent de plus en plus exacts ; que chaque vérité scientifique contienne en dépit de sa relativité un élément de vérité absolue, – toutes ces propositions évidentes pour quiconque a réfléchi à l'*Anti-Dühring* d'Engels sont de l'hébreu pour la théorie « contemporaine » de la connaissance.» (Lénine, *Matérialisme et Empiriocriticisme*, Éditions de Moscou, 1952, p. 359.)

18. Voir le fascicule *Matérialisme et Idéalisme.*

2. La thèse de l'interdépendance générale :
– « ensemble des rapports multiples et divers des choses aux autres » (point 2)
– « chaque chose est liée à chaque autre » (point 8)

3 La thèse du mouvement général (point 3)

4. La thèse de la contradiction comme essence interne des phénomènes :
– « tendance intérieurement contradictoire dans la chose » (point 4)
– « la chose comme [...] unité des contraires », et « la lutte de ces contraires »
– « le passage de chaque détermination, qualité, trait, aspect, propriété, en chaque autre (en son contraire ?) » (point 9)

5. La thèse du développement en spirale (points 13, 14)
Les thèses restantes ne sont en fait, comme le dit Lénine lui-même, que des exemples de la thèse sur la contradiction, appliquée successivement à l'analyse et la synthèse (point 7), la forme et le contenu (point 15), la quantité et la qualité (point 16). Si l'on met de côté le rappel des thèses proprement matérialistes (points 1, 10, 11, 12), on obtient donc finalement quatre principes de la dialectique :
1) Interdépendance (principe de totalité).
2) Toute réalité est mouvement, processus.
3) La contradiction est l'essence des processus.
4) Le développement en spirale[19].

Ces quatre principes ne sont ni ceux d'Engels, ni ceux de Staline. Ils sont à l'évidence regroupés autour de ce que Lénine dégage comme étant l'apport décisif de Hegel : la

19. Lénine, *Cahiers philosophiques*, E.S., p. 209 et suivantes.

conception du réel comme mouvement des contradictions. Au demeurant, après cette énumération analytique qui n'est pas véritablement mise en ordre, Lénine en vient à l'énoncé d'un principe unique, qu'il encadre pour en faire mieux ressortir l'importance : « On peut définir brièvement la dialectique comme la théorie de l'unité des contraires. Par là, on saisira le noyau de la dialectique, mais cela exige des explications et un développement.[20] » Dans le fragment de 1915 « sur la question de la dialectique », Lénine reprend avec force cette idée, et la formule cette fois non plus sous l'angle de l'unité des contraires, mais, plus radicalement, sous celui de la scission de l'unité : « Le dédoublement de l'un et la connaissance de ses parties contradictoires [...] est le fond (une des « essences », une des particularités ou marques fondamentales, sinon la fondamentale) de la dialectique[21]. » Dans la conjoncture de la guerre mondiale, révolté par l'Union sacrée, la collaboration de classe sous la houlette des impérialistes, la faillite de la IIe Internationale, Lénine s'empare de la dialectique comme pensée de la disjonction, de l'antagonisme. Il formule pour la première fois ce qui est la matrice véritable de la dialectique révolutionnaire, le principe « un se divise en deux ».

Il y a là véritablement une préparation philosophique à la scission du mouvement ouvrier, à la nécessaire critique destructrice de la IIe Internationale. C'est le déchaînement inéluctable, à l'épreuve de la guerre mondiale, de la lutte entre les deux voies, qui est le fondement historique d'une avancée décisive de la pensée dialectique. De la même façon, la lutte du Parti communiste chinois contre le révisionnisme de l'U.R.S.S. s'est-elle reflétée, en Chine même, dans d'intenses polémiques philosophiques opposant le principe léniniste

20. *Ibid.*
21. *Ibid.*

« un se divise en deux » à la thèse révisionniste capitularde, et de « coexistence pacifique » sans principe, dont le concentré philosophique allait à prétendre que la maxime dialectique essentielle était la « loi » : deux fusionnent en un.

On voit ici clairement que seules les fureurs de l'histoire sont à l'œuvre de façon créatrice dans le mouvement de la connaissance. Non seulement Lénine dépasse et critique la formulation limitée d'Engels, non seulement il place la contradiction au centre de toute intelligence du réel, mais il n'hésite pas à pousser au plus loin le primat de la contradiction sur l'identité : « L'unité (coïncidence, identité, équivalence) des contraires est conditionnelle, temporaire, transitoire, relative. La lutte entre contraires s'excluant mutuellement est absolue, comme sont absolus le développement et le mouvement[22]. » La lutte est le seul principe absolu de la pensée dialectique : voilà l'essence de la dialectique comme philosophie révoltée. Le problème que Lénine lègue à ses successeurs est le suivant : comment articuler les principes de la dialectique à partir de cette révolte, à partir de l'énoncé unique qui en concentre tous les aspects, et qui est la loi de l'unité des contraires ? Accomplir cette tâche, c'est donner les « explications » et le « développement » qui, d'après Lénine, permettent de saisir « le noyau de la dialectique » contenu dans le seul principe de l'unité des contraires. S'en tenir fermement à l'unité des contraires, c'est-à-dire au principe « un se divise en deux », comme concentré axiomatique de la théorie des contradictions, et développer à partir de là l'enchaînement des thèses subordonnées, telle est la directive philosophique de Lénine.

22. *Ibid.*

III. « De la contradiction »

Dès la première phrase de *De la contradiction*, Mao Tsé-toung reprend l'idée léniniste d'un principe fondamental unique de la dialectique matérialiste : « La loi de la contradiction inhérente aux choses, aux phénomènes, ou loi de l'unité des contraires, est la loi fondamentale de la dialectique matérialiste. » Mao Tsé-toung présente explicitement les questions traitées dans son essai comme le développement d'un « vaste cercle de problèmes » entièrement subordonné à l'étude et à la clarification du principe fondamental unique : « L'unité des contraires. » La méthode d'exposition suivie par Mao Tsé-toung va du général au particulier, c'est-à-dire du caractère universel de la loi de la contradiction, aux catégories qui permettent d'analyser le mouvement d'une contradiction particulière (aspect principal de la contradiction, place de l'antagonisme dans la contradiction).

Du point de vue qui nous intéresse, et qui est la reconstruction ordonnée des thèses dialectiques, on peut considérer que Mao Tsé-toung investit le principe unique de l'unité des contraires dans cinq thèses dialectiques essentielles.
Ces cinq thèses sont :
1. Toute réalité est processus.
2. Tout processus se ramène, en dernier ressort, à un système de contradictions.
3. Dans un processus (c'est-à-dire un système de contradictions), il y a toujours une contradiction qui est principale.
4. Toute contradiction est dissymétrique : autrement dit, un des termes de la contradiction est toujours dominant sur le mouvement d'ensemble de la contradiction elle-même. C'est la théorie de l'aspect principal de la contradiction.
5. Il existe des contradictions de type différent dont la résolu-

tion relève de processus différents. La principale distinction à faire en la matière est celle des contradictions antagonistes et des contradictions non antagonistes.

Mao Tsé-toung accomplit donc le programme fixé par Lénine : développer le « noyau de la dialectique », c'est-à-dire l'axiome : « un se divise en deux ». Ce développement est la synthèse philosophique de la révolte marxiste-léniniste :

– contre le dogmatisme,
– contre le révisionnisme.

Les conditions historiques de la révolution chinoise exigeaient des apports créateurs au marxisme-léninisme. L'échec des insurrections urbaines en 1925-1927, puis l'évacuation forcée des bases du Kiangsi et la Longue Marche montraient que les enseignements théoriques de la révolution d'Octobre ne pouvaient suffire à formuler et à appliquer une ligne acceptable sur la question de la prise du pouvoir en Chine. Encore fallait-il détruire, au sein même du parti, les tenants dogmatiques du passé, tout spécialement en ce qui concerne le processus de la guerre révolutionnaire. Les questions militaires ont en effet joué un rôle décisif dans l'approfondissement des questions philosophiques. On sait que Staline, généralisant les lois particulières de l'insurrection urbaine dégagées par Lénine, soutenait la doctrine militaire de l'offensive à outrance, et méprisait la thèse, formulée par Clausewitz, de la supériorité stratégique de la défensive. De la même façon, tout un courant du Parti communiste chinois soutenait, dans les années 1925-1930, la voie de l'offensive contre les villes, ou celle de la défense sur place, sans aucun recul, des zones libérées. Certes, la loi de l'offensive à outrance, de l'impossibilité d'une pause, est appropriée à l'insurrection : la Commune l'avait historiquement démontré par la négative, Octobre par la victoire. Mais les lois de l'insurrection concernent un phénomène de rupture ponctuelle obtenue par une cumulation extrêmement rapide des forces. Elles sont très éloignées du processus de la guerre, qui embrasse dialectiquement de vastes calculs sur le temps et l'espace. Il est caractéristique de retrouver dans Mao des développements considérables sur la défensive stratégique, développements où s'investit une dialectique serrée de la disposition temporelle des forces antagonistes. Précisément, une des cibles de la brochure *Les Problèmes stratégiques de la guerre révolutionnaire*, c'est l'imitation servile des doctrines militaires soviétiques : « D'autres ont un point de vue également erroné, et que nous avons également réfuté depuis longtemps. Ils disent [...] qu'il suffit d'agir conformément aux lois qui ont présidé à la conduite de la guerre civile en Union soviétique et de suivre les manuels militaires publiés par les institutions militaires de ce pays. Ils ne comprennent pas que ces lois et ces manuels reflètent le caractère spécifique de la guerre civile en Union soviétique et que les appliquer tels quels, sans y apporter aucune modification, reviendra une fois de plus à "se rogner le pied pour l'adapter à la chaussure", et nous conduira aussi à la défaite[23]. »

La guerre et la philosophie ont des liens particuliers, depuis toujours. À l'arrière-plan de la lutte idéologique sur les problèmes militaires, on pourrait bien retrouver ce grief que, paraît-il, Mao Tsé-toung formule contre Staline : d'avoir été un mauvais dialecticien, et d'avoir trop peu étudié la philosophie allemande. Mao Tsé-toung et le P.C.C. n'ont pu forger les éléments positifs d'une orientation nouvelle qu'au prix de luttes idéologiques impitoyables (contre Chen Tu Xiu, contre Li Li San, contre Wang Ming, etc.). La division du parti lui-même a mis au premier plan le concept de lutte entre les deux

23. Mao Tsé-toung, *Problèmes stratégiques de la guerre révolutionnaire*, O.C., t. I.

voies comme principe moteur de l'intelligence des phénomènes politiques. D'où l'importance extrême de la systématisation dialectique. Dans la période même de l'édification du socialisme, cet aspect des choses s'est trouvé plutôt renforcé : le point clef était le bilan de la restauration du capitalisme en U.R.S.S. Ce bilan prouvait que la voie choisie par Staline ne pouvait servir d'exemple, puisqu'elle n'avait pu prévenir le coup d'État bourgeois de Khrouchtchev. Là encore, il fallait engager le combat contre les passéistes, et mettre au cœur des problèmes de ligne, non le développement des forces productives, mais la lutte des classes sous dictature du prolétariat. Non l'unité positive de l'infrastructure, mais la scission de la superstructure, et du parti lui-même, en voie prolétaire et voie bourgeoise. Des monts Tsin-Kiang à la Révolution culturelle, la pensée de Mao Tsé-toung se formule comme contre-courant, comme travail de la division. De là qu'elle déploie de façon de plus en plus ajustée les conséquences du principe de l'unité des contraires. Pensée rebelle par excellence, pensée révoltée de la révolte : pensée dialectique. Les cinq principes, qui s'enchaînent les uns aux autres comme pour s'enfoncer vers le centre des antagonismes, figurent bien la connaissance révolutionnaire, mouvement vers l'action, prise de parti fracturant l'unité existante pour, selon l'énergie de ce qui se scinde, s'emparer victorieusement de l'unité à venir.

Parcourons ce chemin.

A. Premier principe : toute réalité est processus

Ce principe est en apparence d'une grande simplicité. Il désigne le réel comme mouvement, il affirme que la nature interne des choses, leur essence, n'est rien d'autre que la loi de leur transformation. Ce principe s'inscrit dans ce qu'on pourrait appeler la filiation héraclitéenne de la dialectique : « Tout change. » Ici s'anime dans la pensée la révolte contre la morne sagesse de soumission de l'Ecclésiaste. Au « rien de nouveau sous le soleil », il oppose le soleil rouge insurgé toujours nouveau, sous l'emblème de quoi l'espoir affirmatif illimité des producteurs rebelles engendre les ruptures.

Cependant, ce principe simple et violent est un principe menacé, constamment à reconquérir dans une lutte de classes acharnée, car c'est lui qui trace la ligne de démarcation principale avec la tendance antagoniste : la tendance métaphysique. L'essence de ce principe revient en effet à affirmer qu'un état donné de la réalité est par principe transitoire, autrement dit que la loi des choses n'est jamais l'équilibre, ni la structure, mais au contraire la rupture de tout équilibre et, par conséquent, l'inéluctable développement de la destruction de l'état des choses existant. Telle est la portée proprement révolutionnaire de ce premier principe : il prend position d'un point de vue qui ne peut jamais être celui de la conservation. En un sens, il répudie tout objectivisme : ce qui se donne à un moment comme réalité n'est en son fond que le mouvement par quoi cette réalité se défait et se change en une autre. À proprement parler, le réel ne relève pas de la catégorie de l'objet. L'objet en effet est ce qui se donne à connaître comme état ou comme figure. Or tout état ou figure a pour contenu le procès ininterrompu de sa métamorphose. En ce sens, l'objet s'oppose au processus, comme la métaphysique à la dialectique. La métaphysique, qui est, en dernier ressort, théorie de l'identité, est animée par un puissant mouvement conservateur. Elle est une entreprise de gardiennage d'un état de la réalité. Elle est une prise de position de classe défensive, qui se cramponne aux apparences pour masquer le mouvement essentiel, par quoi la réalité, dont elle est la sentinelle, ne cesse de lui échapper.

Marx a d'emblée affirmé que telle était la vocation immédiatement politique de la dialectique : prendre le parti de la destruction contre le gardiennage métaphysique : « Sous son aspect rationnel, la dialectique est un scandale et une abomination pour les classes dirigeantes et leurs idéologues doctrinaires parce que, dans la conception positive des choses existantes, elle inclut du même coup l'intelligence de leur négation fatale, de leur destruction nécessaire ; parce que, saisissant le mouvement même dont toute forme faite n'est qu'une configuration transitoire, rien ne saurait lui en imposer parce qu'elle est essentiellement critique et révolutionnaire[24]. »

La portée critique du premier principe de la dialectique doit à son tour être défendue contre la pression exercée par la métaphysique réactionnaire. Le révisionnisme philosophique consiste précisément à reconnaître en apparence que toute réalité est processus, mais à fixer un concept du processus qui revient à faire, des lois de transformation qui le règlent, des invariants métaphysiques de type nouveau.

Dans Hegel, déjà, la reconnaissance, saluée par Lénine, du principe « le réel est processus » se divise en deux sous le poids de l'idéalisme dominant. Pour Hegel, en effet, le processus est toujours développement d'un terme simple, en sorte que les figures de transition ne sont pas réellement détruites, mais parcourues et reparcourues dans un mouvement circulaire, qui ne les abandonne que pour les conserver dans une identité de type supérieur. Hegel se propose d'engendrer la nécessité du mouvement à partir d'un geste initial indécomposable. Il en résulte que la métaphysique travaille chez lui du dedans la dialectique, créant

24. Marx, *Postface à la 2de édition allemande du 1er livre du « Capital »*, O.C., t. II, p. 99.

ainsi des ruptures et des inconséquences qui constituent, dans son œuvre même, une véritable symptomatologie de la lutte des tendances[25].

C'est que l'idée du commencement simple est un présupposé typiquement métaphysique, c'est-à-dire conservateur. La trace, dans la philosophie marxiste-léniniste-maoïste, du primat de la pratique, c'est que la théorie par elle-même ne commence jamais rien. Il ne peut y avoir de degré zéro du théorique : le mouvement de la connaissance a toujours déjà commencé, puisqu'il inclut la pratique comme un de ses termes. Or la pratique, qui est la réalité immédiate, se présuppose constamment elle-même. C'est ce que remarque fort bien Lénine : « Dans la nature et dans la vie, il y a des mouvements "vers le néant". Seulement "venant du néant", sans doute, il n'y en a pas. Toujours partant de quelque chose[26]. »

Non seulement tout est processus, mais a) tout processus s'enchaîne à d'autres, et b) toute connaissance d'un processus, en tant que moment de son développement, a toujours déjà commencé.

Nier cela, c'est :

– ou bien être, comme Hegel, franchement idéaliste : la connaissance commence, parce que l'Idée engendre le réel comme Tout ;

– ou bien postuler qu'il existe un point d'appui absolu, une mise en suspens équilibrée du processus réel, où la théorie

25. Nous montrerons dans *Le noyau rationnel la dialectique hégélienne* que la lecture marxiste de Hegel est essentiellement une lecture divisée : elle repère dans les ruptures et les inconséquences du processus dialectique le conflit des tendances matérialistes et idéalistes. C'est du reste ce que dit Engels : « [...] bien que Hegel eût considéré mainte relation particulière avec tant de justesse et de génie, les raisons indiquées rendaient inévitable que le détail aussi tourne souvent au ravaudage, à l'artifice, à la construction, bref, à la perversion du vrai. » (Engels, *Socialisme utopique et socialisme scientifique*, O.C, t. III, p. 136.)

26. Lénine, *Cahiers philosophiques*, E.S., p. 127.

trouve une origine objective immobile, et peut donc s'extraire du déjà-là d'un processus en cours. Dès lors la théorie n'est rien d'autre que la gardienne de cet équilibre postulé : fonction conservatrice de la métaphysique.

Si l'on considère maintenant l'insistance mise par Althusser et D. Lecourt à formuler le principe dialectique du mouvement comme « processus sans sujet ni fin », on verra qu'elle engage une sophistique restrictive, et le choix d'un camp. Cet objectivisme intégral masque que tout changement opère du point de vue des forces antagonistes qui en constituent l'essence contradictoire. Il revient à séparer la thèse du mouvement de celle selon quoi un des termes de la contradiction, et non les deux, est porteur de la raison du processus, c'est-à-dire de son avenir. Althusser se livre à cet égard à un inquiétant trafic, mélange de silences calculés et de substitutions incongrues, sur les *Cahiers philosophiques* de Lénine. Il part de la constatation judicieuse que Lénine répudie toute la problématique de l'Origine absolue, du primat de l'automouvement de l'Idée, etc. Nous sommes bien d'accord pour dire que le concept spéculatif de Commencement – dont Hegel fait lui-même une critique partagée et inaboutie – sert à suturer la dialectique à l'idéalisme. Ce lien doit être rompu, et il est vrai que Hegel oscille entre sa rupture (locale, dans des séquences dialectiques) et son maintien (global, dans le Système). Ce qui, selon Althusser, fascine Lénine dans le chapitre de *La Logique* sur l'Idée absolue, c'est, dans la ruine de l'Origine, l'identification de l'Absolu à la méthode dialectique, c'est-à-dire au processus. Cela n'est pas inexact : il y a, dans Hegel, de quoi alimenter notre premier principe (toute réalité est processus).

Mais voici le dérapage : que le processus (c'est-à-dire la réalité comme mouvement) soit le seul absolu signifie, pour

Althusser, que Lénine trouve dans Hegel « la confirmation qu'il faut bel et bien [...] supprimer toute origine et tout sujet et dire : ce qui est absolu, c'est le processus sans sujet[27] ».

Que vient faire ici la catégorie althussérienne du processus sans sujet ? Lénine ne souffle mot de la question du sujet dans son commentaire sur l'Idée absolue. Mieux même : quand il aborde – ailleurs – les chapitres que Hegel consacre à la catégorie du sujet, Lénine n'entreprend d'aucune manière de « supprimer tout sujet ». Ce qui l'intéresse, c'est de saisir la dialectique, le mouvement contradictoire, du subjectif et de l'objectif. Pour Lénine, il s'agit de prendre appui sur Hegel pour en finir avec l'unilatéralité des catégories de sujet et d'objet, dès lors qu'on les sépare (opération métaphysique) ou qu'on annule l'une d'entre elle (idéalisme absolu ou matérialisme mécaniste). « Très bon, le paragraphe 225 de l'Encyclopédie où la "connaissance" ("théorique") et la "volonté", "inactivité pratique", sont représentées comme deux aspects, deux méthodes, deux moyens de la suppression de l'unilatéralité, tant de l'objectivité que de la subjectivité[28]. »

Dès lors, le problème de Lénine ne saurait être de « supprimer » le sujet, retombée régressive dans l'unilatéralité de l'objectif. Le problème est de réfléchir à la fois la scission et l'action réciproque des deux catégories (sujet et objet) dans le mouvement général d'un processus, sans exclure que le facteur subjectif puisse être la clef de ce mouvement. Programme que Lénine formule ainsi, au plus près de Hegel : « Si l'on considère le rapport du sujet à l'objet dans la logique, il faut prendre aussi en considération les prémisses universelles de l'être du sujet concret (= vie de l'homme) dans la

27. L. Althusser, *Lénine devant Hegel*, Maspero, p. 88.
28. Lénine, *Cahiers philosophiques*, E.S., p. 198.

situation objective[29]. »

Toute l'opération althussérienne revient à poser l'équation : Origine = Dieu = Sujet, et à conclure triomphalement que, supprimant l'Origine et Dieu, Lénine construit, après Hegel, le concept de processus sans sujet.

Mais Althusser ne fait ici que prêter généreusement à Lénine sa propre myopie dialectique. L'Origine (le Constituant, le Transcendental...) ne sont pas le Sujet, mais ses prédicats idéalistes. De ce que l'Origine ou Dieu soient à supprimer, ce qu'un matérialiste élémentaire exige en effet, il résulte seulement que le concept de sujet se divise, en sa formulation idéaliste, accolée de force à des notions idéologiques de provenance religieuse ou juridique, et sa formulation matérialiste en termes de processus. De processus avec sujet. Rien n'est plus frappant que l'obstination d'Althusser à réduire le rapport Lénine-Hegel à des contenus négatifs, à deux contenus négatifs foncièrement appariés : la critique de Kant et la critique de la catégorie de sujet. (D. Lecourt, en bon disciple, souligne et aggrave cette obstination : « Ce qu'il [Lénine] retient, en effet, dans ses notes, ce sont essentiellement – sinon exclusivement – les passages où Hegel critique la philosophie de Kant.[30] » On ne saurait dire plus fortement des choses si fortement inexactes.) Or, à s'en tenir aux notes sur l'Idée absolue, ce sont deux idées résolument positives qui passionnent Lénine, idées sur lesquelles – ce qui est en vérité scandaleux – Althusser ne dit rigoureusement rien. Ces deux idées sont :

– L'unité dialectique de la théorie et de la pratique, l'inclusion de la pratique dans le mouvement de la connaissance, le

29. *Ibid.*, p. 192.

30. D. Lecourt, Une crise et son enjeu, Maspero, p. 51.

« critère de la pratique » comme seul critère de la vérité.
– L'unité des contraires comme « noyau de la dialectique ».

Ce sont là deux idées dialectiques. Les réduire à la platitude négative de l'évidence matérialiste : il n'y a ni Origine ni Dieu, est une mutilation. Y voir l'exclusion du sujet est une falsification : car la corrélation de ces deux idées, nous l'avons vu dans le texte même de Lénine, n'est précisément investie que dans le procès contradictoire de l'objectif et du subjectif. La connaissance révolutionnaire – telle que Lénine en voit la « semence » dans Hegel –, c'est ce qui à la fois inclut dans son mouvement la pratique de classe, la révolte, et y retourne pour en organiser la victoire consciente. C'est une médiation dialectique centralisée entre le processus objectif de la lutte des classes et la pratique subjective, dirigée en termes de projet, de la révolution prolétarienne. La terminologie « subjective » de Hegel demeure appropriée à désigner ce parcours : de l'en-soi au pour-soi. Ces catégories du pour-soi et de l'en-soi, inintelligibles dans le « processus sans sujet » d'Althusser, Lénine en salue « la justesse et l'exactitude extrêmes[31] ».

Aujourd'hui encore, Enver Hoxha ne voit pas de meilleurs concepts pour cadrer la question des rapports entre les conditions objectives de la pratique ouvrière et sa fin révolutionnaire : « Il a été désormais historiquement démontré que, sans son parti, la classe ouvrière, quelles que soient les conditions dans lesquelles elle vit et agit, ne peut acquérir d'elle-même une conscience de classe. Ce qui transforme la classe ouvrière de "classe en soi" en "classe pour soi", c'est le parti[32]. » Dans le processus général de la libération de l'humanité, les classes exploitées sont invariablement le

31. Lénine, *Cahiers philosophiques*, E.S., p. 193.
32. Enver Hoxha, *Rapport au 6e Congrès du P.T.A.*, Éditions « Naïm Frashëri », p. 234.

sujet de l'histoire, puisque ce sont les masses qui font cette histoire. S'il n'y a ni Dieu, ni Origine, il y a bel et bien sujet créateur : « Le peuple, le peuple seul, est la force motrice, le créateur de l'histoire universelle[33]. » Mais les esclaves et les serfs sont encore des sujets objectifs, des sujets partiellement non divisés (sinon embryonnairement, utopiquement) en sujet en soi et sujet pour soi. Le prolétariat parvient à l'appropriation subjective de son rôle de sujet à travers la fusion du marxisme et du mouvement ouvrier réel, c'est-à-dire la corrélation divisée de la classe sujet-objet et de la classe sujet, corrélation qu'incarne ce processus sans précédent : le parti de classe. Dès le *Manifeste*, il est clair que, pour Marx et Engels, les communistes ne peuvent fonder leur identité sur un processus révolutionnaire « sans sujet » : à s'en tenir au mouvement réel, ils ne sont que « la fraction la plus avancée » des partis ouvriers de tous les pays. C'est dans l'élément subjectif qu'ils entrent en dialectique avec le mouvement ouvrier, car « ils ont sur le reste du prolétariat l'avantage d'une intelligence claire des conditions, de la marche et des fins générales du mouvement prolétarien[34] ».

Processus sans sujet ni fin, dit D. Lecourt. Qu'est-ce alors que les communistes ? Les communistes ne sont en effet rien d'autre que ce par quoi le « parti ouvrier » (la classe combattante) devient sujet du processus historique par la maîtrise de ses lois et de son but. Mais on ne s'étonnera pas de voir l'inventeur de la « pratique théorique » s'aveugler sur l'enthousiasme de Lénine pour la découverte hégélienne de la pratique comme moment contradictoire de la connaissance. Quant à l'évanouissement du sujet, il convient à merveille à celui qui barre la question fondamentale de la révolution

33. Mao Tsé-toung, *Du gouvernement de coalition*, O.C., t. III.
34. Marx et Engels, *Manifeste du Parti communiste*.

prolétarienne en France : la question de l'état subjectif du prolétariat. Et plus précisément celui qui biaise, se recroqueville et, véritable seiche politique, se noie dans son encre, quand on lui pose la seule question claire qui vaille : oui ou non, Althusser, ce P.C.F. dont tu es membre est-il en France aujourd'hui « le parti de la classe ouvrière » ? Est-il le prolétariat comme sujet de son histoire révolutionnaire ? Et, sinon, à quelle révolte contre les usurpateurs peut bien servir de raison ta théorie passive du « processus sans sujet » ? Pour Althusser, on n'a jamais vraiment raison de se révolter contre les réactionnaires, et surtout pas contre les réactionnaires du P.C.F. Nier, sous couvert d'objectivisme, que le prolétariat puisse se constituer en sujet de l'histoire, c'est laisser le champ libre à cet objet bourgeois qui déclare le représenter : le parti révisionniste. Nier, sous prétexte de lutte contre la finalité idéaliste, que le prolétariat soit porteur du programme du communisme comme de la fin de la préhistoire humaine, c'est apporter son soutien aux forces de régression bourgeoise dans l'édification du socialisme, à ceux qui, justement, entendent détourner la dictature du prolétariat de toute représentation claire de sa fin : la société sans classes, le dépérissement de l'État. Au fond, la théorie du « processus sans sujet ni fin » annule le premier principe (le principe de mouvement) par la fixité objective où elle l'enferme. Elle fait prévaloir le devenir comme effet diachronique des structures objectives sur le mouvement comme lutte et nouveauté. Elle se place du côté de la conservation des équilibres existants, qu'aucune irruption des masses en révolte comme sujet de l'histoire ne doit venir perturber. Elle est l'exemple même d'un suintement métaphysique dans le discours dialectique : définition du révisionnisme en philosophie. Le premier principe de la dialectique doit donc être opiniâtrement défendu contre sa corruption révisionniste (penser le processus comme identité structurale objective) et sa corruption métaphysique ouverte (penser le processus comme auto-engendrement du complexe à partir du simple, postuler une Origine).

Tenir ferme sur ce principe engage de façon décisive la position de classe en philosophie.

B. Deuxième principe : tout processus est un ensemble de contradictions

La ligne de démarcation ici tracée oppose radicalement la dialectique à l'évolutionnisme. Le mouvement n'opère pas par engendrement linéaire des termes successifs : tout terme du procès est lui-même en état de division, et le ressort du mouvement est cette division même. La critique du principe métaphysique d'identité doit aller jusqu'à la thèse selon quoi un état transitoire de la réalité n'a précisément pour être que la transition, c'est-à-dire la scission interne dont il n'est que le développement. Il ne suffit pas de dire que les choses sont en mouvement, il faut aussi reconnaître que le concept même de « chose » relève, non d'une logique de l'identité, mais d'une logique de la scission. Non seulement la réalité ne se résorbe pas dans l'unicité d'un état ou d'un équilibre, mais l'unicité elle-même n'est pensable que comme division. Le mouvement n'est pas une succession d'unités mais un enchevêtrement de divisions. Pour paraphraser Lénine, nous dirons : celui-là seul est dialecticien qui étend la reconnaissance de la réalité comme processus jusqu'à la reconnaissance du principe « un se divise en deux ».

« Un se divise en deux » n'est pas un principe d'engendrement du « deux » à partir du « un ». « Un se divise en deux signifie » : il n'est d'identité que scindée. Non seulement la réalité est processus, mais le processus est division. Le réel n'est pas ce qui rassemble, mais ce qui sépare. Ce qui advient est ce qui disjoint.

Plus un processus est développé, plus la croissance conflictuelle de ses termes s'affirme, plus le principe de scission tend à disjoindre chacun des termes de la contradiction initiale, et tout spécialement le terme ascendant, le terme « victorieux » : c'est lui en effet qui va supporter la nouvelle unité, c'est-à-dire la nouvelle division. De là par exemple que le parti du prolétariat, forme concentrée de son être de classe, c'est-à-dire de son antagonisme à la bourgeoisie, et instrument décisif de sa victoire (l'instauration de la dictature du prolétariat), est aussi le lieu d'une série ininterrompue de divisions, le lieu par excellence de la scission. « Le vieux Hegel disait déjà : un parti s'avère comme un parti victorieux, en se divisant et en pouvant supporter la division. » Le mouvement du prolétariat parcourt nécessairement des degrés de développement différents ; à chaque étape, une partie des gens s'arrêtent et ne continuent plus la route. Cela seul explique pourquoi la « solidarité du prolétariat » se réalise partout en groupements de partis différents qui se livrent un combat à vie et à mort, comme les sectes chrétiennes dans l'Empire romain, pendant les pires persécutions[35]. »

Tout le paragraphe serait à citer : Hegel y développe, à propos de l'*Aufklärung*, la logique de la prise du pouvoir (ici, la victoire idéologique totale sur la foi religieuse) et de la nouvelle lutte entre les deux voies qui scinde aussitôt le camp victorieux[36].

C'est un puissant encouragement pour les maoïstes de se

35. Engels, *Lettre à Bebel*, juin 1873, O.C, t. II, p. 453. Saluons au passage, une fois de plus, la profondeur de l'intuition dialectique hégélienne. Cette admirable citation vient de la *Phénoménologie de l'Esprit*. La traduction d'Hyppolite est la suivante : « Un parti se prouve comme le parti vainqueur seulement parce qu'il se scinde à son tour en deux partis. »
36. *Phénoménologie de l'Esprit*, Aubier, t. II, p. 123.

souvenir qu'Engels, contre les pleureuses de l'unité à tout prix, contre les petits-bourgeois distribuant, du haut de leurs tabourets, leurs sentences désengagées sur les « querelles de groupuscules », affirme la valeur créatrice des divisions, et maintient qu'à travers ces féroces querelles se forge un nouveau type de « solidarité ouvrière », c'est-à-dire une nouvelle avancée du prolétariat révolutionnaire. Aujourd'hui en France, la diversité conflictuelle des groupes traduit l'état réel du mouvement, et loin d'être un artifice décourageant, la violence de leurs conflits idéologiques est le lieu même où s'annonce l'avenir. Se tremper dans ces conflits et y prendre clairement position : le reste n'est qu'unanimisme fallacieux, populisme inopérant ou somnolence révisionniste. « Un se divise en deux ». Reconnaître et tenir cette maxime n'est pas facile. En Chine, le principe « un se divise en deux » a été l'enjeu d'intenses polémiques, qui s'inscrivent ni plus ni moins dans la préparation idéologique de la Révolution culturelle. C'est en effet en 1964 que Yang Hsien-Tchen a mis en avant le principe « deux fusionnent en un » comme second noyau de la dialectique. L'argumentation de Yang Hsien-Tchen revient à diviser le principe général de l'unité des contraires, en accentuant de façon séparée « unité » (deux fusionnent en UN) et « contraires » (« un se divise en deux ») ; puis, et c'est là l'essentiel, à faire s'équivaloir les deux énoncés. Nous retrouvons immédiatement ici le ressort de toutes les opérations métaphysiques de révision de la dialectique : le postulat d'équilibre (ici, entre deux thèses contradictoires), biais par lequel l'identité l'emporte à nouveau sur la contradiction[37].

Pour parvenir à justifier l'équilibre entre unité et contrariété, Yang Hsien-Tchen devait précisément en finir avec l'uni-

37. Sur tout cela, voir l'article : « Deux fusionnent en un, philosophie réactionnaire de la restauration capitaliste », *Pékin information*, 24 mai 1971.

versalité de la contradiction, c'est-à-dire avec la décomposition inéluctable de tout terme en parties contradictoires.
Pour cela :
a) il assignait à l'unité (des contraires) un contenu positif séparable, distinct de chacun des deux termes : il parlait des « points communs » aux deux contraires, l'unité résultant de l'existence et de la sommation de ces « points communs ». À la dynamique de la lutte se substituait ainsi la confrontation de deux totalités compatibles : l'unité devenait l'intersection pleine de deux ensembles.

À cela la thèse dialectique oppose que l'unité des contraires n'est rien d'autre que leur corrélation, leur complémentarité, c'est-à-dire leur lutte, leur exclusion réciproque. Pas de bourgeoisie sans prolétariat, certes, ni de révisionnistes sans marxistes-léninistes. Mais rien de commun entre bourgeoisie et prolétariat, entre révisionnistes et marxistes-léninistes, sinon de définir par leur irréconciliable altérité conflictuelle l'unité divisée d'un processus historique : celui de la lutte des classes, celui de la lutte entre les deux voies dans le mouvement ouvrier. L'unité (des contraires) est un rapport, non une identité. L'intersection des contraires est vide. Elle ne se « remplit » que pour autant qu'on considère les deux termes comme n'en faisant qu'un dans leur opposition à un troisième, mais on a changé de processus : prolétariat et bourgeoisie nationale n'ont, en tant que contraires, rien de commun. Cela étant, le peuple, dans son opposition à un agresseur impérialiste, peut contenir à la fois le prolétariat et la bourgeoisie nationale. Mais le processus dont il s'agit n'est plus alors le processus initial (celui de la révolution prolétarienne), c'est un processus nouveau (la guerre de libération nationale) dont le contenu est une contradiction nouvelle (peuple/agresseur impérialiste). Or, du point de vue de ce processus, « deux » ne fusionnent pas plus en « un » que précédemment : entre le peuple et l'agresseur impérialiste, il n'y a rien de commun.

b) Yang Hsien-Tchen posait qu'il existe des termes indivisibles, des liens qui ne peuvent se défaire.

La dialectique affirme en revanche l'universalité du principe de scission : « Dans la société humaine, comme dans la nature, un tout se divise toujours en parties, seuls le contenu et la forme varient selon les conditions concrètes[38]. »

c) Yang Hsien-Tchen posait que la synthèse (deux fusionnent en un) doit obligatoirement compléter l'analyse (« un se divise en deux »).

La dialectique ignore ce type de synthèse, concept opportuniste par excellence. L'avènement d'un nouveau processus (d'une nouvelle unité des contraires) se fait par disparition des termes de la contradiction précédente, c'est-à-dire à l'issue de la destruction d'un des termes par l'autre, laquelle entraîne nécessairement la division du terme victorieux. C'est cette division qui va définir et régir le nouveau processus. La synthèse est processus de destruction/division. La bourgeoisie détruit l'ordre féodal, mais l'ordre capitaliste qu'elle dirige se scinde aussitôt selon la contradiction État bourgeois/révolution prolétarienne. Le concept dialectique de la synthèse, c'est l'engendrement d'une nouvelle scission, et rien d'autre. L'offensive philosophique de Yang Hsien-Tchen visait donc bien à affaiblir le deuxième principe : le principe de contradiction, en lui infligeant la limite équilibrante d'un principe équivalent (« deux fusionnent en un »), à son tour monnayé en identité de contenu, indivisibilité et synthèse. À l'arrière-plan : la scission du mouvement communiste international, l'étendue et les implications de la lutte à mort

38. Mao Tsé-toung, « Intervention à la Conférence nationale du Parti communiste chinois sur le travail de propagande », *Cinq Essais philosophiques*, Éditions de Pékin, p. 283.

contre le révisionnisme moderne et sa citadelle : l'État soviétique. Yang Hsien-Tchen était le philosophe de la réconciliation des contraires, sous couvert d'être celui de leur unité. Pour mesurer la vigilance nécessaire au combat sur ce que les Chinois appellent le « front philosophique », prenons la mesure de ce fait : dans les années soixante, Yang Hsien-Tchen développait son concept « deux fusionnent en un » à l'École supérieure du parti. Pas moins.

C. Troisième principe : dans tout processus, il y a une contradiction principale

Au point où nous en sommes, on pourrait penser que le réel comme enchevêtrement de divisions ne connaît aucun domaine particulier, mais seulement le système général de cet enchevêtrement. En un certain sens, ceci est vrai : il y a interdépendance de toutes les contradictions. Nous avons vu qu'Engels et Staline développaient amplement ce point. En un autre sens cependant, on peut appréhender des domaines de réalité dotés d'une cohérence dialectique propre. Ce sont des systèmes de contradictions dont la détermination qualitative est fixée par leur subordination à une contradiction principale. Il n'y a sens à parler d'un processus que pour autant qu'on envisage un système de contradictions dont l'interdépendance se trouve réglée par leur subordination qualitative à une des contradictions du système. Par exemple, le mouvement historique d'une société capitaliste peut être considéré comme un processus qualitatif déterminé, pour autant qu'on y repère la contradiction bourgeoisie/prolétariat comme contradiction principale. Une lutte d'usine particulière est spécifiée par la contradiction principale ouvriers/patron. Il est bien clair que la contradiction principale détermine la nature qualitative du processus, son type d'unité générale, mais que le processus lui-même comporte bien d'autres contradictions. Par exemple, une grève ouvrière inclut nécessairement, et souvent aggrave, de nombreuses contradictions entre ouvriers (grévistes/jaunes, ouvriers révolutionnaires/syndicalistes C.G.T., etc.). Ces contradictions autres que la contradiction principale seront généralement désignées comme contradictions secondaires. Mais la mesure interne du développement des contradictions secondaires relève de leur articulation à la contradiction principale, du point de vue du processus envisagé. Par exemple, les contradictions entre ouvriers dans une grève relèveront du processus « grève », pour autant qu'elles affectent le développement de la contradiction principale ouvriers/patron (affaiblissement du camp ouvrier, manifestations de tendances ultra-gauches, liquidations syndicales, etc.). Dans le cours du mouvement, les liens dialectiques entre la contradiction principale et les contradictions secondaires se modifient sans arrêt, et ils se modifient sur le mode de l'interaction.

Il est clair par exemple que le patron va tout mettre en œuvre pour aggraver certaines des contradictions entre ouvriers, parce que, en retour, cette aggravation modifie en sa faveur le rapport entre les termes de la contradiction principale. Mais les maoïstes peuvent également attaquer un certain type d'unité syndicale « molle » : de sévères contradictions entre ouvriers peuvent être un facteur de renforcement de leur camp, si par exemple elles opposent de manière victorieuse une orientation révolutionnaire conséquente à une orientation révisionniste. Ces liens d'interdépendance peuvent aller jusqu'au changement de la contradiction principale elle-même. Il se peut que l'essence du mouvement devienne l'affrontement entre voie révolutionnaire et voie révisionniste, et que la contradiction immédiate avec le patron autour d'enjeux revendicatifs particuliers devienne du même coup une contradiction secondaire, c'est-à-dire une contradiction à propos de quoi s'est affirmée, au sein du mouvement ouvrier, une nouvelle contradiction principale. Du coup, la nature qualitative du processus est modifiée ; il ne sera plus essentiellement déterminé comme « grève », mais comme lutte entre les deux voies. Son espace ne sera plus économique, mais politique. Le processus d'ensemble auquel appartiendra la grève sera moins le conflit de classe autour du taux de plus-value, que l'édification de nouvelles organisations révolutionnaires antirévisionnistes, etc. Là encore, une reconnaissance statique du principe de la contradiction principale peut relever de la métaphysique. Il ne suffit pas d'admettre que tout processus est qualitativement déterminé par une contradiction principale. Il faut aussi reconnaître que c'est le système des contradictions, pris dans son ensemble, qui est en mouvement, qui est processus, et que l'intelligence du phénomène porte sur les corrélations, en voie de transformation incessante, entre la contradiction principale et les contradictions secondaires.

À cet égard, l'idéologie « massiste » issue de 68 excelle dans l'aplatissement de l'analyse dialectique. Dans *Libération*, ou n'importe quel journal « gauchiste », il sera partout question « des ouvriers en lutte », du « mouvement », de « la lutte des employés contre leurs chefs », de « la lutte écologique contre le système », etc. C'est la répétition infinie de la même contradiction « principale » : les masses contre le pouvoir, sans voir qu'à fourrer dans le même sac (le « mouvement ») des totalités hétérogènes et profondément divisées on s'interdit de comprendre où, et dans quelles conditions, le nouveau advient en tant que devenir principal d'une contradiction secondaire d'un processus. Or, c'est toujours ainsi qu'advient le nouveau : ce ne sont jamais « les masses », ni le « mouvement » qui porte en bloc son engendrement, mais ce qui en eux s'est divisé de l'ancien. Par exemple : ce qui s'est affranchi du syndicalisme dans la révolte ouvrière, ou ce qui s'oppose à la tutelle des grandes forces bourgeoises (fascisme et social-fascisme) dans le mouvement populaire portugais. Un pareil gel du principal, ultra-gauche en apparence (toujours les mêmes masses exaltées contre l'identique pouvoir, l'invariable système), converge absolument avec le révisionnisme, qui lui aussi tente de protéger ses positions politiques en exaltant l'« unité » populaire contre le pouvoir en place. Quel maoïste ne s'est pas fait traiter de « diviseur » par un roquet de la C.G.T. ? Eh bien oui ! Nous sommes pour « un se divise en deux ». Nous sommes pour la croissance en scission du nouveau. Nous ne voulons ni des masses ultra-gauches sanctifiées et obscures, inopérantes et répétitives, ni de l'union révisionniste, façade d'une dictature sinistre. Ce qui est prolétarien, aujourd'hui surtout, divise, et combat, et fait croître jusqu'au principal d'infimes fractures intérieures au « mouvement ».

Celui-là seul est dialecticien qui pousse la reconnaissance du principe de la contradiction principale jusqu'à celui du devenir principal d'une contradiction secondaire.

D. Toute contradiction est dissymétrique: elle a un aspect principal

De même que sa contradiction principale fixe la nature qualitative d'un processus, de même chaque contradiction est qualitativement spécifiée par un terme principal. Le mot terme ne doit pas faire ici illusion : il ne représente pas la réapparition d'une unité indécomposable de type métaphysique.

Le « terme » n'a en effet aucune réalité, en dehors du procès de scission où il est engagé. La bourgeoisie a pour définition dialectique l'ensemble des pratiques (d'exploitation, d'oppression, de contre-révolution) qui l'opposent au prolétariat. Une classe ne préexiste jamais à la lutte des classes. Exister, c'est s'opposer. L'existence d'un terme est tout entière donnée dans sa corrélation contradictoire à l'autre terme de la scission. Dire qu'un des termes est principal, c'est dire que c'est à partir de sa prédominance dans le procès de scission qu'on peut déterminer la nature qualitative d'ensemble de la scission elle-même. Par exemple, la France est un pays capitaliste, non seulement parce que la contradiction principale est la contradiction bourgeoisie/prolétariat, mais parce que, dans cette contradiction principale, la bourgeoisie est l'aspect principal de la contradiction : la bourgeoisie domine, c'est-à-dire parvient encore à fixer à son avantage les modalités et le cadre de son affrontement au prolétariat.

Il est clair que la théorie de l'aspect principal, comme celle de la contradiction principale, a pour contenu le mouvement du rapport entre ce qui est principal et ce qui ne l'est pas. La dialectique a moins pour objet le repérage du principal que le devenir principal du secondaire, et son corrélat dialectique : le devenir secondaire du principal. Mais cela précisément fait problème. Que désigne dans ces conditions le mot « principal », dès lors que c'est la conversion en son contraire (le secondaire) qui en constitue l'essence ? Et surtout : si principal et secondaire se convertissent l'un dans l'autre, faut-il comprendre que la loi suprême de la dialectique est un simple principe de permutation, un simple échange des places ?

Cette question est d'une grande portée philosophique. La permutation, la loi d'échange, est en effet le ressort essentiel de toutes les idéologies de type structuraliste. Or les implications politiques de ces idéologies sont bien connues : si le mouvement de la réalité se résout dans une analyse combinatoire, il est certain que l'essence de ce mouvement réside dans ses invariants, c'est-à-dire dans les règles qui régissent les permutations. En ce sens, toute nouveauté est largement apparente : le déplacement des termes de place en place laisse intacte la structure d'échange sous-jacente. La mobilité des apparences renvoie à une systématique fermée. Le conservatisme essentiel de toute pensée structurale risque en ce point de changer la dialectique en son contraire : la métaphysique. La forme aujourd'hui la plus agissante de cette conception est l'anarchisme. Elle pose que, dès lors qu'existe une structure quelconque de pouvoir, c'est-à-dire un ordre étatique, la distribution des places est réglée en son fond par le couple dominant/dominé, et que tout déplacement apparent laisse intacte la structure politique essentielle.

Le mot « révolution » devient lui-même suspect, pour autant qu'il signifierait justement le changement de l'aspect principal de la contradiction. Qu'un parti prolétarien vienne occuper la place étatique n'est qu'une permutation sans intérêt. On préfère le mot « subversion », qui désigne la désagrégation universelle de toute place dominante, quelle qu'elle soit. On privilégiera l'errance, la dérive, le hors-place, tout ce qui s'exclut – du moins en apparence – de la combinatoire et du jeu des permutations. On se déclarera dans les marges : marginaux, journal *Marge*. Loin d'être, au demeurant, une invention politique des dernières années, une nouveauté surgie des entrailles de Mai 68, ce procès intenté au concept classique de révolution n'est qu'une version à la fois sophistiquée et prodigieusement affadie des vaticinations de Stirner.

La doctrine de Stirner oppose la « révolte » à la révolution dans des termes exactement identiques à ceux dont la décomposition du mouvement révolutionnaire petit-bourgeois issu de Mai 68 a répandu un peu partout le charabia pestilentiel. La seule différence tient dans la petite variation lexicale qui a substitué partout le mot « désir » au mot « égoïsme », à vrai dire plus franc, qu'utilise saint Max (Stirner). Pour le reste, saint Gilles (Deleuze), saint Félix (Guattari), saint Jean-François (Lyotard) occupent la même niche dans la Cathédrale maniaque des chimères. Que le « mouvement » soit une poussée désirante, un flux qui file ; que toute institution soit paranoïaque, et hétérogène par principe au « mouvement » ; que rien ne se fasse contre l'ordre existant, mais selon une schize affirmative qui se retire de cet ordre ; qu'il faille donc substituer à toute organisation, à tout hideux militantisme, l'autogestion (ou l'association, on se querelle là-dessus dans certaines chaumières) du mouvement pur : toutes ces révisions audacieuses, dont on prétend qu'elles dressent contre le marxisme-léninisme « totalitaire » la fulgurante nouveauté des masses marginales en dissidence, sont mot pour mot ce que Marx et Engels, dans *L'Idéologie allemande*, avaient à mettre en pièces – vers 1845 ! – pour déblayer le terrain d'une systématisation enfin cohérente des pratiques révolutionnaires de leur temps.

Il faut le lire pour le croire, tant l'invariance historique de cette pensée, dont le principal argument est aujourd'hui sa prétendue « nouveauté radicale », stupéfie. Lisons donc : « [La révolte] est un soulèvement des individus, une montée, indifférente aux institutions qui en surgiront. La révolution visait à établir de nouvelles institutions : la révolte nous amène à ne plus Nous laisser embrigader dans les institutions, mais au contraire à Nous organiser Nous-mêmes. Ce n'est pas un combat contre l'ordre existant, puisque, si elle réussit, cet ordre existant s'effondre de lui-même, c'est simplement l'effort que

Je fais pour me dégager de l'ordre existant. Si Je me retire de l'ordre existant, il est mort et entre en décomposition[39]. »

Veut-on maintenant de l'antihiérarchisme, et plus profondément de l'idée que toute rationalité écrase l'autonomie pure du « mouvement », que l'organisation révolutionnaire repose sur un intolérable despotisme idéologique, et qu'en dernier ressort le militantisme organisé, avec sa hiérarchie d'appareil, relève de la mentalité religieuse ? Mais voyons ! saint Max est là : « Jusqu'à ce jour, nous sommes soumis à la hiérarchie, et opprimés par ceux qui s'appuient sur des idées, et les idées c'est le sacré[40]. » Quant au fait que tout projet révolutionnaire un peu conséquent soit une « castration » et un dévoiement religieux des « investissements libidinaux », disons que cette tarte à la crème de nos critiques « modernes » et « radicaux » du militant léniniste, saint Max la cuisinait il y a cent trente ans dans les fourneaux crasseux de *L'Unique et sa propriété*, en opposant en bloc la « Vocation-détermination-mission-idéal », sombre forme générale du sacré, à la règle d'« autodélectation[41] ».

Marx et Engels démontent avec une patience infinie tous

39. Cité *in* Marx et Engels, *L'Idéologie allemande*, E.S., p. 414.

40. *Ibid.*,p. 198

41. *Ibid.*, p. 414. Il est significatif que la revue *Recherches* (n° 14, janvier 1974) titre sa solennelle mise en garde contre la « culpabilité militante » : « L'Idéal historique. » Y est-il cependant question de Stirner ? D'aucune façon. La reconnaissance de dettes n'est pas le fort de nos modernes sectateurs de l' « autodélectation », dès lors qu'ils travaillent à l'enseigne de ce « quelque chose de neuf et d'affirmatif [qui] se lève [et] nous prend tout entiers » (p. 130). *L'Anti-Œdipe* s'orne d'un index qui ne comprend pas moins de 197 noms propres : mais ni Stirner, ni Bakounine, ni Proudhon, ni même Rosa Luxemburg : aucun de ceux qui, sur l'essentiel, c'est-à-dire les quelques conclusions pratiques – désastreuses – auxquelles ce monument peut conduire, ont déjà dit rigoureusement la même chose. Imaginons un instant notre livre, identique en substance, mais pourvu d'un index copieux d'où seraient absents Hegel, Marx, Engels, Lénine et Mao Tsé-toung ! Il est vrai que notre conception du « neuf » et de l'« affirmatif » doit être essentiellement différente. Cela tient à ce qu'elle opère tenacement dans la réalité ouvrière et populaire, dont nos « autodélectateurs » sont forclos, eu égard à leur répugnance libidinale pour l'« idéal militant ».

les rouages de cette mascarade conceptuelle. Ce qu'ils trouvent au fond des frissons d'extase de la « révolte » à la Stirner, et de son opposition « radicalement nouvelle » (déjà en 1840) à tout processus révolutionnaire organisé ; ce qu'ils débusquent implacablement dans la substitution au « renversement de ce qui existe » de l'ineffable « existence du renversement[42] » (tout comme nos répétiteurs « modernes » dressent le « désir de révolution » contre la direction rationnelle et centralisée du projet politique du prolétariat), c'est la vacuité bourgeoise, conservatrice et juridique, du principe d'identité. Je est Je parce qu'il n'est pas un autre, le Désir est le Désir parce qu'il est le mien.

« Cette "unicité" tant vantée, qui se distinguait si bien de la "conformité", de l'identité de la personne, que Sancho ne voyait dans les individus qui ont existé jusqu'ici que des "exemplaires" d'une espèce, ou peut s'en faut, voilà qu'elle disparaît pour se réduire à l'identité d'une personne avec elle-même, telle que la police l'établit, au simple fait qu'Un individu n'est pas l'Autre. Et voilà Sancho, ce géant lancé à l'assaut du monde, réduit à la taille d'un employé du bureau des passeports[43]. »

L'anarchie se change en police, la subversion de l'État en fiches d'état-civil : nous voici reconduits au structuralisme, pensée des invariants, des atomes permutables, pensée de la classification, de la combinaison ; réduction finale du mouvement au changement de place de l'Identique. La conception anarcho-désirante est entièrement poreuse au solide objectivisme bourgeois. Sa vision des choses s'oppose en apparence au structuralisme, puisqu'elle se fixe comme objectif la dissolution de toute structure. Mais elle est profondément structuraliste,

42. *Ibid.*, p. 414 (citation de Stirner).

43. *Ibid.*, p. 485. « Sancho », c'est Stirner, évidemment.

en ce qu'elle ne pense la contradiction que comme mouvement de substitution, et exclut toute appréhension d'une différence qualitative quelconque entre deux types de domination.

Pour cette pensée, toute scission est mouvement d'échange, toute lutte est prestation réciproque, toute victoire est défaite : au moment même où je plie l'adversaire à ma loi, je tombe sous la sienne, puisque j'occupe la place même d'où il la promulguait, la place dominante. En vérité, l'anarchisme est le simple envers du structuralisme conservateur. La dérive est l'ombre du combinatoire. Structuralisme et idéologies du Désir sont profondément appariés. Bien loin de s'opposer, ils fusionnent, dans leur contradiction commune à la dialectique. La dialectique en effet, dans la formulation de la théorie de l'aspect principal, pense à la fois, selon le mouvement de scission qui lui est propre, l'identité (en termes, en effet, de permutation des places) et la non-identité (en termes de rupture qualitative du processus de distribution des places pris dans son ensemble). La dialectique fait vivre la contradiction du structural et du qualitatif, de la combinatoire et de l'évaluation différentielle des forces. Pour ce faire, la dialectique doit diviser son concept du principal.

1. En un premier sens, « principal » désigne ce à partir de quoi une séquence du processus se trouve qualitativement déterminée.

Ainsi, dans la séquence historique en cours, la France est bien déterminée comme pays capitaliste à partir de la prédominance de classe de la bourgeoisie. C'est là, si l'on peut dire, une coupe statique prise sur le processus. C'est la détermination abstraite d'un invariant structural, qui fixe la particularité historique de la séquence considérée. Les termes de la contradiction principale bourgeoisie/prolétariat ne sont pas ici saisis dans leur interaction en mouvement, mais dans leur seul rapport hiérarchique établi, c'est-à-dire selon le couple dominant/dominé.

« Principal » connote donc la saisie matérialiste de la base objective. Il possède une valeur structurale. De façon plus générale, l'invariance séquentielle de la domination d'un terme sur l'autre est ce par quoi la thèse matérialiste s'inscrit à l'intérieur même de la thèse dialectique. Dans notre exemple, la domination de la bourgeoisie renvoie à l'existence objective du capitalisme, au procès d'extorsion de la plus-value, qui constitue la base matérielle générale de tous les phénomènes historiques en France aujourd'hui, et qui est le fondement objectif, scientifiquement analysable, du pouvoir étatique de la bourgeoisie. Que la bourgeoisie soit l'aspect principal de la contradiction bourgeoisie/prolétariat signifie ici seulement que l'étude matérialiste de la société montre son être capitaliste. Le concentré philosophique de cette inscription du matérialisme dans des contenus dialectiques se formule : dans la contradiction être (matière)/pensée (esprit), l'être (la matière) est l'aspect principal. C'est là si l'on peut dire la formulation « en dialectique » de la thèse matérialiste. Particularisant cet énoncé universel, on repère toute une série de déterminations du principal qui constituent l'ossature matérialiste de la dialectique. C'est tout le sens d'un passage très connu de Mao Tsé-toung : « Selon [certains], par exemple, dans la contradiction entre les forces productives et les rapports de production, l'aspect principal est constitué par les forces productives ; dans la contradiction entre la théorie et la pratique, l'aspect principal est constitué par la pratique ; dans la contradiction entre la base économique et la superstructure, l'aspect principal est représenté par la base économique ; les positions respectives des aspects ne se convertissent pas l'une en l'autre. Cette conception est celle du matérialisme mécaniste et non du matérialisme dialectique. Certes, les forces productives, la pratique et la base économique jouent en général le rôle principal, décisif, et quiconque le nie n'est pas un matérialiste ; mais il faut reconnaître que, dans des conditions déterminées, les rapports de production, la théorie et la superstructure peuvent, à leur tour, jouer le rôle principal, décisif[44]. »

En somme :

a) pour être matérialiste, il faut reconnaître qu'une série de termes (pratique, forces productives, base économique) occupent « en général » la place dominante, qu'ils sont l'aspect principal de la contradiction qui les unit au terme opposé (respectivement : théorie, rapports de production, superstructure). Il est donc vrai qu'un certain type de fixité du principal est ce qui ancre dans le matérialisme certains contenus de la thèse dialectique.

b) Pour être dialecticien (c'est-à-dire ne pas être mécaniste), il faut aussi reconnaître la négation de cette fixité. S'il est vrai que la fixité stratégique (« en général ») du terme principal avère le matérialisme dans la dialectique, sa non-fixité tactique (« dans des conditions déterminées ») avère la dialectique dans le matérialisme. Sur les exemples considérés, on dira : le matérialisme est ce qui structure la contradiction en fixant stratégiquement la place de ses termes ; la dialectique est ce qui contredit la structure, en pensant l'inversion des places, la non-fixité de l'assignation des termes. Le premier sens du mot « principal », qui se réfère aux phénomènes stables de domination, est en fait essentiellement son sens matérialiste. Il doit être dialectisé.

44. Mao Tsé-toung, *De la contradiction*, O.C., t. I.

2. S'il est vrai, en effet, que la dialectique est d'abord la loi du mouvement de la contradiction, on ne peut se satisfaire de la simple détermination structurale, qui ne dit par elle-même rien sur ce mouvement. Il est vrai que la France est un pays capitaliste où la bourgeoisie est la classe dominante. Mais ce n'est pas le système capitaliste qui est moteur de l'histoire, c'est la lutte des classes.

Dans « lutte des classes » est certes contenue la base économique, l'infrastructure, qui détermine l'existence même des classes, ainsi que leur système transitoire de subordination les unes aux autres. Mais « lutte des classes » désigne d'abord le procès d'affrontement à travers quoi se cumulent les conditions d'un renversement des dominations existantes, le processus par quoi le terme dominé devient principal. L'intelligibilité dialectique complète de ce qui est principal doit donc appréhender non seulement l'état des choses, mais leur tendance. Ce qui est principal du point de vue de l'état des choses et de la structure peut s'avérer secondaire du point de vue de la tendance. C'est ainsi que dans sa déclaration de mai 1970, Mao Tsé-toung n'hésite pas à dire que, dans un monde encore dominé par l'impérialisme et le social-impérialisme, « la tendance principale, c'est la révolution[45] »

L'impérialisme et le social-impérialisme sont dominants du point de vue de la structure : la majorité des peuples du monde subissent encore leur joug. Mais ils ne sont déjà plus principaux du point de vue du mouvement historique. C'est que, comme le dit encore Mao, la dialectique consiste à envisager les choses du point de vue de l'avenir. Pour envisager les choses du point de vue de l'avenir à l'intérieur du présent lui-même, il faut s'emparer de ce présent comme

45. Mao Tsé-toung, *Peuples du monde, unissez-vous pour abattre les agresseurs américains et leurs laquais !*, Éditions de Pékin, p. 2.

tendance, comme croissance ou décroissance, comme cumulation des forces, comme rupture, et non pas seulement comme état, ou figure.

En fin de compte, « principal » désigne la double nature de chaque terme de la contradiction quand on l'appréhende dans sa corrélation à l'autre terme. « Principal » suit la pensée scindée du procès de scission. Chaque terme est à la fois dans un rapport donné de domination ou de dépendance, et dans la négation de cet état. Les peuples du monde subissent en majorité le capitalisme et l'impérialisme, mais la tendance historique principale, c'est que « les pays veulent l'indépendance, les nations la libération, les peuples la révolution ». Et ce vouloir est révolte contre les réactionnaires, ce vouloir est raison. Les peuples sont dominés, l'impérialisme est l'aspect principal. Mais les peuples, parce qu'ils sont dominés, ont pour être véritable, pour être historique, de détruire l'impérialisme ; et cet être historique est, sur la scène du monde, la force principale. « Principal » se divise, « principal » se change en son contraire. Chaque terme, précisément parce qu'il n'a d'existence qu'engagé dans un procès de scission, se trouve lui-même écartelé entre sa subordination qualitative à la scission prise comme processus, c'est-à-dire comme unité, et le mouvement de transformation de cette qualité même, qui a pour ressort la lutte ininterrompue entre les deux termes, et l'incessante modification de leur rapport.

La structure a pour être une combinaison hiérarchique, mais son existence, c'est-à-dire son histoire, se confond avec celle de sa destruction. La structure n'a d'autre existence que le mouvement de sa propre perte, et chaque terme de la contradiction reflète ce mode transitoire d'existence par sa division en son être-pour-la-structure et son être-pour-la-dissolution-de-la-structure. Le prolétariat sera structurellement déterminé comme classe exploitée dans le procès de production, et antistructurellement déterminé comme classe révolutionnaire porteuse de l'anéantissement du mode de production capitaliste. Dans la première détermination, le prolétariat est essentiellement dominé, dans la seconde, ce n'est pas son être dominé qui est principal, mais la tendance historique à ce que s'affirme sa propre domination. Structurellement, ce qui définit le prolétariat, c'est l'exploitation, tendanciellement c'est la dictature du prolétariat. Du point de vue de la société capitaliste prise dans son ensemble, il est à la fois juste de dire que la bourgeoisie est le terme principal de la contradiction et que le prolétariat l'est aussi, selon que, dans la scission du principal, on met au poste de commandement la structure ou la tendance. Dominés, l'impérialisme est l'aspect principal. Mais les peuples, parce qu'ils sont dominés, ont pour être véritable, pour être historique, de détruire l'impérialisme ; et cet être historique est, sur la scène du monde, la force principale. « Principal » se divise, « principal » se change en son contraire.

La dialectique, si l'on peut dire, est elle-même dialectique, en ce que ses opérateurs conceptuels, qui reflètent la réalité, sont tous également scindés. C'est ce que Lénine appelle la « multiforme et universelle souplesse des concepts, souplesse qui va jusqu'à l'identité des contraires[46] ».

La vérité d'un concept dialectique ne réside jamais dans un seul de ses sens, mais dans le souple mouvement contradictoire de ses deux sens opposés. Le concept complet du principal sera donc l'unité contradictoire du structural et du tendanciel. La prise en considération unilatérale de l'un des deux fait passer dans la métaphysique. Cette métaphysique à son tour est le concentré de positions politiques

46. Lénine, *Cahiers philosophiques*, E.S., p. 108.

ultra : « gauche » ou révisionnistes. Si en effet on néglige l'élément structural, on prend la tendance pour un état de chose réalisé. Ainsi Geismar déchiffrant dans Mai 68 l'imminence de la guerre civile armée mène tout droit aux aventures idéalistes ruineuses de l'ex-Gauche prolétarienne. Ainsi *L'Humanité rouge*, travestissant les thèses chinoises sur le caractère inéluctable de la guerre en Europe (ce qui est une affirmation tendancielle), fait comme si l'agression soviétique avait déjà lieu, et se lance dans de ridicules et honteuses manœuvres de « front uni patriotique » avec les pires réactionnaires, La Nouvelle Action française par exemple. Dans les deux cas, une tendance est érigée en fait acquis. Le principal tendanciel fusionne avec le structural. Si l'on néglige l'élément tendanciel, on réprime inévitablement le nouveau au nom de l'ancien, on soutient l'ordre établi. On s'installe dans l'attentisme opportuniste. Nul besoin de discerner et consolider les tendances, la structure pourvoit à nos besoins. C'est la doctrine des révisionnistes de la IIe Internationale : l'économisme réactionnaire, qui postule que, par ses seuls mouvements objectifs, l'infrastructure capitaliste conduit au socialisme. La structure seule règle l'avenir, elle seule est tendance. Le principal structural fusionne avec le tendanciel. Ces métaphysiques déviantes reviennent au principe « deux fusionnent en un ». Elles abandonnent la scission dialectique du concept de principal, et cautionnent symétriquement l'aventure gauchiste et l'opportunisme de droite.

La véritable investigation dialectique opère toujours la corrélation scindée d'une détermination structurale du principal et d'une détermination tendancielle. En fait, tout revient à ceci : saisie dans un état donné, ou au long d'une séquence particulière de son développement, toute contradiction assigne à ses termes une place déterminée, place elle-même définie par son rapport à la place de l'autre terme. Il s'agit de saisir l'aspect principal dans les assignations de places dominantes et de places dominées. En ce sens, la dialectique est une logique des places. Saisie en revanche dans son mouvement ininterrompu par étapes, toute contradiction confronte des forces dont la nature est d'ordre différentiel : ce qui importe dans l'évaluation de la force du point de vue du mouvement de la contradiction, ce n'est plus son état transitoire de subordination ou de domination, mais sa croissance ou sa décroissance. Dans son versant tendanciel ou proprement historique, la dialectique est une logique des forces.

Le problème dialectique central est donc le suivant : comment s'articulent, sans fusionner, la logique des places et la logique des forces ?

IV. Force et places

A. Résolution d'une contradiction. Qu'est-ce qui meurt?

Les Khmers rouges s'emparent de Phnom Penh : une séquence historique s'achève parce qu'une contradiction est résolue.

La résolution d'une contradiction, ce n'est pas, ce n'est jamais, la synthèse de ses termes. Nous tenons là une des vérités les plus stables et les plus anciennes du marxisme : la lutte détruit et transforme, elle n'est pas le théâtre d'ombres d'une réconciliation manigancée dans le geste des Origines. Dès le *Manifeste*, Marx et Engels l'affirment sans ambages : « [...] Oppresseurs et opprimés, en opposition constante, ont mené une guerre ininterrompue, tantôt ouverte, tantôt dissimulée, une guerre qui finissait toujours soit par une transformation révolutionnaire de la société tout entière, soit par la destruction des deux classes en lutte[47]. »

Refonte de la totalité, c'est-à-dire rupture qualitative du processus, si l'un des termes de la contradiction s'empare irréversiblement de la place dominante ; achèvement du processus lui-même dans la suppression réciproque des deux termes, si la symétrie des forces ne permet pas le changement des places. La résolution d'une contradiction exige que quelque chose disparaisse. La dialectique matérialiste n'est pas, comme la dialectique hégélienne, la pensée de « ce qui se maintient dans la mort même[48] ».

Ou plutôt, la dialectique divise la mort : il y a en effet ce qui se maintient, dans des conditions conflictuelles de type nouveau : ainsi la bourgeoisie se maintient dans la dictature du prolétariat, sous la forme objective de la persistance du Droit, sous la forme subjective de sa pénétration dans le parti. Mais il y a aussi ce qui meurt intégralement, ce qui ne laisse nulle trace. Il n'est de pensée révolutionnaire véritable que celle qui mène la reconnaissance du nouveau jusqu'à son incontournable envers : de l'ancien doit mourir.

La dialectique matérialiste affirme, comme Hegel, que la vraie vie n'est pas celle « qui recule d'horreur devant la mort et se préserve pure de la destruction[49] ». Mais sa pensée divisée de la mort est plus forte. Hegel veut « tenir fermement ce qui est mort[50] », et c'est parce que tout s'intègre à la circularité finale de l'Absolu que la vie de l'esprit n'a pas à redouter le négatif. Rien n'est jamais perdu. La dialectique matérialiste en revanche affronte la perte, et la disparition sans retour. Il y a des nouveautés radicales parce qu'il y a des cadavres qu'aucune trompette du Jugement ne viendra jamais

47. Marx et Engels, *Manifeste du Parti communiste.*

48. Hegel, *Phénoménologie de l'Esprit*, Aubier, t. I, p. 29.

49. *Ibid.*

50. *Ibid.*

réveiller. Au plus fort de la Révolution culturelle, on disait en Chine : l'essence du révisionnisme, c'est la peur de la mort. Cet énoncé se divise, en sa part idéaliste et subjective – son versant Lin Piao – et sa part de vérité : le révisionniste ne supporte pas que la bourgeoisie meure. Le révisionnisme est l'ultime avatar de la survie bourgeoise, la ruse et le travestissement de celui qui doit quitter la place une fois pour toutes et qui revêt pour survivre les oripeaux de son antagoniste : dictature bourgeoise maquillée en socialisme, pensée bourgeoise plaquée de faux marxisme. Le mort n'est en sursis qu'à se faire prendre pour celui qui le tue.

La résolution d'une contradiction inclut, disions-nous, la part de la mort. Pour qu'advienne la totalité neuve, le processus différent, la scission d'une autre unité, voici que tombe, déchet du mouvement, un fragment du réel. C'est toute la rationalité de l'expression militante : les poubelles de l'histoire. Résoudre, c'est rejeter. L'histoire a d'autant mieux travaillé que ses poubelles sont mieux remplies. « *Aufhebung* », dit Hegel, pour désigner le passage de l'ancien au nouveau : annuler et conserver. On peut traduire « relève ». Autre chose, qui cependant se tient dans la continuité. Ce qui meurt advenant à soi-même dans son autre. « *Aufhebung* », pour nous, doit être scindé : le prolétariat est bien la relève de la bourgeoisie, mais non pas au sens où dans le soir des usines, l'équipe de nuit relève l'équipe du jour, ni même au sens de la relève des générations. Car de la bourgeoisie considérée comme ultime héritière de l'histoire des exploiteurs, il ne restera, pour finir, absolument rien. Et les maoïstes relèveront le P.C.F. dans la classe ouvrière, non par le compagnonnage critique et parasitaire des trotskistes, mais par la destruction matérielle de l'existence dirigeante des révisionnistes.

Il faut penser en dialectique, non seulement la mort, mais la dispersion des cendres. C'est en divisant la mort que les marxistes-léninistes enracinent son évaluation. De ce qui perdure et de ce qui s'abolit, quel est le principal ? L'écrasement de la Commune, c'est la perte irrémédiable, pour le prolétariat français, de toute une génération dirigeante ouvrière. Si forte et réelle, cette perte, que nous l'endurons encore. La relève, c'est le bilan de la Commune, systématisé par Marx, pratiqué par Lénine et le prolétariat russe sous les espèces de la victoire ouvrière. La mort des communards a pour aspect principal l'avenir vivant des révolutions prolétariennes victorieuses. Marx l'a vu dans l'instant : « Le Paris ouvrier, avec sa Commune, sera célébré à jamais comme le glorieux fourrier d'une société nouvelle[51]. »

À l'inverse, par exemple, la mort du système colonial, presque achevée avec l'effondrement de l'« empire » portugais (Guinée-Cap-Vert, Mozambique, Angola) n'annonce rien qui soit immanent à ce système. Nulle « valeur » coloniale ne trouvera dans l'avenir la gloire de son concept. Système anéanti, irrécupérable, stérile : la force antagoniste des peuples révoltés le disloque et le voue aux poubelles. Radicalement anéanti, un tel terme est atteint dans la totalité de son développement historique : il prend fin lorsque son origine même vient à son tour s'annuler dans l'antagonisme. C'est la raison pour laquelle Mao voit dans la révolte des Noirs américains un moment décisif de l'effondrement total du système impérialiste : « L'exécrable système colonialiste et impérialiste, dont la prospérité a débuté avec l'asservissement et la traite des Noirs, disparaîtra avec l'émancipation complète des Noirs[52]. »

51. Marx, *La Guerre civile en France*, O.C, t. II, p. 256.

52. Mao Tsé-toung, *Déclaration pour soutenir les Afro-Américains dans leur juste lutte contre la discrimination raciale pratiquée par l'impérialisme américain*, Pékin, 1963.

Quand ce contre quoi s'affirmait à ses débuts la croissance d'un terme est à son tour ce qui s'affirme victorieusement, le terme est tout près de sa disparition. Ainsi dans une réalité finissante se séparent et s'ordonnent ce qui s'incorpore à l'avenir, ce qui entre en métamorphose sous la loi d'une nouvelle unité des contraires, et ce qui fait, de ce nouveau, l'envers de perte et de dissolution. Tout ce qui meurt est contradictoirement relevé et retranché. Selon que la relève, ou le déchet, prévaut, la mort est dialectiquement affirmative ou nulle. Un écrivain de la Chine antique, Sema Tsien, disait : « Certes les hommes sont mortels ; mais certaines morts ont plus de poids que le mont Taichan, d'autres en ont moins qu'une plume. Mourir pour les intérêts du peuple a plus de poids que le mont Taichan, mais se dépenser au service des fascistes et mourir pour les exploiteurs et les oppresseurs a moins de poids qu'une plume[53]. »

L'écrasement du régime fantoche cambodgien relève de la catégorie de la plume, et du déchet. La clique Lon Nol disparaît de la scène de l'histoire, et la guerre civile révolutionnaire s'achève par la victoire totale des forces populaires. Dira-t-on que les Khmers rouges viennent occuper la place où se tenaient précédemment les fantoches ? En un certain sens oui, puisqu'à un État en succède un autre, puisqu'à une dictature en succède une autre. D'un point de vue formel, il est juste de dire que la clôture et la résolution d'un processus contradictoire résident dans le basculement de la dissymétrie. Le pouvoir change de mains, le secondaire devient principal, la détermination qualitative d'ensemble du processus n'est plus régie par le même terme dominant. La désignation même du processus doit être transformée : à la phase de guerre civile révolutionnaire succède celle de la dictature

53. Mao Tsé-toung, *Servir le peuple*, O.C., t. III.

démocratique populaire. L'État, c'est-à-dire la forme concentrée de tous les phénomènes de domination, n'a pas non plus le même nom. À l'État fantoche, ramassis de *compradores* et de militaires entretenus par l'impérialisme, succède l'État basé sur l'alliance des ouvriers et des paysans. Comme le chante *L'Internationale* : « le monde a changé de base », les forces sociales ont échangé leur position, la réponse à la question « qui opprime qui ? » est inversée.

B. Résolution d'une contradiction. Qu'est-ce qui change ?
Tout cela cependant désigne la forme d'une rupture dans la séquence dialectique, mais n'en atteint pas le contenu. L'État de dictature démocratique populaire est certes le renversement de l'État fantoche. Dans une saisie combinatoire des rapports de classes, on peut même dire qu'il en réalise l'inversion : les larges masses ouvrières et paysannes exercent leur dictature sur les anciens dictateurs. Cependant, le développement historique de cette inversion est une nouveauté radicale que la seule pensée de l'inversion est impuissante à appréhender. Il y a même là le risque d'une objection anarchisante, qui pourrait se réclamer de Marx : l'existence d'un rapport de domination, même inversé, ne constitue-t-elle pas à elle seule le noyau d'une invariance idéologique essentielle ? Dans le *Manifeste*, Marx conclut en effet, de la permanence générale des rapports d'exploitation, à la stabilité des formes de conscience : « [...] Quelle qu'ait été la forme revêtue par ces antagonismes [de classe], l'exploitation d'une partie de la société par l'autre est un fait commun à tous les siècles passés. Donc, rien d'étonnant si la conscience sociale de tous les siècles, en dépit de toute sa variété et sa diversité, se meut dans certaines formes communes, formes de conscience qui

ne se dissoudront complètement qu'avec l'entière disparition de l'antagonisme des classes[54]. »

Suivons bien ici les méandres de la dialectique forme/contenu. L'existence d'un contenu contradictoire invariant (l'antagonisme des classes) fait que la variabilité de ses formes objectives (les différents modes d'exploitation) laisse subsister dans l'élément subjectif (la conscience sociale) un invariant formel (formes communes[55]).

À s'en tenir à la résolution d'une contradiction comme inversion des places, on pourrait dire : l'existence d'un contenu contradictoire invariant (existence d'un système de places dominant/dominé), quelle que soit la mutation de ses formes (révolution étatique), entraîne une fixité des formes de conscience (pas de révolution idéologique). En ce point précis, la dialectique objective paralyserait la dialectique subjective. Pire encore : le renversement des systèmes d'exploitation serait entièrement dissocié de la rupture avec les pratiques d'oppression.

C'est que l'interversion des places n'inclut la considération du mouvement de la scission dialectique que selon le rapport des deux termes. Chacun a son être dans le rapport à l'autre (à l'autre place). La force de chacun d'entre eux s'épuise dans le rapport de forces. Occuper la place étatique de l'adversaire atteste bien qu'est parvenue à son terme la transformation conflictuelle du rapport de force entre les deux camps. Mais cette occupation ne dit rien sur la nature interne des forces engagées dans ce rapport. Et il n'est pas même suffisant de dire que désormais le camp populaire dispose de forces supérieures au camp réactionnaire. L'affirmation de cette supério-

54. Marx, Engels, *Manifeste du Parti communiste*, O.C., t. I, p. 129.

55. Cet invariant formel est à son tour scindé en formes de conscience communes à tous les exploiteurs et formes de conscience communes à tous les exploités en révolte : c'est la question des invariants idéologiques communistes de toute grande révolte populaire. Nous la traitons dans le fascicule *De l'idéologie*.

rité ne fait en effet que redoubler l'évidence du changement de place. Si les Khmers rouges ont pu balayer leur adversaire, c'est à coup sûr qu'ils étaient les plus forts. À ce stade de l'investigation, la force est saisie en extériorité comme simple rapport quantitatif. Mais il n'y a rien de plus dans le concept quantitatif du rapport de forces que ce qui se donne dans la logique des places. Articuler la logique des forces et la logique des places ne peut se réduire à déterminer les conditions de force du changement de place. En effet, si la comparaison des forces s'enferme dans la pensée du quantitatif, le changement de place ne désigne pas nécessairement une transformation qualitative du processus.

Nous avons dit : une mutation qualitative exige une réponse à la question : Qu'est-ce qui meurt ? Où est la part déchue du réel ? La pensée quantitative de la force ne peut délivrer cette réponse. Elle nous dit apparemment ce qui change (les places) dans l'indifférence à ce qui meurt, donc à ce qui naît. La promesse électorale révisionniste suit ce chemin : le « pouvoir » va être remplacé par l'Union de la gauche, le programme commun va redresser la situation. Mais qu'est-ce qui doit mourir ? À les entendre, rien. Et rien non plus ne va naître, qui ne soit déjà là : le parti, le syndicat, le gouvernement. Cette histoire sans perte, cette avenue sans poubelles appellent la suspicion dialectique. On nous ment, soit qu'on ne veuille rien changer, qu'on ait horreur de toute naissance historique ; soit qu'on dissimule le prix, la perte, la mort. Et on les dissimule en effet : car la perte est pour les masses, soumises, dans la vérité pratique de la promesse, à l'intolérable dictature révisionniste, au social-fascisme mortifère.

C. Processus secondaire : quand rien ne change, ce sont les hommes qui meurent

La dialectique s'empare du scindé, du mortel, de ce qui naît et s'affirme. Partout où l'interversion des places régit seule le phénomène, le changement se change en son contraire : la continuation, et son envers : le massacre.

Prenons un phénomène à l'intitulé symétrique : une guerre interimpérialiste, impérialisme contre impérialisme, et non Khmers rouges contre fantoches. Que dire des places, que dire des forces ? En 1914, l'impérialisme français et l'impérialisme allemand ont comme enjeu de guerre d'occuper des places tenues par l'adversaire. L'Allemagne veut élargir sa sphère d'influence en Europe et participer pleinement au pillage impérialiste de l'Afrique. La France veut défendre, avec l'Angleterre, sa demi-hégémonie coloniale, et récupérer l'Alsace-Lorraine. La victoire de l'un ou de l'autre des deux impérialismes va donc se solder par des inversions de place. Ce qui conduit à ces inversions est à coup sûr le rapport de force entre les deux impérialistes. Mais, justement, ces forces sont de même nature : des forces impérialistes. Dès lors, la contradiction se meut sous la loi unilatérale des places. L'estimation des forces se déploie dans la pensée quantitative, dans l'élément de l'homogène. En dernier ressort, celui qui a le plus d'hommes, le plus d'armes et les alliés les plus nombreux l'emporte inéluctablement. Non que le quantitatif et les armements soient le facteur décisif de la guerre : on sait depuis Clausewitz que les « forces morales » et l'appui des masses sont les seuls facteurs d'invincibilité. Encore faut-il qu'il y ait dissymétrie : Clausewitz pense la guerre en dialecticien, il y a un attaquant et un défenseur. La supériorité stratégique de la défensive vient largement de la pleine mobilisation des masses populaires. Or la guerre interimpérialiste est globalement contre-révolutionnaire, ses objectifs sont extérieurs à toute aspiration populaire, il n'y a rien à défendre, que le pillage et l'agression. De là que le processus entier d'une telle guerre entre en contradiction avec toutes les tendances historiques fondamentales, lesquelles sont au nombre de trois :

– les pays veulent l'indépendance (contre les colonialistes) ;
– les nations veulent la libération (contre les impérialistes) ;
– les peuples veulent la révolution (contre les bourgeoisies impérialistes).

Il n'est pas étonnant, dès lors, qu'au cœur même de la guerre interimpérialiste l'identité l'emporte sur la différence, puisque l'acteur décisif du mouvement de l'histoire (les masses populaires) se trouve déporté comme pôle contradictoire au processus entier de cette guerre. La guerre interimpérialiste, si barbare et absolue qu'elle soit, n'en représente pas moins une forme dégradée, affaiblie, minimale, du mouvement contradictoire de la réalité. Marx le disait il y a cent ans avec une parfaite clarté : « Le plus haut effort d'héroïsme dont la vieille société soit encore capable est une guerre nationale ; et il est maintenant prouvé qu'elle est une pure mystification des gouvernements, destinée à retarder la lutte de classes, et qui est jetée de côté, aussitôt que cette lutte de classe éclate en guerre civile. La domination de classe ne peut plus se cacher sous un uniforme national, les gouvernements nationaux ne font qu'un contre le prolétariat[56] ! »

Ainsi la guerre interimpérialiste est-elle moins une guerre qu'une mystification, parce que sa loi interne fait prévaloir l'unité sur la division au cœur même de l'antagonisme. Ce n'est pas là une exception dialectique. Comme tout concept, celui d'antagonisme se divise : il existe un élément non antagoniste dans certaines contradictions antagonistes, et le mouve-

56. Marx, *La Guerre civile en France*, O.C., t. II, p. 255.

ment de cet élément détermine les rapports entre l'unité et la lutte dans tout le cours d'un antagonisme ouvert, si violent soit-il : « Suivant le développement concret des choses et des phénomènes, certaines contradictions primitivement non antagonistes se développent en contradictions antagonistes, alors que d'autres, primitivement antagonistes, se développent en contradictions non antagonistes[57]. » (Ce point, très important, sera traité dans le fascicule *De la contradiction*.)

C'est en prenant appui sur le processus de scission de l'antagonisme que les camarades chinois ont pu, pendant la Grande Révolution culturelle prolétarienne, formuler la directive, autrement inintelligible, de traiter la résolution de certaines contradictions antagonistes par la méthode appropriée aux contradictions non antagonistes : « Régler ces contradictions entre l'ennemi et nous à la manière des contradictions au sein du peuple favorise le renforcement de la dictature du prolétariat et la désagrégation de l'ennemi[58]. »

La guerre interimpérialiste porte en apparence l'antagonisme à son comble ; et cependant le non-antagonisme qui lui est intérieur commande sa forme d'existence, cumulative et non créatrice, interminable, sanglante, et prodigieusement stérile (la scission de l'antagonisme en lui-même et son opposé prescrit sa règle à un point essentiel de l'analyse de notre conjoncture : le rapport des deux superpuissances, U.R.S.S. et U.S.A., régi par une dialectique serrée de la rivalité et de la collusion). C'est pourquoi elle échappe aux catégories de Clausewitz. De là aussi son style : une inepte boucherie réciproque, une dilapidation insensée du matériel, une longue et pénible usure de forces d'autant plus cramponnées l'une à l'autre que rien d'essentiel ne les différencie.

57. Mao Tsé-toung, *De la contradiction*, O.C, t. I, p. 384.

58. *Rapport au 9e Congrès du P.C.C.* Bien que présenté par Lin Piao, ce texte, rédigé sous la direction de Mao, fixe une orientation validée par le 10e Congrès.

Meurtrière symétrie, ce type de processus est la forme structurale faible de la contradiction. La pensée quantitative y trouve son aliment. L'évaluation dans l'homogène du rapport des forces entretient un rapport mécanique avec l'inversion des places (la victoire ou la défaite). La causalité est linéaire. La logique des places se subordonne la logique des forces. Faisons une fleur (de rhétorique) à la psychanalyse : appelons ce type de contradiction un processus secondaire. Il l'est en effet, car c'est le jeu qu'induit en son sein une autre contradiction, primaire – principale – celle-là, en l'occurrence celle qui oppose les impérialismes aux peuples du monde, qui symétrise les impérialismes et fait de leur sauvage empoignade un phénomène qui, par lui-même, n'est porteur de rien de plus que d'une redistribution indifférente des places. Dira-t-on qu'un processus secondaire se résout sans perte ? Certes pas. La perte prend la forme, à son tour entièrement négative, du massacre des populations. Les millions d'ouvriers et de paysans morts pendant la boucherie de 14-18 sont le déchet d'un stérile déplacement des impérialismes. Où donc trouver ce qui doit mourir, sinon dans ce qui est exclu des mobiles et des enjeux de la guerre ? Nous avons dit que le processus secondaire, pris comme unité, entrait globalement en contradiction primaire avec ce qu'il exclut de son système de places : les peuples s'opposent objectivement (et subjectivement un jour ou l'autre ; voir, en France même, les révoltes de 1917) à la guerre impérialiste. C'est dans son opposé primaire que le processus secondaire trouve le terme à retrancher pour qu'y advienne sa résolution. C'est une loi dialectique générale, que nous n'envisagerons ici que dans son fonctionnement régressif. Elle vaut aussi bien positivement. Pour que soit intégralement résolue – par exemple – la contradiction entre ouvriers et paysans, il faut que disparaissent les trois écarts hérités de l'ancienne société (entre travail intellectuel et travail manuel, entre la ville et la campagne, entre l'agriculture et l'industrie). Or, la force historique qui s'oppose à cette disparition n'est autre que la bourgeoisie révisionniste toujours présente dans le parti et dans l'État, bourgeoisie dont l'appui objectif principal réside justement dans l'inévitable persistance de ces écarts pendant une longue période de transition. On peut donc parfaitement dire : la contradiction (principalement non antagonique) ouvriers/paysans définit un processus secondaire, dont le processus primaire est la contradiction prolétariat/bourgeoisie autour du problème du pouvoir politique et de l'État. De là que pour que le processus secondaire se résolve, il faut anéantir la bourgeoisie révisionniste infiltrée dans la classe ouvrière, le parti et l'État, ce qui exige des méthodes révolutionnaires : la suite des révolutions culturelles. Les révisionnistes sont ainsi le déchet, le terme mort, du passage au communisme[59].

Les ouvriers et les paysans morts en 14-18 sont morts pour leur impérialisme national, justement parce qu'ils constituaient le terme antagoniste au système impérialiste tout entier. Tout processus essentiellement symétrique se résout par un changement de place, dont le prix est prélevé sur la force hétérogène. La symétrie se paie sur la dissymétrie. La place est conquise en mutilant le différentiel de la force. Si toutefois le processus secondaire est régressif, le voici relancé : les paysans et les ouvriers de France ou d'Allemagne sont morts aussi pour qu'advienne la révolution prolétarienne en Russie. D'être pris pour terme mort réveille dialectiquement la vie véritable des peuples, c'est-à-dire l'accélération du processus primaire.

La révolte contre la guerre détermine le prolétariat et

59. Nous reprendrons toutes ces questions dans le fascicule *Théorie de la contradiction*.

les masses populaires dans leur identité essentielle : révolution prolétarienne contre barbarie impérialiste. Dès lors, la connaissance du caractère symétrique et indifférent de la guerre interimpérialiste rompt les digues du nationalisme bourgeois, ce faux-semblant de différence qualitative (nous les Français, on est vraiment autre chose que les Boches), destiné à faire tenir au peuple la place qu'exigent de lui les impérialismes confrontés : la place du mort. Dans la rupture du nationalisme bourgeois, la conscience de classe pense la guerre interimpérialiste comme mystification et permutation unitaire. Elle lui oppose en bloc le mot d'ordre bolchevique du défaitisme révolutionnaire. Le processus primaire l'emporte sur le secondaire. Mais dans le processus primaire, force et place s'articulent tout autrement.

D. Processus primaire : l'éclat des forces

Le processus primaire est essentiellement dissymétrique : la force des peuples et les moyens de l'impérialisme ne peuvent s'évaluer par une pensée quantitative. Dans la contradiction qui oppose victorieusement les Khmers rouges aux fantoches, l'hétérogénéité des forces en présence fait qu'elles n'ont, en toute rigueur, aucune mesure commune. C'est un des étonnements permanents de la pensée bourgeoise que d'assister à la défaite des grands impérialismes face à de petits peuples insurgés. C'est qu'à s'en tenir à un concept du rapport de forces étroitement subordonné à la logique des places, on ouvre un espace de pensée purement quantitatif, où, à l'évidence, l'impérialisme américain – par exemple – est le plus fort. En hommes, en armes, en puissance de feu, en capacité de destruction, il y a supériorité écrasante de l'un des antagonistes. Et, cependant, c'est lui qui est vaincu. C'est lui qui doit céder la place. On voit bien que, dans ce cas, le problème de l'évaluation des forces ne peut se résoudre en la confrontation d'annulations quantitatives qui débouchent mécaniquement sur l'inversion des places.

Réfléchissons sur cette thèse politique de Mao Tsé-toung : « Un pays faible est à même de vaincre un pays fort, et un petit pays de vaincre un grand pays. Le peuple d'un petit pays triomphera à coup sûr de l'agression d'un grand pays, s'il ose se dresser pour la lutte, recourir aux armes et prendre en main le destin de son pays[60]. »

Dans la logique de l'homogène, cet énoncé est inintelligible. Il signifie en effet, littéralement, que sous certaines conditions qui ne concernent que sa détermination interne, le plus faible est plus fort que le plus fort. Or, c'est là un énoncé dialectique essentiel, une véritable directive marxiste-léniniste. Lénine déjà soulignait que l'insurrection elle-même, acte de force victorieux, ne mettait pas fin à l'infériorité du prolétariat : il s'était montré le plus fort, mais il demeurait le plus faible, et avait encore à conquérir une supériorité véritable. En l'occurrence, la conquête de la place étatique, loin de trancher mécaniquement la question du rapport des forces, la relance et l'aggrave : « La dictature du prolétariat, c'est la guerre la plus héroïque et la plus implacable de la nouvelle classe contre un ennemi plus puissant, contre la bourgeoisie dont la résistance est décuplée du fait de son renversement[61]. »

Le plus faible selon la place (le petit pays, le prolétariat dominé) peut vaincre selon la force (mais alors, c'est une autre force que celle, quantitative, réglée par la place) et inverser les places. Il n'en demeure pas moins longtemps le plus faible, et d'autant plus que désormais il doit aussi

60. Mao Tsé-toung, *Déclaration du 20 mai 1970.*

61. Lénine, *La Maladie infantile*, O.C., t. m.

garder la place conquise, et donc forger ce qu'il n'avait pas : la supériorité selon la place. Toute cette dialectique divise le concept de la force tout comme celui de la faiblesse, et enchevêtre deux critères d'évaluation du rapport des forces. Pour nous, maoïstes, porteurs déterminés de l'avenir révolutionnaire, c'est là une pensée décisive, car elle indique comment la poignée que nous sommes est appelée à vaincre, tout en demeurant longtemps la plus faible, le monstre bourgeois bicéphale : bourgeoisie classique, nouvelle bourgeoisie révisionniste. Pour comprendre la supériorité des forces du plus faible, pour comprendre la victoire des Khmers rouges à la fois contre l'impérialisme américain et contre le vœu du social-impérialisme, il faut introduire l'idée d'une incomparabilité des forces contradictoires ; l'idée de systèmes d'évaluation hétérogènes, qui font que les critères d'appréciation du rapport des forces sont eux-mêmes scindés. C'est là une caractéristique essentielle de la saisie d'un processus primaire. C'est par exemple ce que le marxisme-léninisme synthétise dans la célèbre formule « la guerre du peuple est invincible ». Cette formule signifie en effet que le type de forces mises en œuvre par la guerre du peuple ne se laisse pas comparer à l'arsenal dont dispose la force antagoniste. Dire qu'une force est invincible, c'est lui attribuer une qualité intrinsèque irréductible à sa comparaison avec une autre force.

Les grands principes de la guerre populaire : primat du politique sur le militaire, appui des masses comme facteur principal, programme de révolution démocratique et populaire, direction du prolétariat, etc., rendent raison de la constitution, à l'un des pôles du processus, d'un terme dont l'hétérogénéité même garantit l'inéluctable croissance victorieuse. Dès lors, la pensée de la contradiction ne consiste pas à redoubler le système des places par une estimation structurale (combinatoire) des forces. Le processus est essentiellement dissymétrique, d'une dissymétrie non schématisable, parce qu'elle est qualitative. Une telle dissymétrie ne peut plus être pensée selon cette extension de la logique des places que constitue une appréciation quantitative du rapport des forces. Il est nécessaire de faire entrer en jeu l'essence même des forces, comme qualité affirmative. La dialectique exige ici toute autre chose qu'un principe de corrélation. Elle exige la saisie d'une discontinuité qualitative interne au procès de scission. Non seulement les termes de la contradiction s'affrontent dans la visée d'une interversion de leurs places, mais ils confrontent deux types d'exercice de leur force réciproquement exclusifs l'un de l'autre. Le concept de force se scinde donc à son tour, non plus du simple point de vue de la distribution des places (force dominante/force dominée) mais du point de vue de son essence même. L'évaluation de cette scission des forces opère dans une pensée différentielle, qui fait rupture avec toute forme de pensée combinatoire. Mais à son tour l'hétérogénéité qualitative des forces bouleverse la nature interne du procès d'interversion des places. Dès lors que la croissance victorieuse du terme initialement dominé ne fait qu'un avec l'affirmation différentielle de sa qualité irréductible, ce terme ne peut en toute rigueur occuper exactement la place de l'ancien terme dominant. La nouveauté qualitative s'étend en effet nécessairement au contenu de la domination elle-même. Le mode sous lequel le nouveau terme occupe la place dominante est irréductible à son ancienne occupation. L'issue d'une guerre interimpérialiste est une redistribution combinatoire des places ; l'issue d'une guerre révolutionnaire est une refonte même du système des places. Rien de commun entre la domination étatique des fantoches et l'État de dictature démocratique et populaire progressivement bâti par les Khmers rouges. Il faut donc dire, cette fois, que c'est la logique des places qui est subordonnée à la logique des forces. La nouveauté historique, en croissance affirmative dans le renforcement du camp populaire, fait advenir une autre règle, et d'autres types de corrélation entre les places.

Un processus secondaire symétrise la scission qui le définit, permute des places, et assigne à l'hétérogène la place du mort. Un processus primaire dissymétrise au maximum la scission, refond le système des places, et assigne la place du mort aux anciens modes d'occupation des places. Le processus primaire par excellence, c'est la révolution prolétarienne. C'est une des thèses essentielles du marxisme que d'affirmer l'impossibilité pour le prolétariat de se servir de la machine d'État bourgeois. La révolution prolétarienne n'est concevable que dans la destruction effective de cet État et l'édification de formes de pouvoir radicalement nouvelles. Cela revient à dire que le prolétariat ne peut affirmer son identité révolutionnaire du simple point de vue de l'interversion du couple dominant/dominé. En toute rigueur, le prolétariat ne peut pas occuper la place de la bourgeoisie, il doit détruire cette place même. Lénine a pressenti et stigmatisé les ravages d'une conception purement structurale, permutante, de la révolution : « Ceux qui considèrent la victoire sur les capitalistes du point de vue des petits propriétaires : "ils ont empoché, maintenant c'est notre tour !" donnent naissance à une nouvelle génération de bourgeois[62]. » Ne restreignons pas la formule à son sens économique. C'est de manière tout à fait générale qu'il n'est jamais question, sauf à le secondariser, c'est-à-dire à le trahir, de pratiquer le processus primaire sur le mode du « c'est notre tour ». Car ce « tour » présuppose l'invariance de

62. Lénine, Séance du Comité exécutif central de Russie, 29 avril 1918, *in Œuvres*, t. XXVII, p. 312.

la place qu'à mon tour je viens occuper. C'est le cas dans le processus secondaire : il était indifférent en 1914 aux peuples camerounais ou marocain d'avoir à supporter, occupant la place coloniale, des Français ou des Allemands. Mais dans le processus primaire, la place elle-même doit être déplacée, sous l'effet d'une force incomparable, hétérogène, inlogeable dans les lieux tenus par l'ancienne force dominante. Ainsi le lieu d'où le prolétariat exerce sa domination (l'État de dictature du prolétariat) a pour essence, non de persévérer, mais de dépérir. Le processus d'occupation par le prolétariat de la place dominante est aussi le processus de dissolution de cette place. Ici s'articule lisiblement la double division des concepts de force et de place : le critère du caractère prolétarien de l'État est le mouvement contradictoire réel de son dépérissement. Le déplacement de la place dominante vers les masses en tant que telles, sans appareil séparé, est ce qui avère que perdure et se déploie l'essence interne de la force historique du prolétariat comme qualité différente.

En même temps, sur une longue période, l'État demeure séparé. D'où une lutte de classes acharnée, où ce qui se joue est finalement la conservation de la dimension primaire du processus, en dépit des forces objectives de secondarisation, d'immobilisation des places, de symétrisation des forces, qui, conflictuellement, imprègnent de toutes parts la classe dirigeante (le prolétariat), le parti et l'État. L'estimation de la force de classe du prolétariat à un moment donné se fait nécessairement du point de vue de ce qui s'engendre en son sein de nouveauté qualitative, de ce qui se constitue dans la pratique comme force hétérogène. Toute force d'apparence ouvrière, mais qui à l'évidence relève d'une mesure commune avec les forces bourgeoises, n'a aucune chance de s'inscrire dans un processus primaire. En ce point, la contradiction avec les révisionnistes, ou ceux qu'ils influencent, porte tout particulièrement sur le mode même d'estimation des forces. Pour les révisionnistes et leurs séides, la force est en réalité réduite à la place. Pensée d'une clique bourgeoise en rivalité avec d'autres cliques (Marchais, les syndicats et les nationalisations, contre Giscard, les administrations et les monopoles classiques), le révisionnisme ne veut appréhender que des processus secondaires. Ce qui vient à surgir de nouveauté primaire, son réflexe est de l'écraser : Juifs allemands ! Gauchistes ! Aventuristes ! etc.

La politique révisionniste est régie par la symétrie : elle se déploie des élections, pensée-type du secondaire, alternance réglée dans l'invariance essentielle, à la guerre civile contre-révolutionnaire (une guerre civile est obligatoirement contre-révolutionnaire quand sa logique est celle du processus secondaire : identité des forces, des méthodes, des embrigadements, et finalement des résultats, de part et d'autre. Le peuple, distribué arbitrairement dans les deux camps, occupe une fois de plus la place du mort. Exemple-type : la guerre civile entre libéraux et conservateurs en Colombie. Exemple possible : une guerre entre fascistes et sociaux-fascistes au Portugal. [Note d'août 1975]), en passant par le putsch, ou les fourgons de l'envahisseur soviétique. Dans tous les cas, c'est force bourgeoise contre force bourgeoise, pour l'occupation de l'invariable État. Pour les révisionnistes, être fort, c'est purement et simplement être capable d'occuper, telles quelles, des places actuellement détenues par les autres fractions de la bourgeoisie. C'est ainsi qu'au Portugal, les révisionnistes, après le 25 avril, ont entrepris l'investissement méthodique de toute la partie civile de l'appareil d'État (mairies, administrations, syndicats, presse, enseignement, etc.). Cet investissement s'est fait en dehors, et le plus souvent contre, le mouvement historique réel des masses. Il s'est calqué sur le dispositif de pouvoir hérité du régime réactionnaire de Caetano. L'occupation des places a été, au sens strict, la doctrine politique révisionniste en matière de pouvoir. Même là où les révisionnistes étaient radicalement absents, où leur liaison aux masses était nulle, ils ont cru possible, par la colonisation bureaucratique des postes de pouvoir laissés vacants, d'instaurer leur dictature sur les masses populaires. C'est ainsi qu'au Nord ils se sont constitués aux yeux du paysannat, qu'ils méprisaient, comme une race de nouveaux seigneurs, dotés de pouvoirs et de privilèges d'autant plus insupportables, qu'à la différence du pouvoir réactionnaire classique ils ne s'enracinaient dans aucune tradition vivante.

On voit là à nu la perversion révisionniste jusque dans la pensée du processus historique : tout est pour eux secondaire. Tout organise l'ignorance et la répression du mouvement de l'hétérogène, tout réduit l'histoire à la combinatoire des places, et à un plan quantitatif unique d'estimation des forces. La formidable révolte antirévisionniste des masses paysannes portugaises, si équivoque qu'elle soit compte tenu de l'activité fébrile des agents du fascisme, n'en a pas moins pour ressort essentiel l'irruption sur la scène de l'histoire de cela même que la pensée et la pratique révisionnistes prétendaient en exclure : l'énergie affirmative illimitée, irréductible à toute norme, à toute combinatoire, de la force populaire. Les masses populaires du Nord ont énergiquement refusé de tenir, dans le processus secondaire d'un éventuel coup d'État social-fasciste, le rôle du mort méprisé. Ainsi se manifeste une fois de plus le caractère finalement invincible de toute force qui porte l'avenir, en tant qu'elle déploie contradictoirement une essence interne qualitativement discontinue par rapport au système existant de distribution des places. L'opposition absolue entre révisionnistes modernes et marxistes-léninistes-maoïstes sur la question de l'essence dissymétrique et qualitative des contradictions de classe, et sur le rapport entre processus primaires et processus secondaires, éclate dans les années soixante avec une clarté exemplaire à propos de la guerre et de la paix. Que dit en effet le P.C.U.S., alors sous la houlette de feu Khrouchtchev ? Très précisément que la bombe atomique a symétrisé toutes les contradictions relatives à la guerre ; que, désormais, toute guerre enveloppant le risque d'une escalade nucléaire, et le nucléaire ayant l'équilibre (de la terreur) comme forme de développement, la guerre est devenue un processus intrinsèquement secondaire (c'est-à-dire à éviter à tout prix). Comme le déclare benoîtement le Comité central du P.C.U.S.: « La bombe atomique n'observe aucun principe de classe[63]. »

Les révisionnistes partagent entièrement la « théorie » bourgeoise selon quoi le principe interne des guerres s'est trouvé radicalement bouleversé par l'apparition des armes nucléaires. Pour eux, c'est la technique qui est le moteur de l'histoire, et non la lutte des classes : « Les fusées nucléaires, mises au point au milieu de notre siècle, ont changé l'idée que l'on se faisait de la guerre[64]. » Ce « changement d'idée » se concentre dans la répudiation de la dialectique : pour les révisionnistes, le concept de guerre est indivisible. C'est ce qu'objectent aussitôt les camarades chinois : si la guerre est par essence un processus symétrique, si la « part du mort » est partout et toujours tenue par les peuples (« La bombe atomique ne pose pas la question de savoir où est l'impérialiste et où est le travailleur, elle frappe des superfi-

63. *Lettre ouverte du Comité central du P.C.U.S. aux organisations du parti et à tous les communistes de l'Union soviétique*, juillet 1963.
64. *Ibid.*

cies entières ; pour un monopoleur on anéantirait donc des millions d'ouvriers. » [toujours le même texte du P.C. U.S.]), que devient la distinction stratégique qui a toujours séparé les marxistes des pacifistes petits-bourgeois, celle qui oppose les guerres justes (relevant d'un processus primaire, et où la place du mort est occupée par le vieux système d'exploitation) aux guerres injustes (effectivement symétriques, et meurtrières pour les peuples) ? L'indivisibilité du concept de guerre – référé à l'« objectivité » de la technique – impose l'identification radicale de la force à la place : le camp « socialiste » et le camp impérialiste, soumis à la mesure quantitative commune du nucléaire, ne sont que des répartiteurs de places équivalents. Les camarades chinois citent à cet égard une déclaration sans équivoque de Khrouchtchev : « Nous [l'U.R.S.S. et les États-Unis] sommes les pays les plus puissants au monde. Si nous nous unissons dans l'intérêt de la paix, il n'y aura pas de guerre. Et si un fou s'avisait alors de déclencher la guerre, il nous suffirait de le menacer du doigt pour qu'il se calme[65]. » La puissance devient elle-même un concept homogène : deux puissances équivalentes, deux superpuissances. Unies pour que chacun « se calme », reste à sa place. Ou inversement (comme aujourd'hui) : en rivalité pour la place hégémonique, rivalité dans la symétrie, rivalité porteuse de la guerre meurtrière, stérile, pure inversion des places : la guerre interimpérialiste, contre quoi se lèvent les peuples, selon leur force hétérogène, extérieure au calcul bourgeois des équilibres, fût-il celui de la terreur. Toute stratégie enfermée dans les concepts indivisibles, les calculs quantitatifs et les partages de places, est une stratégie bourgeoise, une pensée impérialiste sur la guerre et la paix. De là que, même présentée par

65. Cité dans *Deux lignes différentes sur la question de la guerre et de la paix*, Pékin, 1963.

Khrouchtchev comme une stratégie de paix et de collusion avec les Américains, elle reflète nécessairement une pratique de préparation à la guerre (interimpérialiste).

Le primat, dans le discours politique, des processus secondaires sur les processus primaires, parce qu'il fait tenir aux peuples la place du mort, s'inscrit dans la logique des boucheries impérialistes. La doctrine khrouchtchevtienne de la paix est, comme toute doctrine de l'équilibre, une doctrine agressive : son développement inévitable suit le chemin qui mène de la collusion (superficielle) à la rivalité (essentielle) entre les deux superpuissances. Et c'est ce que, dès 1963, les Chinois prévoient scientifiquement : « [La voie du P.C.U.S.] n'est pas la voie de la défense de la paix mondiale, mais la voie qui accentue le danger de guerre et qui mène à la guerre[66]. »

La stratégie prolétarienne sur la guerre et la paix, à l'inverse, vise à la neutralisation de la symétrie impérialiste par le développement de toutes les forces cumulées à l'autre pôle du processus primaire : forces qualitativement différentes, même si elles incluent et se subordonnent à l'arme atomique.

Cette stratégie revient :

– à soutenir activement la lutte révolutionnaire des peuples, y compris la guerre de libération nationale et la guerre civile révolutionnaire (guerres justes, processus primaires). Dans ces guerres toutefois, et c'est un des aspects de leur détermination dissymétrique, les peuples comptent essentiellement sur leurs propres forces (alors que les fantoches et fascistes

66. *Deux lignes différentes sur la question de la guerre et de la paix*, Pékin, 1963. Comme on le voit, les thèses du 10e Congrès du P.C.C. sur le risque croissant de guerre mondiale entre l'U.R.S.S. et les États-Unis, loin d'être un brusque changement d'analyse, sont le développement, confirmé par la réalité, des prévisions de 1963. En dix ans, la logique interne du social-impérialisme soviétique, dont la doctrine « pacifiste » de Khrouchtchev dissimulait (pour la pensée bourgeoise) et révélait (pour la pensée prolétarienne, dialectique) le noyau, a déployé ses effets.

comptent toujours essentiellement sur le soutien étranger) ;
– à s'assurer la supériorité nucléaire, sous la règle, qualitativement différente, de son emploi exclusivement défensif, et sans jamais utiliser le chantage nucléaire, ni miser sur l'arme nucléaire pour atteindre un objectif politique de la révolution.

La stratégie prolétarienne vise à interdire toute secondarisation meurtrière du processus de la guerre. La pensée prolétarienne est essentiellement la dialectique des processus primaires. Elle se place toujours du point de vue de ce qui s'affirme comme nouveauté qualitative. La pensée de la contradiction doit maîtriser la scission entre secondaire et primaire, entre l'état structural des termes et la dynamique qualitative des forces. Elle doit penser simultanément le comparable et l'incomparable. Ce qui atteste ici son caractère de classe, c'est sa capacité à prendre position sur le problème du rapport des forces, non dans l'espace de la symétrie mais dans celui de l'hétérogène. C'est la raison pour laquelle les maoïstes attribueront plus d'importance à telle expérience ouvrière littéralement invisible ou insignifiante du point de vue de la pensée dominante, qu'à un événement qui pour celle-ci est déterminant. Les dialecticiens maoïstes sont aujourd'hui en France les scaphandriers du processus primaire, immergés dans les profondeurs pratiques du prolétariat, sous les sédiments secondaires entassés par le révisionnisme. Ce qu'ils voient, ce qu'ils font, il n'est pas étonnant que les symétriseurs anodins de la surface n'en puissent croire leurs yeux.

La vraie question dialectique n'est jamais en première ligne : qu'est-ce qui se passe d'important ? Car le concept d'importance doit à son tour être divisé selon la place et selon la force. La vraie question est toujours : que se passe-t-il de nouveau ? À partir de quoi, en effet, il s'agit de revenir à l'importance, comme dans les phases successives de la guerre populaire, une fois l'armée rouge ancrée dans ce qu'à travers la guérilla et la lente croissance des zones libérées, elle a presque invisiblement conquis quant aux principes qualitatifs de sa force, vient le moment où il faut aussi savoir affronter l'adversaire en rase campagne, selon sa propre règle obtuse, et le broyer quantitativement. La loi essentielle du processus primaire, ce n'est pas l'accumulation quantitative en vue d'une interversion soudaine des places, car telle est plutôt la voie symétrisante du processus secondaire. Non : le processus primaire voit le terme d'avenir procéder à ceci, qui est proprement sa force, divisée d'avec sa longue faiblesse : une accumulation qualitative. Au terme de quoi les questions finales, celles de la symétrie et de la quantité, seront réglées facilement, à leur place : secondaire[67].

La dialectique est la théorie des difficultés qualitatives et des facilités quantitatives. L'interversion des places est bien ce qui périodise une histoire, mais l'affirmation différentielle de la force est ce qui détermine le contenu effectif de chaque période, saisie dans son essence, c'est-à-dire dans sa scission, c'est-à-dire dans ce qu'elle porte au jour de la période à venir.

67. Dans la phase finale des guerres civiles révolutionnaires (prise des grandes villes par l'Armée rouge en Chine, prise de Saigon par le F.N.L. vietnamien, prise de Phnom Penh par les Khmers rouges...), la pensée bourgeoise, prisonnière du quantitatif, aveugle aux différences affirmatives, prophétise toujours des « bains de sang », des « sursauts désespérés », etc. Or, dans tous les cas, c'est la partie la plus facile, la plus rapide, celle où les régimes fantoches sont moins écrasés que décomposés. C'est que l'accumulation qualitative les dissout.

DE L'IDÉOLOGIE
(1976)

Alain Badiou et François Balmès

I. Idéologie et lutte idéologique

A. Lutte de classe en philosophie

On reconnaît la philosophie marxiste, elle se distingue aussitôt. Et comment ? Par deux particularités : « La philosophie marxiste, le matérialisme dialectique, a deux particularités évidentes. La première, c'est son caractère de classe : elle affirme ouvertement que le matérialisme dialectique sert le prolétariat ; la seconde, c'est son caractère pratique : elle met l'accent sur le fait que la théorie dépend de la pratique, que la théorie se fonde sur la pratique, et à son tour sert la pratique[1]. »

Sont-elles évidentes, ces deux particularités ? On peut objecter que l'idéologie bourgeoise elle aussi se fonde sur la pratique (d'exploitation et d'oppression) et sert à la perpétuer. Quant à dissimuler sous le voile de l'universel les intérêts de classe qu'elle légitime, c'est en effet une spécialité particulière de la philosophie des exploiteurs. Toutefois, l'idéologie (politique) bourgeoise, même libérale, est le plus souvent transparente. C'est de la façon la plus ouverte qu'elle défend la propriété, la libre entreprise et le parlementarisme contre le « collectivisme totalitaire » et la « dictature d'un parti ». Peut-on soutenir une seule seconde que les classes exploiteuses ignorent en philosophie les intérêts de classe qui sont les leurs ? N'est-elle pas limpide la théorie d'Aristote sur l'esclave comme « outil animé », symétrique-équivalent de l'outil comme « esclave inanimé » ? N'y a-t-il pas là, et de la façon la plus franche, le concentré de ce que son propriétaire exige en effet que soit l'esclave ? J. Rancière n'a pas tort de rappeler, contre la débauche d'« imaginaire humaniste »

1. Mao Tsé-toung, *De la pratique*, O.C., t. I.

et d'« inscriptions inconscientes » où l'on veut enclore les opérations de la propagande idéologique, que la bourgeoisie – outre, comme le dit Marx, qu'elle a elle-même produit la théorie de la lutte des classes et tout ce qui en dépend immédiatement – annonce de la façon la plus crue ce qu'elle pense que doivent être les ouvriers, et le mode sur lequel il convient qu'ils se tiennent à leur place, laquelle n'est « humaine » que par éclipses, et cesse de l'être aussitôt que le prolétariat fait mine de se trouver à l'étroit là où on prétend le loger.

Voyez comme, à la fin de la Commune, au plus fort du massacre des ouvriers parisiens, A. Dumas (fils) se révèle un excellent philosophe matérialiste, tant en ce qui concerne les « origines pratiques » de la pensée que pour ce qui est du service de sa classe. Pour ses lecteurs du *Figaro*, le voilà engagé dans une dialectique de la mort, de la vie, de l'identité et de la différence, qui culmine avec cet énoncé vigoureux et transparent : « Nous ne dirons rien des femelles des communeux, par respect pour les femmes à qui elles ressemblent quand elles sont mortes. »

Une classe dominante sait parfaitement ce qu'elle attend de son idéologie, et de ses idéologues. N'y aurait-il donc, une fois de plus, que les classes dominées pour tomber dans la mystification ? Dira-t-on qu'à raison des mécanismes inébranlables de l'assujettissement idéologique inconscient, les exploités sont soumis à l'identification subjective que leur proposent les exploiteurs ? À ce compte, Spartacus a conduit contre les légions de l'État romain toute une foule d'individus obstinément persuadés d'être des « outils animés ». Quant à Thomas Münzer, ce n'était certainement autour de lui que sujets machinés dans la conviction, où Luther les « interpellait », d'accomplir « l'œuvre du diable »[2].

2. Ce n'est pas plus étrange que d'imaginer [comme le font encore aujourd'hui les néo-

Suite à quoi il ne restait plus à ces paysans qu'à attendre, dans les prières idéologiques de leur subjectivité fallacieuse, le sort que l'idéologue Luther exhortait ses ouailles à leur réserver : «... Ceux qui le peuvent doivent les mettre en pièces, les étrangler, les égorger, en secret et publiquement [...]. Il faut les abattre comme on abat un chien enragé [...]. Égorgez là, abattez là, étranglez là ! Si vous tombez dans la lutte, vous n'aurez jamais de mort plus sainte ! Car vous mourrez dans l'obéissance à la parole de Dieu (*Romains*, 13, 5 et suivants) et au service de l'amour, pour sauver votre prochain de l'enfer et des griffes du diable[3]. »

N'est-ce pas là encore de l'excellente philosophie ? Ne sommes-nous pas au plus près des origines protestantes de l'humanisme bourgeois ? Il est vrai que de leur côté, comme si tout soudain leur « assignation idéologique » s'était dissoute, les paysans allemands formulaient en douze points leur propre philosophie, laquelle, avec une précision qui en dit long sur le caractère cumulatif, interne, permanent de leur intelligence révoltée, proposait des bagatelles, comme l'abolition du servage, la cessation du paiement de la dîme et la révision du cens frappant la terre. Précision qui atteste aussi qu'aucun paysan, si « interpellé idéologiquement » par la religion qu'il puisse être, ne jugeait qu'il faille, « pour établir dans le monde un ordre nouveau », ce qu'exigeait Luther, soit le « commandement, la puissance et le droit de Dieu, comme l'ont maintenant les seigneurs[4] ». Et si nous ignorons la philosophie de Spartacus, nous pouvons, sans aucun risque, parier qu'elle avait comme article 1 la libération des esclaves, d'où

reichiens] les masses populaires soudées, sous le fascisme, par l'exaltante identification à la femelle collective du Chef phallique.

3. Luther, tract d'avril 1525 intitulé : « Contre les bandes pillardes et assassines des paysans ».

4. Lettre de Luther à son beau-frère, avril 1525.

l'on inférera que la théorie de « l'outil animé » ne trouvait guère preneur chez les esclaves. Pourquoi tout cela ? Pour aborder la question de la lutte des classes en philosophie à la lumière d'un principe indiscutable, mais souvent oublié : les exploiteurs savent parfaitement où est leur intérêt, et qu'ils agissent ou parlent en son nom. Et les exploités de tous les siècles savent qui les exploite, et comment. Les exploités forgent leur conscience dans la quotidienneté de l'exploitation elle-même, et non dans les méandres de l'imaginaire. Or, comme le dit Marx, « dans la vie courante, n'importe quel boutiquier sait fort bien faire la distinction entre ce que chacun prétend être et ce qu'il est réellement[5] ».

La maxime objective qui régit les rapports de classe pratiques, celle qui traverse tout, y compris la philosophie, c'est : « Là où il y a oppression, il y a révolte. » Les opprimés veulent renverser les exploiteurs, les exploiteurs briser toute résistance. Tout ce qu'ils pensent ne peut que refléter cette nécessité fondamentale. Il en résulte que la singularité de la philosophie marxiste n'est ni dans son rapport conscient à la lutte des classes, ni dans son lien à la pratique sociale, et plus particulièrement à la lutte politique (Platon, Aristote, Leibniz, Spinoza, Rousseau, Hegel, etc., sont tous des théoriciens de la politique, et, pour beaucoup d'entre eux, des praticiens). Encore moins représente-t-elle un « réel » qui s'oppose à l'« imaginaire » des philosophies antérieures. La vérité, c'est que toute une couche de gloses sur l'idéologie comme « représentation imaginaire », tout un discours visant à lier le marxisme à la théorie de l'inconscient par le biais de la fantasmatique idéologique, ou de la théorie du sujet, a fini par obscurcir durablement la question[6].

5. Marx et Engels, *L'Idéologie allemande*, E.S., p. 79.

6. De ces tentatives obstinées, Michel Pêcheux, qui fait figure il est vrai de fossile laissé là tel quel par les sédimentations issues de Mai 68, offre encore le tableau le plus laborieux :

Cet obscurcissement interdit de voir que l'essentiel de la phrase de Mao se concentre dans les mots « servir » et « ouvertement », dans ce que ces mots impliquent à l'époque des révolutions prolétariennes. Ce n'est pas de déployer son être de classe et la particularité historique de son contenu qui singularise la philosophie marxiste. C'est de se proposer explicitement le service révolutionnaire du prolétariat organisé en classe pour exercer sa dictature. L'essence distinctive de cette philosophie n'est pas d'être une philosophie de classe, ce qu'est en vérité n'importe quelle philosophie. Son essence distinctive est d'être ouvertement une philosophie de parti. Le matérialisme dialectique est, dans l'histoire, non pas la première philosophie « de classe », encore moins la première philosophie qui « vient de la pratique » ; c'est la première philosophie organisée, la première philosophie d'organisation. De là que le matérialisme dialectique ne s'oppose nullement à la philosophie bourgeoise comme ce qui est « conscient » de ses intérêts de classe à ce qui en est « inconscient ». Il faut être singulièrement enfoncé dans la douteuse problématique de « l'effet-de-sujet » pour avancer, comme le fait Pêcheux, que « les formes bourgeoises de la pratique politique [...] sont des formes « spontanées » où s'expriment aveuglément les intérêts de classe de la bourgeoisie[7] » ! Assertion qui a pour envers celle-ci : « La pratique politique prolétarienne n'est pas l'acte d'un sujet (qui serait le prolétariat[8]). » Ainsi la bourgeoisie est le sujet aveugle de sa politique, et le prolétariat le voyant non-sujet de la sienne !

« Le rapport entre inconscient (au sens freudien) et idéologie (au sens marxiste) commence ainsi à s'éclairer, on va le voir, par la thèse fondamentale selon laquelle l'idéologie interpelle les individus en sujets. » (M. Pêcheux, *Les Vérités de La Palice*, Maspero, 1975) Et dire que, pour Pêcheux, cet « éclaircissement » ne fait que commencer !

7. *Ibid.*, p. 187.

8. *Ibid.* p. 191.

Voilà où mène la forclusion de l'essentiel : que le prolétariat est précisément la première classe exploitée à se constituer dans l'histoire comme sujet, sous la forme concentrée de son parti. Et la première aussi à produire une philosophie qui, parce qu'elle est une philosophie de parti, parce qu'elle fait corps avec le service organisé de la révolution prolétarienne, peut pratiquer « ouvertement », comme dit Mao, ce qui constitue les trois caractéristiques générales de toute philosophie et de toute idéologie : ses origines pratiques, son contenu de classe et sa finalité politique.

« Ouvertement », cela veut dire : dans la prise de parti, dans l'allégeance effective et continuée aux organisations de combat du prolétariat. La philosophie, dès lors, n'est plus l'opinion (de classe) d'un individu, mais la doctrine collective d'un mouvement, le ciment de son insurrection comme de l'État que sa victoire édifie[9].

Nul passage, ici, de l'imaginaire au réel ; mais plutôt d'une vassalité subjective à un service collectif organisé, immergé dans sa vocation partisane.

Il faut en finir avec la « théorie » de l'idéologie « en général » comme représentation imaginaire et interpellation des individus en sujets. Dès *L'Idéologie allemande*, le matérialisme de Marx ne tolère pas de telles exégèses. Reprenons une fois encore le texte archiconnu : « Les pensées dominantes ne sont pas autre chose que l'expression des rapports matériels dominants, elles sont ces rapports matériels saisis sous forme d'idées, donc l'expression des rapports qui font d'une

9. Il faut donc revendiquer et défendre l'idée que le matérialisme dialectique est inéluctablement, non seulement une philosophie de parti, mais aussi une philosophie d'État, la philosophie de l'État de dictature du prolétariat. La nouvelle constitution de l'État chinois n'en fait pas mystère : « Le marxisme, le léninisme, la pensée de Mao Tsé-toung constituent le fondement théorique sur lequel notre État guide sa pensée » (article 2). « Ouvertement » veut cette fois dire : oui, toute philosophie, y compris la nôtre, répudie le pluralisme, et cimente un pouvoir.

classe la classe dominante ; autrement dit, ce sont les idées de sa domination[10]. » L'idéologie dominante, dit Marx, est le reflet des pratiques de domination d'une classe. Elle exprime les « rapports matériels », elle n'est pas une jonction spécifique, opérant dans l'élément de l'inconscient. L'idéologie est essentiellement reflet, et en ce sens, loin d'être un opérateur dissimulé, elle est très exactement ce qui se voit, ce en quoi s'énonce effectivement, de façon approximative, mais réelle, l'ordre matériel, c'est-à-dire les rapports d'exploitation. Pourquoi vouloir obstinément substituer à cette idée forte et simple une doctrine de l'inconscient et du sujet ? En fait, cette substitution relève elle-même de l'expression des forces de classe.

Il y a toujours un lien essentiel entre l'obscurcissement délibéré de la question de l'idéologie et le refus de prendre parti dans les partages de classe les plus évidents. Marxisme-léninisme ou révisionnisme, U.R.S.S. ou Chine, organisations maoïstes ou P.C.F. : voilà qui « exprime » une lutte à mort, mondiale et nationale, dépourvue, dans ses grandes lignes (celles qui intéressent surtout la philosophie), de toute ambiguïté. Mais justement, nos théoriciens de l'idéologie comme « lieu imaginaire » et « interpellation en Sujet » sont ceux-là même qui refusent la clarté de cette lutte, et que la sommation historique d'avoir à choisir dérange. Parce qu'ils s'obstinent à cautionner la canaillerie bourgeoise du P.C.F. et des syndicats, tout en se proclamant marxistes-léninistes, Althusser, Pêcheux et beaucoup d'autres ont besoin d'une pénible sophistication quant aux racines des idéologies. C'est que la leur propre exprime des « rapports matériels » pour le moins confus. Ce ne sont chez eux qu'étoiles filantes et drames de la nuit. Voyez Pêcheux : « On ne peut masquer par

10. Marx et Engels, *L'Idéologie allemande*, E.S., p. 75.

des formules l'absence, qui pèse assez lourd, d'une articulation conceptuelle élaborée entre idéologie et inconscient : nous en sommes encore au stade des « lueurs » théoriques traversant l'obscurité[11]. »

Pour le coup, ces lueurs dans l'ombre, c'est bel et bien le reflet idéologique de l'opportunisme et de l'incertitude comploteuse où perdurent, sous la houlette de Marchais, les althussériens et leurs satellites.

Pour en venir au cœur de la question, il faut d'abord la simplifier. Et donc refaire, à notre échelle, le geste par lequel Marx et Engels, à propos des « jeunes hégéliens », mirent en lumière « le contraste tragi-comique entre ces héros et leurs illusions au sujet de ces mêmes exploits[12] ». Car si les jeunes hégéliens entendaient lutter contre les illusions de la conscience, leurs successeurs, nos jeunes « marxistes », ne nous font pas gagner un pouce de terrain en invitant du haut de leur savoir les masses « assujetties » à lutter de tout leur cœur contre les illusions de l'inconscient.

B. La théorie révisionniste de l'idéologie

1. Critique d'une autocritique

On peut avoir l'impression qu'attaquer aujourd'hui le concept althussérien de l'idéologie, c'est se donner le vain plaisir du coup de pied de l'âne. D'abord parce que le mouvement de masse lui-même, juste après Mai 68, a désigné comme cible

11. M. Pêcheux, *op. cit.* Ce qui en revanche est parfaitement clair pour Pêcheux, c'est que l'U.R.S.S. de Brejnev est un pays socialiste : « ... À partir des années 60, des chercheurs soviétiques et d'autres pays socialistes commencent à développer des recherches de sémiotique ». (*Ibid.*, p. 10.) Socialiste, Brejnev, et sémioticien par-dessus le marché. Quel homme !

12. Marx, Engels, *L'Idéologie allemande*, E.S., p. 42.

la fameuse opposition science/idéologie. Ensuite parce que beaucoup, et en particulier Jacques Rancière, ont déjà fort bien systématisé cette critique. Enfin, parce que, ainsi sommé de s'expliquer (en 1969) sur ces points, Althusser (en 1974, mais il n'est jamais trop tard pour bien faire) produit ce qu'il appelle lui-même des « éléments d'autocritique ».

On connaît l'importance extrême pour les marxistes-léninistes du concept d'autocritique. Comme dit Mao Tsé-toung : « Il est un trait marquant qui nous distingue des autres partis, c'est la pratique consciencieuse de l'autocritique[13]. » Toutefois, à raison même de son importance, il s'en faut de beaucoup que le concept d'autocritique recouvre n'importe quelle présentation de regrets, même escortée de rectifications apparentes, sur ce que l'on a pensé ou fait antérieurement. L'examen de l'« autocritique » d'Althusser a ceci d'intéressant qu'il permet une clarification du processus réel d'autocritique. De ce processus réel, l'autocritique d'Althusser est en effet un contre-exemple significatif. Là encore un concept essentiel du marxisme-léninisme se trouve divisé en sa signification authentique et son dévoiement révisionniste. L'autocritique d'Althusser présente cinq caractéristiques convergentes. Elle est arrogante, idéaliste, irresponsable, hypocrite et métaphysique. Il ne s'agit pas là d'injures, mais – pour parler en épistémologue – de concepts. Démontrons-le.

a) Choisir soi-même l'enjeu de l'autocritique et ne tenir aucun compte de la critique : arrogance

Althusser situe le point central de son autocritique sur la question des rapports entre la science et la philosophie. Il s'accuse, avec toutes sortes de précautions, d'avoir confondu

13. Mao Tsé-toung, *Du gouvernement de coalition*, O.C., t. III.

la « coupure » (qui désigne la constitution historique d'une nouvelle science) et la « rupture » (qui relève d'un changement de la position de classe dans le champ de la philosophie). C'est à cette confusion qu'il réserve le nom de déviation théoriciste. Althusser précise en outre avec vigueur qu'il est le premier à s'apercevoir de ses propres errements. Il n'a jamais lu « de vraies critiques allant au fond, cohérentes, donc réellement éclairantes et convaincantes[14] ».

On voit bien ce qu'Althusser veut dire ici par critique cohérente. Cela veut dire en clair : moi, Althusser, je ne comprends la critique que lorsqu'elle est formulée à l'intérieur de ma propre cohérence, dans mon propre langage. Autrement dit, seules me sont intelligibles les critiques que je m'adresse à moi-même. Althusser est le Cyrano de Bergerac de l'autocritique :

« Je me les sers moi-même avec assez de verve
Mais je ne souffre point qu'un autre me les serve. »

La vérité, c'est que les maoïstes, et derrière eux l'avant-garde du mouvement de la jeunesse, ont accusé Althusser de théoricisme dans tout le cours de la rupture de Mai 68 ; que par théoricisme on entendait alors, très précisément, l'impossibilité où se trouvait Althusser d'articuler correctement les questions de la science et de l'idéologie sur celles de la lutte des classes ; qu'Althusser en 1974 ne dit rien de plus, mais, sous couvert de « cohérence », affadit et sépare de la situation historique concrète ces critiques essentielles. Il faut tout de même rappeler que, dès avant 1968, le mouvement d'établissement dans les usines, à travers quoi l'U.J.C.M.L. tentait de pratiquer un début de fusion de la pensée de Mao Tsé-toung et du mouvement ouvrier réel, s'est accompagné d'une vigoureuse critique du théoricisme althussérien, qui

14. L. Althusser, *Éléments d'autocritique*, Hachette, 1974, p. 41.

avait marqué la période de la fondation de cette organisation. L'autocritique est nécessairement arrogante quand elle se définit comme un rapport à soi, comme une confession intellectuelle. La véritable autocritique est toujours dialectiquement articulée sur la critique. C'est cela du reste qui lui donne son contenu historique et en fait un moment de liaison aux masses, interne au procès de la connaissance. Sous couvert d'autocritique, Althusser trouve encore le moyen de témoigner de son mépris pour le mouvement de masse : selon lui, quand ce mouvement l'accusait unanimement de théoricisme, ce n'était ni cohérent, ni profond, ni convaincant. Ainsi, l'autocritique d'Althusser se change en son contraire : une arrogante critique des idées justes des masses.

b) Ne pas référer l'autocritique au mouvement réel, mais aux seules insuffisances de sa pensée : idéalisme

Ce qui a rendu intenables les positions d'Althusser sur l'idéologie comme élément de l'erreur et de l'imaginaire, opposé à la vérité de la science, ce n'est certes pas le mouvement même de tous ces concepts. C'est l'apparition, dans la tempête révolutionnaire de Mai 68, d'une lutte idéologique de masse, qui faisait de l'opposition entre marxisme-léninisme et révisionnisme moderne une véritable force historique. En la matière, les racines de classe de cette opposition n'avaient rien à voir avec l'épistémologie, mais trouvaient leur plan d'épreuve dans le développement concret des luttes populaires. Autrement dit, ce qui pendant tout un temps a rejeté l'ensemble du discours althussérien du côté de la contre-révolution révisionniste, ce qui en a ainsi démasqué, du point de vue de l'avenir, les virtualités réactionnaires, c'est un changement radical de la situation historique elle-même, et des rapports de classe qui la structurent.

Toute autocritique s'enferme dans l'idéalisme si elle ne prend pas d'abord appui sur ce changement et ne tire pas toutes les leçons de ce que le mouvement de masse lui-même a pensé et pratiqué. Or, non seulement Althusser n'inclut dans son autocritique aucune prise de parti sur les bouleversements de la situation de classe, mais il va, pour justifier que sa « rectification » se déploie dans la sphère des idées pures, jusqu'à nier purement et simplement que la conjoncture ait véritablement changé : « La "conjoncture" a sous certains de ses aspects au moins apparents changé depuis dix ans, et, en ces accidents, le front de la lutte théorique se déplace, tout comme le front de la lutte politique. Le fond pourtant est resté sensiblement le même[15]. » Cette affirmation est datée par Althusser de juin 1972. La période pendant laquelle, selon lui, la conjoncture n'a changé que dans ses aspects apparents, le fond restant invariable, va de 1962 à 1972 : en fait de changements apparents, elle contient la rupture sino-soviétique, la Révolution culturelle, Mai 68, le tournant militaire de la situation au Vietnam, la chute de de Gaulle, etc. Si tous ces événements, et en tout premier lieu le développement de la lutte à mort entre marxisme-léninisme et révisionnisme moderne, ne sont que des apparences, il n'est en effet pas impossible que le seul « changement » véritablement décisif soit la découverte par Althusser de la distinction entre coupure et rupture.

c) Ne pas indiquer clairement devant qui on fait l'autocritique et dans quel processus pratique elle s'inscrit : irresponsabilité

Althusser aime faire savoir qu'il est toujours membre du P.C.F. Quant à nous, nous aimerions savoir quel rapport

15. *Ibid.*, p. 43.

soutient son autocritique avec cette appartenance organisationnelle. L'autocritique matérialiste non seulement doit embrasser la situation concrète dont elle fait partie, mais doit clairement désigner le lieu d'où elle opère et les transformations qu'elle prépare. Althusser procède à la cantonade. Tout au plus pourra-t-on noter que cette autocritique est chaleureusement dédiée « à Waldeck Rochet qui admirait Spinoza et m'en parla longuement un jour de juin 1966 ». On sent dans cette dédicace tout le plaisir que prend le maître à nous communiquer la nouvelle de cet entretien philosophique au sommet avec les bonzes révisionnistes. Que Waldeck Rochet ne soit ici mentionné que comme admirateur de Spinoza ne nous permet pas cependant de savoir au juste ce que l'autocritique d'Althusser a à voir avec le Waldeck Rochet de 1968, qui exhortait ses troupes à l'écrasement des gauchistes, crachait sur le peuple chinois, et patronnait dans *L'Humanité* la dénonciation du juif-allemand Cohn-Bendit.

d) Dissimuler une partie de sa pensée : hypocrisie

Nul n'ignore que dans la coulisse Althusser fait savoir aux oreilles adéquates que l'expérience révolutionnaire chinoise mérite attention et que l'U.R.S.S. de Brejnev n'est pas tout à fait un paradis socialiste. On peut même penser que certains aspects de son autocritique ne sont pas sans lien avec la Révolution culturelle et l'exhortation répétée de Mao Tsé-toung : « Ne jamais oublier la lutte de classes. » Dans son autocritique, Althusser s'avise en effet principalement qu'il l'avait oubliée. Dans des phrases calculées au millimètre, Althusser laisse même entendre à qui sait écouter qu'il se pourrait bien qu'à y regarder de près il se soit passé quelque chose d'intéressant en Chine entre 1965 et 1969. Ces précautions, ces silences, ces refus systématiques d'aller publiquement jusqu'au bout de sa conviction politique sont l'exact opposé de ce qui rend possible une autocritique créatrice. Mao Tsé-toung exigeait des communistes qu'ils suivent « les maximes si instructives du peuple chinois : ne tais rien de ce que tu sais, ne garde rien pour toi de ce que tu as à dire[16] ». Althusser, visiblement, n'a pas le moindre goût pour les maximes du peuple chinois.

e) S'autocritiquer en apparence, mais ne pas rectifier sur le fond : métaphysique

Chacun sait que la dialectique réelle de l'autocritique inclut la rectification. La rectification est le processus où, divisé par la critique, l'ancien état de choses se transforme dans l'élément de l'autocritique. Quel était en l'occurrence l'ancien état de choses ?

C'était la doctrine althussérienne de l'idéologie qui la réduisait à un mécanisme d'illusion, sans que soit pris en compte le contenu de classe réel dont toute formation idéologique n'est que l'expression contradictoire. Toute rectification sur le fond exigeait d'Althusser, non pas un simple déplacement de l'instance idéologique par rapport à ses corrélations extérieures (la science et la philosophie), mais une refonte complète de la définition même de l'idéologie, refonte qui mette en évidence :
– le rapport de l'idéologie à la réalité des phénomènes historiques d'exploitation et d'oppression ;
– le caractère divisé, conflictuel et en devenir de la sphère idéologique. Autrement dit, la nécessaire subordination de la définition de l'idéologie à la réalité de la lutte idéologique.

16. Mao Tsé-toung, *Du gouvernement de coalition*, O.C, t. III.

Or, transformant à la périphérie les formes de liaison de l'instance idéologique (coupure/rupture), Althusser laisse invariant le concept de l'idéologie en général comme illusion fonctionnelle et effet de sujet. Mieux même, il le renforce, en louant Spinoza d'avoir formulé la première théorie de l'idéologie (indépendamment, donc, de toute référence au rapport de classe réel) et énumère ainsi les trois caractéristiques formelles de l'idéologie : « 1. sa "réalité" ; 2. son "inversion" interne ; 3. son "centre" : l'illusion du sujet[17]. » Pour reprendre les expressions d'Althusser, nous dirons que, de façon « cohérente », « convaincante » et « qui aille au fond », Althusser n'a rien rectifié du tout. Il n'y a pas eu d'autocritique. Continuons la critique.

2. Critique tout court

À s'en tenir à l'article « Idéologie et appareils idéologiques d'État[18] », dernière formulation développée du concept d'idéologie, on dégage aussitôt trois caractéristiques du projet d'Althusser.

1. Althusser développe le projet de produire un concept général de l'idéologie et une analyse du mode de fonctionnement idéologique qui soient explicitement indépendants du contenu concret, et donc de la nature de classe de cette idéologie. Cette essence éternelle de l'idéologie s'appuie sur : a) l'opposition radicale, transhistorique, de la science à l'idéologie ; b) la thèse d'une pérennité de la fonction idéologique « dans une société sans classe autant que dans une société de classe ».

17. L. Althusser, *Éléments d'autocritique*, p. 72.
18. L. Althusser, « Idéologie et appareils idéologiques d'État », *La Pensée*.

2. Du point de vue de sa fonction, Althusser assigne à l'idéologie en général la fonction de maintenir les individus à leur place dans les rapports de production. C'est-à-dire, comme le fait remarquer Rancière, qu'il assigne à toute idéologie la fonction qui est celle de l'idéologie de la classe dominante. Image théorique remarquable de la répression des masses qui caractérise les révisionnistes.

3. Althusser esquisse une analyse de ce qui est pour lui l'essence du fonctionnement idéologique, et qui peut se résumer en deux propositions :
– l'idéologie est la représentation du rapport imaginaire des individus aux pratiques sociales ;
– l'idéologie interpelle les individus en sujet.

C'est le projet althussérien d'une théorie générale des idéologies qui doit d'abord lui-même être critiqué. Ce projet relève clairement d'une théorie structurale des instances, et non pas d'une théorie dialectique des contradictions. La théorie marxiste serait la théorie d'un tout social, articulation d'instances dont chacune peut être définie en tant que telle comme terme de la combinaison. Il s'agit en fait d'une conception formaliste et sociologiste de la théorie marxiste, qui produirait une analyse transhistorique de ses objets sans avoir à porter sur les contenus de classes déterminés des instances considérées.

Telle n'est pas du tout la démarche de Marx lui-même : *Le Capital* n'est nullement, bien qu'il contienne des concepts généraux, une théorie générale des modes de production, ce qu'Althusser voudrait bien qu'il soit. Le concept de « mode de production » est une mine inépuisable de déviations de type structuraliste. À le prendre isolément, il n'est que trop facile d'en délivrer une version purement combinatoire, d'en expulser la dialectique des forces au profit de l'articulation des places[19]. En fait, la théorie marxiste a toujours affaire à une périodisation historique particulière. Quel que soit le niveau de généralité, la cible et le contenu sont toujours fixés dans la situation concrète. La théorie marxiste se développe toujours en référence à la perspective d'une intervention pratique sur ces situations, et c'est seulement de ce point de vue qu'elle se développe comme corps théorique. On ne trouvera pas chez Marx de formes, d'instances, qui puissent être détachées de leur contenu de classe. On ne s'étonnera donc pas que le projet formaliste d'Althusser ne soit ni matérialiste, ni dialectique.

a) Non matérialiste

L'effet inévitable du projet d'Althusser, c'est que tout rapport interne entre l'idéologie et sa base matérielle se trouve rompu. Cela apparaît dans la définition « représentation du rapport imaginaire des individus à la pratique sociale ». Cette définition a ceci de remarquable qu'elle reploie l'imaginaire idéologique sur lui-même en le redoublant. L'idéologie n'est pas reflet des rapports réels, mais reflet de l'imaginaire social des sujets. Image d'image, elle est dépourvue de dénotation réelle. Ainsi peut-elle fonctionner comme mécanisme clos, et s'opposer massivement à la science. Car tel est l'objectif recherché, lui-même ajusté à l'idéologie révisionniste des experts : dans le redoublement de l'irréel (représentation d'un imaginaire), le réel s'évanouit. Nulle part donné dans la conscience pratique des sujets, il n'est accessible qu'à la démarche spéciale et séparée de la science. La conscience d'être exploité et la révolte contre cette exploitation sont

19. Sur force et place, voir notre fascicule *Théorie de la contradiction.*

ici impensables, et sans rapport aucun avec la saisie et la connaissance des rapports de classe objectifs.

Nous voyons parfaitement l'objection qu'on peut nous faire : si l'idéologie n'est pas image d'image et forclusion fermée du réel, elle n'en est pas moins liée à des phénomènes de méconnaissance. Que faisons-nous du processus de la fausse conscience qui spécifie les représentations idéologiques dominantes ? Et bien, regardons de près le texte le plus explicite d'Engels sur ce point : « L'idéologie est un processus que le soi-disant penseur accomplit sans doute avec conscience, mais avec une conscience fausse. Les forces motrices véritables qui le mettent en mouvement lui restent inconnues, sinon ce ne serait point un processus idéologique. Aussi s'imagine-t-il des forces motrices fausses ou apparentes.

« Du fait que c'est un processus intellectuel, il en déduit et le contenu et la forme de la pensée pure, que ce soit de sa propre pensée ou de celle de ses prédécesseurs. Il a exclusivement affaire aux matériaux intellectuels ; sans y regarder de plus près, il considère que ces matériaux proviennent de la pensée et ne s'occupe pas de rechercher s'ils ont quelque autre origine plus lointaine et indépendante de la pensée. Cette façon de procéder est pour lui l'évidence même, car tout acte humain se réalisant par l'intermédiaire de la pensée lui apparaît en dernière instance fondé également sur la pensée[20]. » Engels ne dit d'aucune manière que le contenu de l'idéologie est imaginaire. Il signale seulement que la force motrice de la pensée n'est pas interne à la pensée elle-même. Ce qui gouverne les idées se divise d'avec l'idéologie en tant que son corrélat dialectique réel : la pratique historique de

20. Engels, *Lettre à F. Mehring*, O.C., t. III, p. 527.

classe. Pour employer nos catégories[21], Engels rappelle que si la place de l'idéologie est de l'ordre des représentations (il s'agit d'un « processus » et de « matériaux » intellectuels), sa force est réelle, pratique.

L'énergétique idéologique doit être divisée d'avec sa forme représentative : la pensée est le lieu des idées, non le principe de leur mouvement (la métaphore platonicienne du suprasensible comme Lieu des Idées est par excellence la métaphore idéaliste : elle hypostasie la fonction de placement où la pensée se tient, et la sépare de la force matérielle qui la traverse et en règle le mouvement.). C'est pourquoi Engels oppose la médiation locale de la pensée (l'acte humain opère « par l'intermédiaire de la pensée ») au fondement réel de toute transformation dans la sphère des idées. La force de mes idées est ce qui me traverse, ce qui par excellence déploie l'extériorité et l'interpellation de l'histoire. La pensée par elle-même n'est source de rien. La pensée est sans force. Elle est lieu de passage et de placement des énergies massives de l'histoire. Voilà ce que l'idéologie méconnaît, voilà ce dont l'oubli spontané engendre la fausse conscience.

Il ne s'ensuit nullement que l'idéologie soit de l'ordre de l'imaginaire fermé. C'est tout le contraire : l'idéologie est de part en part mise en mouvement par des « forces motrices » réelles, et c'est cette réalité qu'elle dispose et reflète, fût-ce dans l'élément de la fausse conscience. Autrement dit : l'illusion s'attache, non aux idées elles-mêmes, qui ne peuvent procéder de rien d'autre que du réel, mais à la représentation de leur autonomie. L'illusion idéologique, c'est l'idéalisme philosophique : affirmer l'existence d'une force intrinsèque de la pensée, là où la pensée se divise d'avec les forces matérielles qui lui prescrivent son mouvement. Il en résulte que

21. *Cf.* A. Badiou, *Théorie de la contradiction.*

l'illusion et la fausse conscience concernent la forme des représentations, non leur contenu. Qu'un petit chef syndical soit sincèrement convaincu de parler au nom de la classe ouvrière et se justifie par un marxisme de pacotille, quand il fait des pieds et des mains pour liquider une révolte de masse, c'est de la fausse conscience ; mais on n'a là que le côté formel de la question. En vérité, notre petit révisionniste est investi par la force de classe de la bourgeoisie, que sa pensée reflète adéquatement. L'imaginaire est ici assignable à la seule forme prétendument doctrinale, déductive, « marxiste », de son prêche liquidateur. Quant au fond, son système représentatif est, dans un langage marxiste truqué, l'expression concentrée des intérêts de l'aristocratie ouvrière, de sa genèse historique, et tout cela n'a rien d'imaginaire. Le discours du bonze C.G.T. nous donne accès à son réel : vrai bourgeois, il l'est par nécessité, puisque la force qui le gouverne est celle de la corruption d'une fraction de sa classe par des décennies de colonialisme, de chauvinisme et d'allégeance respectueuse à l'État français. Faux marxiste, tout autant, puisque notre syndicaliste résulte d'un long procès de dégénérescence, qu'il revendique un héritage, et qu'il s'adresse à des ouvriers auprès desquels sa seule force est cet héritage même, dont il faut parler la langue pour pratiquer le reniement. Nous, maoïstes, disons souvent aux ouvriers qui ont spontanément tendance à laisser couler le bla-bla-bla syndical comme une eau tiède : Écoutez-les ! Écoutez-les attentivement ! Ils disent ce qu'ils sont. Ils disent la force et la classe dont ils procèdent. Ils ne peuvent pas s'empêcher de penser tout haut leur corruption. Fût-ce d'un point de vue strictement militant, il faut tenir ferme sur ce principe : les idées, même placées dans l'élément de la fausse conscience :

– dénotent des réalités pratiques et historiques, des rapports de classe, et non des rapports imaginaires ;

– sont, quant au procès de leurs transformations, réglées par des forces extérieures à la pensée, et non par les lois de l'imaginaire.

Que l'on renie ces thèses, et toute la force du marxisme révolutionnaire est diluée, qui vise à l'articulation matérialiste de la superstructure et de l'infrastructure, et combat l'idéologie de l'adversaire sur la base des rapports de classe que cette idéologie exprime et veut perpétuer. On peut dire qu'Althusser met en avant une conception idéologique de l'idéologie, idéologique au sens précis de la croyance dans l'autonomie fonctionnelle des idées.

b) Non dialectique

Point tout à fait crucial : dans la description althussérienne il est impossible de comprendre quelle est la loi interne du changement des rapports de force idéologiques ; pour le comprendre, il faudrait construire une théorie séparée de l'efficace transformateur de la sphère idéologique.

Dès le départ, dans son article « Marxisme et Humanisme », Althusser théorise la fonction de l'idéologie a) dans les sociétés de classe, b) dans les sociétés sans classe (et à l'époque il s'agit pour lui de l'U.R.S.S. dont il accepte sans broncher la mythologie révisionniste). Mais ce dont il n'est pas question une seconde, c'est la lutte idéologique, la contradiction, la révolution. Or c'est cela l'objet dont part la pensée matérialiste dialectique. Pour les marxistes, la théorie de l'idéologie est toujours une théorie des transformations idéologiques et non des états. Elle exige que l'idéologie soit saisie comme processus contradictoire, et dans sa référence interne aux transformations réelles. Comme toute chose, l'idéologie doit être saisie en tant que devenir d'une scission.

Dans *Le Capital,* Marx indique que la simple analyse idéologique, la seule réduction de l'idéologie au noyau réel qu'elle exprime, est une tâche facile, mais insuffisante. La méthode scientifique exige qu'on saisisse le mouvement par quoi l'idéologie s'engendre sur la base des réalités matérielles de l'histoire : « Il est, en effet, bien plus facile de trouver par l'analyse le contenu, le noyau terrestre des conceptions nuageuses des religions, que de faire voir par une voie inverse comment les conditions réelles de la vie revêtent peu à peu une forme éthérée. C'est là la seule méthode matérialiste, par conséquent scientifique. Pour ce qui est du matérialisme abstrait des sciences naturelles, qui ne fait aucun cas du développement historique, ses défauts éclatent dans la manière de voir abstraite et idéologique de ses porte-parole, dès qu'ils se hasardent à faire un pas hors de leur spécialité[22]. »

De ce qu'Althusser, en effet, dans sa théorie spinoziste de l'idéologie, « ne fait aucun cas du développement historique », on conclurait donc volontiers qu'il fait là « un pas hors de sa spécialité », si sa « spécialité » n'était justement le marxisme. Saisir l'idéologie comme processus, et non comme mécanisme imaginaire fermé, voilà la directive scientifique de Marx, dont Althusser inverse le sens. Nulle théorie de l'idéologie ne peut s'excepter de la loi dialectique générale d'avoir à rendre raison du devenir des forces en conflit : l'idéologie n'est intelligible que comme espace de lutte ancré dans l'expression de rapports matériels eux-mêmes déchirés. Par exemple, lorsque Engels analyse l'idéologie protestante, il montre en premier lieu que l'hérésie est liée à l'ascension bourgeoise. La scission de l'idéologie religieuse traduit la poussée des rapports de classe réels.

22. Marx, *Le Capital,* E.S., L. I, t. II, p. 59 (note).

On peut facilement démontrer que les contenus protestants sont en rapport avec les intérêts de classe de la bourgeoisie. Mais Engels montre surtout que l'idéologie hérétique est dès le départ elle-même divisée. Son unification n'est que transitoire, liée à une alliance de classe entre bourgeoisie des villes et paysans. Il y a ainsi une double division entièrement expressive de la lutte des classes : il y a une certaine alliance entre bourgeoisie et plébéiens des villes et des campagnes contre l'aristocratie foncière, mais il y a une scission interne impliquant coexistence et contradiction, entre une hérésie bourgeoise modérée, et une hérésie plébéienne révolutionnaire. L'intrication de ces processus dialectiques constitue la réalité de la sphère idéologique. Certes, ce sont bien des systèmes de représentation imaginaires qui s'affrontent, puisque la lutte idéologique se fait, en fonction des conditions historiques, dans l'élément religieux, mais ces représentations sont référées à des contenus de classe réels : par exemple les contenus théologiques de la prédication de T. Münzer servent d'enveloppe à des aspirations de classe plébéiennes[23]. Engels conclut que tous les changements en matière d'idéologie découlent des rapports de classe. Or, seul le changement importe : la théorie marxiste comme théorie dialectique, comme théorie révolutionnaire, est nécessairement une théorie des processus, et non une théorie des états ou des figures. Elle est aussi, et par là même, une théorie des contradictions, des procès de division et de lutte. Une théorie marxiste de l'idéologie a nécessairement pour centre de gravité une théorie des contradictions idéologiques, une théorie du caractère divisé des représentations idéologiques. Le concept de division est inhérent au concept général d'idéologie. À l'opposé, Althusser théorise la simpli-

23. Sur tout cela, *cf.* Engels, *La Guerre des paysans en Allemagne*, surtout la 2e partie.

cité fermée, l'identité à soi et l'essence transhistorique de l'idéologie. On voit bien où est, pour Althusser, la difficulté : saisir les idéologies comme procès de scission exige un point de vue de classe : en effet, c'est du point de vue des classes opprimées que se fait l'expérience de l'idéologie divisée. La classe dominante pratique et impose sa propre idéologie comme idéologie dominante, elle la présente comme unique et unifiante. Ce sont les classes dominées qui mettent en évidence la mystification de l'idéologie unifiante, sur la base de pratiques de classes révoltées irreprésentables dans l'idéologie dominante.

Un projet de théorie générale de l'idéologie qui n'inscrit pas sa division dans l'essence même du phénomène justifie le soupçon de n'être pas fait du point de vue des opprimés. La simplicité totalitaire de l'idéologie chez Althusser, fonctionnant sur la force de ses mécanismes imaginaires internes, organisée par l'État comme fonction extérieure aux contradictions de classe, rend impensable l'existence et la spécificité des formes de manifestation concrètes de l'idéologie prolétarienne. Le révisionnisme, point de vue de classe bourgeois sous les oripeaux marxistes, apparaît ici clairement, comme toujours, dans l'évacuation de la dialectique.

C. La lutte idéologique spontanée

D'où faut-il partir pour dialectiser la question de l'idéologie et restituer son rapport aux conditions sociales réelles ? Le contrepoison aux thèmes spéculatifs d'Althusser, on le trouve dans le point de vue ouvrier et populaire lui-même. On prendra comme fil conducteur ce point de vue des classes exploitées, et d'abord l'expérience, les pratiques immédiates, origine de toute connaissance, y compris de la connaissance sur l'idéologie.

Les rapports réels d'exploitation et d'oppression sont pratiqués et supportés par les individus. Les individus en ont en permanence la connaissance sensible, et par ailleurs des représentations inégalement systématisées. Ces représentations sont fluctuantes et divisées. Leur réalité historique, c'est le processus de cette division. Quel en est le contenu général ? Il porte lui-même sur la nature divisée des rapports réels. L'espace idéologique se donne toujours comme représentation divisée d'une division. Le conflit « nucléaire » tourne autour d'une représentation des rapports sociaux comme essentiellement antagonistes ou essentiellement non antagonistes. Les effets pratiques de ces systèmes de représentation sont foncièrement différents. Par exemple, l'ouvrier d'usine est pris dans des rapports réels d'exploitation et tout ouvrier a l'expérience de cette situation. Mais il a de cet état de choses une représentation variable, en fonction de la situation concrète : ou bien prédomine l'idée que ces rapports sont nécessaires, même s'ils comportent difficultés et tensions ; ou bien domine la représentation que ces rapports sont traversés par la contradiction, par un rapport de lutte, d'affrontement, et non de collaboration et d'harmonie. Cette division et cette variation ont une réalité pratique constante, qui se manifeste dans le degré d'acceptation ou de révolte, dans les pratiques de classe immédiates des individus concernés. La forte tête, le fayot, le syndicaliste, le révolté, l'indifférent, autant de types idéologiques immédiats qui concrétisent le procès d'affrontement idéologique spontané, et regroupent autour d'eux les forces collectives de ce procès. Pourquoi parler de représentation à propos de ces types ? Le terme représentation désigne ici un processus de systématisation spontanée des rapports réels, dont il existe toujours une intelligence pratique, immédiate, ineffaçable, qui porte sur leurs caractéristiques essentielles : exploitation et oppression (intelligence immédiate qui est la base de la confiance fondamentale des communistes dans les larges masses).

Comment se déploie le conflit idéologique spontané ? La classe dominante propose toujours des représentations systématisées, voire hautement systématisées, qui ont pour essence la collaboration de classe. Ce n'est pas que les classes exploiteuses ignorent les conflits de classe. On a vu au contraire que tel était bien en permanence leur principal souci conscient. Mais ce qu'elles entendent systématiser est la pérennité légitime de leur règne : elles nient donc catégoriquement que les contradictions de classe préparent leur ruine. Ce n'est pas l'existence d'intérêts divergents que l'idéologie dominante veut annuler. Le propriétaire d'esclaves ne peut prétendre que l'esclave aime la servitude : la preuve en est qu'il existe une législation de l'affranchissement, conçu explicitement comme récompense et promotion. Le seigneur admet d'écouter certaines doléances paysannes, et le patron négocie périodiquement avec les syndicats.

En réalité, l'existence d'un enracinement pratique de toute idéologie, et les évidences sensibles qui lui sont liées, assignent des limites matérielles à la mystification idéologique. On peut les concentrer ainsi : l'idéologie dominante, pour organiser les masses, ne peut ignorer leur expérience quotidienne de l'oppression de classe. Tout son effort tend donc à résorber, non la contradiction, mais son caractère antagonique. Présenter la contradiction antagonique, qui règle le mouvement de l'histoire, comme simple différence naturelle structurant l'identité « éternelle » de ce qui n'est en vérité qu'un moment de cette histoire : voilà le propos de toute idéologie dominante. Mais cela ne suffit pas encore : la pensée de la différence véhicule la menace permanente de la contradiction. Pour faire droit à l'inéluctable exigence spontanée de la réduction des différences (forme affaiblie de la pratique de l'antagonisme), toute idéologie dominante garantit qu'au-delà des différentes concrètes perdure, fût-ce à titre de promesse, une égalité abstraite. Même Platon tient à établir que tout un chacun participe du monde des Idées, et c'est – chose remarquable – à un esclave qu'il fait redécouvrir par lui-même les vérités de la mathématique (Platon, *Ménon*). Pareillement, l'idéologie religieuse féodale assortit la garantie qu'elle accorde à l'ordre social hiérarchique (ordre des différences naturelles venues de la sagesse de Dieu) d'une promesse égalitaire : celle des âmes au Jugement dernier. Et chacun sait que l'idéologie juridique bourgeoise complète sa doctrine des arbitrages sociaux entre « partenaires » différents, d'une égalité absolue (toute théorique) devant la loi comme devant le pouvoir (universalité du suffrage). Ainsi, pour encercler et exorciser l'antagonisme réel, l'idéologie des classes exploiteuses organise une double postulation d'unité:

a) Tout antagonisme apparent est au mieux une différence, au pire une contradiction non antagonique (conciliable).

b) Toute différence est elle-même inessentielle : l'identité est la loi de l'être, non pas, certes, dans les rapports sociaux réels, mais dans le registre cérémonieux des comparutions réglées devant le destin, devant Dieu ou devant l'urne municipale[24].

Ce n'est donc pas n'importe quel imaginaire qui fonctionne dans la représentation antidialectique du réel que véhicule l'idéologie des exploiteurs : c'est un imaginaire de la contradiction réduite, un protocole de la différence

24. La troisième procédure de l'idéologie dominante est l'extériorisation de l'antagonisme : on oppose le corps social, supposé unifié, à un terme « hors-classe » posé comme hétérogène : l'étranger (chauvinisme), le juif (antisémitisme), l'arabe (racisme), etc. Les procédures de transfert sont elles-mêmes chevillées sur l'exaspération de la véritable contradiction principale.

et de l'identité qui investit et dissout l'élément antagonique des contradictions. C'est ce protocole même qu'attaque à son tour la lutte idéologique spontanée des exploités : la révolte est en effet irreprésentable, puisqu'elle affirme pratiquement l'antagonisme, et exige l'égalité concrète au sein même des rapports sociaux. Elle est irreprésentable, y compris pour les exploiteurs. Ceux-ci n'ont d'autre recours que de procéder à une sévère restriction des ayants droit de leur dispositif : tout révolté est un chien, puisque, à le tenir pour un homme, il faudrait réintroduire l'antagonisme dans la différence. Du coup, le destin devient vengeur, Dieu réclame qu'on extermine, et la loi se fait loi d'exception. L'exception : voilà la désignation idéologique dominante de la révolte. Contradictoirement, pour seulement se penser elle-même, la révolte doit produire l'inversion et le renversement des valeurs : pour elle, c'est l'identité différentielle de l'idéologie dominante qui est l'exception, et c'est l'antagonisme qui est la règle. C'est l'égalité qui est concrète, et la hiérarchie existante abstraite. Comme le remarque Engels, les exploités, pour concentrer leur énergie révoltée, doivent nier leurs attaches à l'ordre existant jusqu'au point où ils se privent eux-mêmes de tout ce que cet ordre leur concède encore : « Pour développer son énergie révolutionnaire, pour acquérir une conscience claire de sa position hostile à l'égard de tous les autres éléments de la société, pour se concentrer elle-même en tant que classe, [la couche inférieure de la société] doit commencer par rejeter tout ce qui pourrait la réconcilier avec le régime social existant, renoncer aux rares plaisirs qui lui font encore momentanément supporter son existence opprimée[25]. »

L'égalitarisme et l'ascétisme plébéiens sont des armes

25. Engels, *La Guerre des paysans en Allemagne*, E.S., p. 88

décisives pour attaquer et rompre le système hiérarchique et unifié des différences idéologiques dominantes. À leur lumière, le dispositif idéologique dominant perd toute valeur naturelle, et se scinde violemment. Il n'apparaît plus comme le reflet unifié d'un monde nécessaire, mais comme une imposture destinée en permanence à réduire la nouveauté de pensée, qui s'engendre dans la révolte elle-même. Ce qui se donnait comme simplicité unifiante et progrès de l'esprit n'est plus que l'un des termes, ancien et condamné, d'un irrémédiable antagonisme. C'est pourquoi il est absolument impossible de comprendre quoi que ce soit à l'idéologie sans inclure dans cette compréhension le mouvement par quoi elle apparaît dans sa division historique, et qui est le mouvement révolté de la lutte idéologique. C'est parce qu'existe une pratique irreprésentable dans l'idéologie dominante (la révolte révolutionnaire de classe) que celle-ci est intelligible comme représentation. C'est du point de vue de ce qui tombe hors d'elle-même qu'une idéologie est connue dans sa particularité dialectique et son fondement de classe. Dans sa nouveauté collective, le non-représentable produit la représentation adéquate de toutes les représentations fallacieuses.

II. Révolte et invariants communistes

A. Domination et résistance

L'idéologie dominante est l'idéologie de la classe dominante. La classe dominante maîtrise à son profit la division du travail intellectuel et du travail manuel, et, de ce fait même, les membres de cette classe « règlent la production et la distribution des pensées de leur époque[26] ».

Cependant, « dominant » est un adjectif dialectique. Assigner à des idées une place dominante exige qu'on détermine sur quoi s'exerce cette domination. Faute de quoi la pensée même de la domination est vide de sens : les « idées dominantes », saisies dans la seule forme de leur domination, apparaissent comme dotées d'une vertu indépendante, et se séparent de toute pratique de classe. C'est uniquement du point de vue des conflits réels que la domination idéologique apparaît dans sa vérité : « ... Dès que survient un conflit pratique où la classe tout entière est menacée, cette opposition [entre penseurs de la classe dominante et agents directs de cette classe] tombe d'elle-même, tandis que l'on voit s'envoler l'illusion que les idées dominantes ne seraient pas les idées de la classe dominante et qu'elles auraient un pouvoir distinct du pouvoir de cette classe. L'existence d'idées révolutionnaires à une époque déterminée suppose déjà l'existence d'une classe révolutionnaire[27]... » Entre l'existence d'une classe révolutionnaire, d'idées révolutionnaires, et le fonctionnement unifié de l'idéologie dominante comme idéologie de la classe dominante, il y a un lien dialectique immédiat, dont la médiation concrète est l'affrontement de classe lui-même, le « conflit pratique ». À soi seul, parler d'idéologie dominante engage une compréhension divisée et conflictuelle de l'idéologie. Ne retenir de l'expression « idéologie dominante » que la forme de la domination est unilatéral. Certes l'idéologie dominante, représentation des pratiques de la domination de classe, pénètre le champ entier des pratiques sociales, y compris celles des exploités. Mais cette pénétration doit se comprendre comme processus contradictoire. Il faut la référer, quant à son

26. Marx et Engels, *L'Idéologie allemande*, E.S., p. 75.
27. *Ibid.*, p. 76.

intelligence historique, à ce qui lui est extérieur, et s'oppose à son omniprésence. Il n'y a d'idéologie dominante que parce qu'existe en permanence une résistance à cette domination. Et c'est du point de vue de cette résistance que la domination apparaît comme telle, c'est-à-dire comme représentation de la domination concrète, la domination de classe.

Ce point de vue est d'une extrême importance, à l'heure où les docteurs en fascisme, quand ils interrogent l'idéologie fasciste, partent de la question exactement contraire : postulant une angoissante non-résistance au fascisme, ils s'emparent de la domination en tant que telle, et scrutent sous tous les angles le « discours fasciste » pour en articuler les opérateurs de fascination, d'emprise libidinale et de séduction des masses. Il y a là une divergence de méthode essentielle.

Pour nous, les phénomènes de domination idéologique, fascistes ou autres, doivent être référés à ce qui, du réel, constitue leur corrélat antagonique : les idées révolutionnaires, elles-mêmes enracinées, comme le dit Marx, dans le degré d'existence de la classe révolutionnaire[28].

Nous ne disons pas que la question des spécificités idéologiques du fascisme soit réglée, loin de là. Nous disons seulement que l'ordre scientifique d'investigation prescrit par Marx en la matière, doit partir de la résistance, et non de la domination, car c'est la première qui réduit les ordonnancements représentatifs de la seconde. Il s'agit de savoir :

1. Où en est, au moment de la montée du fascisme, la réalité de la classe ouvrière comme classe révolutionnaire, réalité nullement invariable, toujours à reforger et réinventer. Ce point organise tous les autres.

28. Parmi ces « autres », il y a l'idéologie révisionniste dans la classe ouvrière. La résistance à cette idéologie prend la forme spontanée de l'antisyndicalisme ouvrier, caractéristique de toute grande lutte. De là que cet antisyndicalisme est une véritable source de connaissance pour les maoïstes.

2. Quelles idées révolutionnaires nouvelles engendrent les « conflits pratiques » du moment.
3. En quel sens l'idéologie fasciste ajuste la riposte idéologique de la classe dominante aux idées révolutionnaires nouvelles. Autrement dit : nouer la nouveauté (relative) du « discours fasciste » à la nouveauté (absolue) de la production idéologique prolétarienne. C'est tout le problème du fascisme comme système idéologico-politique de contre-offensive bourgeoise face aux effets mondiaux de la révolution d'Octobre.
4. Comment se formule – ou pas – la résistance idéologique à la contre-résistance fasciste. Autrement dit : quelles nouveautés idéologiques apparaissent – ou n'apparaissent pas –, cette fois dans le champ du conflit ouvert avec le fascisme.

C'est seulement dans cet espace d'investigation, qui suit la division du procès historique, que la question secondaire des procédures représentatives, des formes idéologiques propres au fascisme, peut trouver une réponse significative. Si l'on part au contraire du fascisme installé, du fascisme victorieux, du fascisme dominant, sans suivre le mouvement réel de cette domination, c'est-à-dire son conflit ininterrompu avec ce qui lui résiste, on est conduit à chercher, de façon pleinement idéaliste, le secret de l'idéologie dominante dans la domination idéologique elle-même. Voyez ce que dit Deleuze : « Jamais Reich n'est plus grand penseur que lorsqu'il refuse d'invoquer une méconnaissance ou une illusion des masses pour expliquer le fascisme, et réclame une explication par le désir, en termes de désir : non, les masses n'ont pas été trompées, elles ont désiré le fascisme à tel moment en telles circonstances, et c'est cela qu'il faut expliquer, cette perversion du désir grégaire[29]. » Cette opposition de l'explication par l'« illusion » à l'explication par le « désir » est elle-

29. G. Deleuze, F. Guattari, *L'AntiŒdipe*, éd. de Minuit, p. 37.

même disposée par un geste de rejet de la réalité. La réalité, c'est que les masses, sous l'effet général de grandes défaites « physiques » du prolétariat (l'insurrection spartakiste en Allemagne, les grèves de 1920 et le mouvement des conseils en Italie), ont vu leur capacité organique de résistance, non point annulée, mais affaiblie, et profondément. L'affaiblissement de la capacité de résistance, c'est, en matière idéologique, le tarissement transitoire du nouveau, la perte de l'initiative. Les masses n'ont ni « désiré » le fascisme, ni été la proie passive d'illusions. Elles se sont essentiellement divisées, en la part qui, faute d'un autre recours immédiat, estimait avoir intérêt au fascisme, et la part qui lui résistait, mais sans projet conséquent. Et cette résistance a été transitoirement vaincue, non par la captation désirante, mais par la violence exterminatrice. Ce qui se donne comme « tromperie », « illusion » ou « désir » n'est en son fond que défaite. Il faut diviser l'« illusion » en ses composantes réelles : la domination idéologique classique (oui, le fascisme pratiquait triomphalement le vieux thème de l'État-nation, et la revanche sur l'odieux traité de Versailles) et l'intérêt immédiat, représenté dans le populisme fasciste (oui, le fascisme a mis fin au chômage).

Il faut diviser le « désir » selon la violence antagoniste de la domination et de la résistance : révolution et contre-révolution face à face, dans l'écroulement des médiations ordinaires. Les forces mises à nu, la violence mise à nu. À coup sûr, ceux qui voulaient le fascisme ne pouvaient le vouloir à demi. C'est autre chose que voter Giscard. Et la résistance de même, ce n'est pas voter Mitterrand. Toute la vie politique et pratique est aspirée dans une nudité antagonique violente, et l'organisation théâtrale, « libidinale », vociférante, du discours fasciste n'est ici que le reflet d'une exigence du temps. Ce n'est pas elle qui capte, bien plutôt elle est captée.

Ailleurs (Salazar), le discours apparent sera doctoral, laborieux, effacé, classique. Le discours « fasciste », à vrai dire, n'existe pas. Seules existent les formes concrètes (variées) d'une victoire violente de la contre-révolution.

Tout tient, dans la méthode, à ce principe, où s'ancre l'adoption irréversible d'un point de vue de classe : ce n'est pas la force du « discours fasciste » qui fait la faiblesse de la résistance ; c'est la faiblesse matérielle du prolétariat – sa défaite, toujours antérieure à la montée du fascisme –, reflétée dans la pauvreté idéologique, qui fait la force apparente, et la théâtrale parade, du discours fasciste. Force ou faiblesse, et l'une toujours naît de se diviser d'avec l'autre, c'est la résistance qui est le secret de la domination.

Si l'on est structuraliste – si l'on raisonne unilatéralement en termes de places –, la domination idéologique n'est finalement rien d'autre que le double de la domination tout court. C'est du reste pourquoi l'étude minutieuse, psychanalytique, libidinale, sociologique, structurale, linguistique, du discours idéologique fasciste, dès lors qu'on cherche dans son seul « texte » le ressort de ce qu'il induit de désir et de domination, n'aboutit qu'à de consternantes tautologies, dans le genre : le fascisme, c'est le discours du pouvoir[30].

Et que pourrait bien être d'autre le discours de qui s'est hissé à la domination par le recours, étayé sur la dispersion et la faiblesse de ses rivaux comme de ses adversaires, à la violence étatique mise à nu ? On nous fait voir un arsenal immense de disciplines intellectuelles pour nous indiquer à la fin que, dans le fascisme, il est très clair que « les idées

30. Tautologie aussitôt retournée artificiellement sous la forme : « Tout discours du pouvoir est fasciste. » Car c'est cette dernière formule que désirent nos docteurs, dont la pensée politique ne va pas plus loin que l'axiome : l'État, c'est le Mal. Comme l'État, et sans doute encore pour des siècles, c'est le Réel, il ne reste dès lors qu'à maudire le réel. Par où s'introduit dans toute cette prose une persistante odeur de sacristie.

dominantes sont les idées de la domination ». Impossible d'aboutir ailleurs qu'à cet axiome, qui est le point de départ de Marx, si l'on essaie de saisir l'idéologie dominante du seul point de vue de la place qu'elle occupe (la place dominante, évidemment) et des fonctions qu'elle remplit. En vérité, ce n'est pas l'État fasciste qui rend raison de l'idéologie fasciste. C'est le combat fasciste, le combat de la contre-révolution. Il faut raisonner historiquement, c'est-à-dire en termes de force. La domination idéologique n'est compréhensible que dans son engagement contre ce qui lui résiste. Son contenu, en transformation incessante, est déterminé par les fluctuations concrètes de la résistance, les nouveautés qu'elle engendre, le point de vue de classe qu'elle affirme. Aucune loi formelle de la domination ne peut rendre compte de ces transformations.

Descendons à ras de terre : le réformisme limité de Giscard, l'idéologie de la « société libérale avancée », ou, dans un autre registre, la consolidation du réformisme du P.S., ne sont d'aucune manière des développements internes de la forme spécifique que revêtait, sous le gaullisme, l'idéologie bourgeoise (le nationalisme conservateur, articulé aux thèmes de la croissance économique). La loi des transformations idéologiques – et seule la transformation est objet réel – n'est jamais décelable dans une formation idéologique prise en elle-même. C'est que ces transformations sont invariablement des ripostes à la résistance idéologique populaire, résistance ici manifestée avec éclat dans les thèmes et les idées nouvelles de la grande révolte de Mai 68. L'initiative n'appartient pas au contenu interne de la domination, mais bel et bien à la résistance qu'elle suscite. La classe dominante concentre, dans le changement des représentations idéologiques, le reflet de sa réaction pratique aux révoltes, et à ce qui constitue le reflet unificateur complexe de ces révoltes : les idées révolutionnaires nouvelles, le non-représentable, les systématisations fragmentaires de la résistance. Cette dialectique de la résistance comme élément du procès idéologique, certains néo-libertaires, issus de l'ex-G.P., ont eu le grand mérite de la maintenir contre la métaphysique contre-révolutionnaire des idéologues du P.C.F., Althusser en tête. Mais aujourd'hui, la force de leur attaque se change en son contraire.

Le livre d'A. Glucksmann[31] par exemple est, sur ce point, traversé d'une contradiction décisive. Lorsqu'il pose, pour étudier le phénomène du goulag, l'axiome « Au commencement était la résistance[32] », c'est à notre avis un bon départ. On doit absolument convenir avec lui que « la question de la résistance commande toute réflexion – morale, politique, sociale – sur les camps[33] ». Mais Glucksmann ne suit pas vraiment ce fil. Une autre question, d'apparence voisine, fait diverger tout son dispositif, la question « Comment pouvons-nous si mal ou si peu résister? » S'agissant de l'oppression, prendre son départ dans la révolte ou dans la faiblesse de la révolte, c'est une mince différence, et pourtant là se joue le tout de l'affaire. Selon qu'on questionne les camps à partir de la force contre quoi ils existent, ou à partir de l'immensité désespérante de leur machinerie mortelle, on les comprend – et on les combat –, ou on ne fait que vouloir les exorciser. C'est pourquoi les conclusions politiques de Glucksmann sont exactement désespérantes. Il nous dit : « Là où cesse l'État commence l'homme[34] », mais du combat populaire contre l'État, il ne retrace que la morne durée répétitive, l'obstination infinie, sans que rien ne marque nulle part que

31. A. Glucksmann, *La Cuisinière et le mangeur d'hommes*, Le Seuil, 1975.

32. *Ibid.*

33. *Ibid.*

34. *Ibid.*

cette continuation cumule les forces d'un aboutissement quelconque. À le lire, l'homme n'est pas prêt de commencer.

Cette tragédie monotone, Soljénitsyne y échappe par l'invariant essentiel que constitue pour lui la valeur spirituelle et religieuse de la souffrance. Mais Glucksmann ? Il est décevant que sa juste modestie initiale (se tenir au plus près de la résistance à l'oppression) s'inverse en soufflerie métaphysique, quand tout se perd dans une banale dissertation sur « langage et pouvoir dans la Raison occidentale ». Raison pour raison, c'est celle de la résistance qui nous importe. Il est inconséquent de lire dans l'histoire l'omniprésente contradiction des masses et de l'État, d'affirmer qu'on se range aux côtés de la plèbe, et de ne disserter exclusivement que sur la force et les multiformes ruses victorieuses de l'État. Ce qui frappe au fond, dans ce livre, et par quoi il est infidèle à la maxime « au commencement était la résistance », c'est qu'il déploie une sévère conviction de la faiblesse populaire, sous le couvert d'un débusquage des forces de l'État. À partir de quoi le procès fait au marxisme n'est que répétition : si les masses sont la faiblesse même, et si là se tient leur grandeur, il est sûr que le marxisme, première parole dans l'histoire du pouvoir de la plèbe, de la force de la plèbe, est une perversion étatique.

Nous disons : dès lors que l'axiome interrogatif est celui de la faiblesse de la résistance, et non celui de sa force – de sa force qualitative, de ce qu'elle affirme et veut comme nouveauté – le marxisme est déjà évacué. Staline n'est là que comme le faire-valoir de cette évacuation axiomatique[35].

C'est qu'en réalité, pour Glucksmann, le peuple, paradoxalement, n'est rien. Il est « désir de n'être point opprimé[36] », désir du non-État, c'est-à-dire ombre portée de l'État même, gibier qu'on traque, qui certes se rebelle, mais ne dit point, dans sa rébellion, autre chose que l'horreur de la traque. Et nous disons : il y a bien plus dans la révolte même que ce que Glucksmann y voit. La révolte est également affirmative, la révolte invente sur ce qui doit exister entre l'État et le non-État. Le peuple aspire au pouvoir, la révolte sait aussi de quelle dictature plébéienne elle a besoin. Tout le marxisme est suspendu à la force affirmative de la révolte révolutionnaire des masses. Que le marxisme puisse, en tant que forme et langage, servir d'ornements aux plus terrifiantes impostures, à qui fera-t-on croire qu'il s'agit là d'une découverte ? Lénine et Mao Tsé-toung n'ont-ils pas livré les combats de leur vie contre des imposteurs « marxistes », les Kautsky et les Brejnev ? Mais de là, on veut nous faire passer à autre chose, qui est la réduction de la sagesse populaire à la seule

35. Tout se brouille à nouveau si l'on veut mesurer l'une à l'autre la force de la résistance et la force de la domination. Ce sont des forces hétérogènes, et le quantitatif ici, réduisant la force à la place, bloque toute pensée. Les premiers résistants sont par essence peu nombreux. Mais ils sont le tout de ce qui s'affirme comme lieu naissant et condition du mouvement. Et ils sont dès le début la loi de la domination elle-même. C'est ce que du reste, à la différence de nos exégètes du désir des masses, l'État comprend fort bien : si les masses sont fascinées par le pouvoir fasciste, comme nos exégètes le prétendent, comment expliquer l'importance, la fébrilité, l'activité sans relâche de l'appareil répressif et policier, caractéristique des États fascistes ? C'est que l'État sait qu'à sa dictature de type nouveau répond le processus de formation d'une force de résistance nouvelle qui, si elle n'est pas d'emblée mesurable à la domination [ce serait un miracle], n'en est pas moins à la fois insaisissable et invincible, parce qu'étrangère à ce qui règle la domination elle-même. Loin d'être un État assuré de régner par le désir de la foule, l'État fasciste est par excellence un État inquiet, régi par la méfiance, et pour qui toute ombre de résistance est immédiatement, et à juste titre, une menace inintelligible et mortelle.

36. *Ibid.*, p. 18.

protestation, à la seule plainte, au vide répété de qui voit devant lui l'invariable et violente plénitude de l'État. Seul le marxisme, et d'abord en effet contre des « marxistes », entend préserver, protéger, déployer, organiser, non le vide et le malheur rebelle des masses, mais leur force, leur revanche, leur victoire et leur dictature. S'il y a une Raison occidentale à quoi Glucksmann se plie, c'est bien celle qui affirme que les masses ne peuvent pas se mêler des affaires de l'État. Il ajoute que là est leur dignité, puisque l'État, c'est le Mal. Mais à qui servira de baptiser « dignité » cela même où depuis toujours les puissances dominantes entendent confiner la masse des producteurs : leur radicale exclusion du pouvoir ? Qui tirera, de cette noble promotion de la faiblesse et de l'exclusion, un avantage bien réel ?

Quiconque abandonne aux exploiteurs le terrain du pouvoir, fût-ce pour en dénoncer la perversion originaire, est un organisateur de la faiblesse populaire, un distributeur d'opium et de consolations fallacieuses. Pour nous, nous partons invariablement de la force de la résistance[37].

Nous disons : c'est elle qui légifère. Et non pas seulement au sens où elle crée le nouveau, mais au sens où elle s'arme toujours pour s'en assurer la maîtrise. Toutes les idées nouvelles issues de la résistance, et cumulées par le marxisme organisateur, préparent des forces de pouvoir. Qu'il y ait contradiction, dans la force populaire, entre sa nouveauté et son mode de pouvoir possible, qu'il y ait donc toujours, jusqu'au communisme intégral, et mesuré par sa proximité grandissante (ou pas), une contradiction bien réelle entre les masses et l'État, c'est la question ininterrompue de

37. Aujourd'hui : de la force de l'avant-garde ouvrière maoïste, une poignée presque invisible, mais qui n'en est pas moins le seul lieu de force, y compris pour la pensée. Pour cette dissidence hétérogène invisible, et pour elle seule, le mouvement réel dans son ensemble devient visible.

toute révolution prolétarienne. Glucksmann n'aide personne, sinon les puissances installées, en alimentant de toutes les horreurs étatiques une infranchissable, terrifiante et maladive fixité de cette contradiction.

Revenons au ras de notre sol : ce dont il faut s'emparer, c'est de l'autonomie positive de la résistance. Que la loi sur l'avortement et les considérants idéologiques « libéraux » dont elle est assortie répondent à la poussée du mouvement des femmes, voilà qui est indiscutable. Mais c'est bien à tort que certains désignent cet ajustement idéologique imposé à la bourgeoisie du nom pessimiste de « récupération » : récupération signifierait que ce qu'il y a de non-représentable dans les idées de la révolte finit cependant par trouver son lieu dans l'idéologie dominante. Telle n'est pas l'essence du phénomène. Cette prétendue « récupération » n'est que l'existence même de la domination, dès lors qu'on l'envisage, non comme structure, mais comme processus. La domination se développe dans sa division ininterrompue d'avec ce qui lui résiste, et c'est pourquoi, en effet, elle est incessamment variable dans ses contenus apparents. Ces contenus toutefois sont inaptes à plier à leur loi le noyau de classe de la résistance. La loi sur l'avortement systématise la voie de droite dans le mouvement des femmes, et laisse hors d'elle-même la conception proprement révolutionnaire, qui s'attache au rôle des femmes comme force sociale inscrite dans le camp de la révolution. Le front de la lutte idéologique, dans son déplacement, reflète une double division : celle du dominant et du dominé, et, à l'intérieur du dominé, la scission entre la part de lui-même effectivement pénétrée par la domination, et la part qui concentre la résistance. Loin d'être une récupération, c'est-à-dire une inscription pure et simple dans les mécanismes de la domination, le remaniement des contenus de l'idéologie dominante prépare inéluctablement des formes concentrées, purifiées, nouvelles, de la résistance. À travers la lutte idéologique ainsi conçue, la résistance opère le dégagement progressif de son réel contenu de classe, porte en avant ce qui l'animait de véritablement irreprésentable dans la domination. La loi sur l'avortement est doublement une victoire, d'abord (mais à s'en tenir là, on ignore le mouvement de la résistance et on n'échappe pas au révisionnisme) parce que c'est une réforme utile, exigée par les femmes ; ensuite parce que la systématisation de l'ensemble dialectique constitué par la révolte des femmes et par la riposte étatique provisoire (la loi) prépare de nouvelles formes de la résistance idéologique et pratique, et organise l'approfondissement de la nature de classe de cette révolte. Toute victoire de la résistance des opprimés, toute victoire populaire sur un point particulier, se divise ainsi en son utilité immédiate d'une part, sa valeur de concentration idéologique, de déréglage des principes mêmes de la domination d'autre part.

Marx en donne un exemple frappant quand il analyse une des premières grandes victoires ouvrières, le « *bill* des 10 heures », limitation légale de la journée de travail arrachée par la classe ouvrière anglaise « après une lutte de trente années, soutenue avec la plus admirable persévérance[38] ». Par elle-même, la loi a d'abord des effets matériels évidents. Elle entraîne d'« immenses bienfaits physiques, moraux et intellectuels [...] pour les ouvriers des manufactures[39] ». Il va de soi que ces effets ont une valeur générale dont le sens de classe est indécis. Les ouvriers sont moins opprimés, et c'est, pour qui parfois l'ignore, une chose de la plus haute importance à leurs yeux. Mais les capitalistes mesureront dans l'avenir

38. Marx, *Adresse inaugurale de l'Association internationale des travailleurs*, O.C, t. II, p. 10

39. *Ibid.*, p. 11.

qu'il vaut mieux tout compte fait trouver sur le marché de la force de travail en bon état. Pourquoi Marx ne crie-t-il pas cependant à la récupération ? Pour la raison suivante : « Ce qui, dans cette question de la limitation légale des heures de travail, donnait au conflit un véritable caractère d'acharnement et de fureur, c'est que, sans parler de l'avarice en émoi, il s'agissait là de la grande querelle entre le jeu aveugle de l'offre et de la demande, qui est toute l'économie politique de la classe bourgeoise, et la production sociale contrôlée et régie par la prévoyance sociale, qui constitue l'économie politique de la classe ouvrière. Le *bill* des dix heures ne fut donc pas seulement un important succès pratique ; ce fut aussi le triomphe d'un principe ; pour la première fois, au grand jour, l'économie politique de la bourgeoisie avait été battue par l'économie politique de la classe ouvrière[40]. »

La dialectique ici mise en œuvre n'est pas top-position académique : réforme ou révolution. Il s'agit plutôt de la scission : pratique/idéologie, particulier/universel. Le « succès de principe », c'est la concentration pratique, à travers l'affirmation victorieuse de la résistance ouvrière, de son noyau idéologique de classe : « l'économie politique de la classe ouvrière », la conception du monde prolétarienne. Une telle victoire fonctionne dans l'espace idéologique, non plus seulement comme une résistance (négative), mais comme une limitation affirmative de la domination bourgeoise. C'est sur la base de cette expérience idéologique décisive que les tâches nouvelles du prolétariat s'éclairassent dans leur contenu et dans leur durée : la conquête du pouvoir politique, et, pour cela, la nécessité de « réorganiser politiquement le parti des travailleurs[41] ». L'idéologie prolétarienne est ainsi ce qui

40. *Ibid.*
41. *Ibid.*, p. 12.

progresse affirmativement dans le déploiement pratique de la résistance à la domination. C'est au regard de ce progrès que l'idéologie bourgeoise, qui n'a d'autre existence que de le retarder ou de la combattre, développe à son tour les formes historiques successives et conjoncturelles de son existence. Le moteur du processus de la lutte idéologique, processus qui est l'essence de l'idéologie elle-même, est donc bien la lutte de classes au sens précis où l'agent universel des transformations est la révolte révolutionnaire des masses. C'est la révolte des masses qui constitue la base pratique de la résistance idéologique, et par conséquent la base pratique des transformations de l'idéologie dominante elle-même, dont l'être se détermine historiquement comme résistance à la résistance. De ce point de vue, le principe selon quoi « ce sont les masses qui font l'histoire » s'étend à l'histoire de l'idéologie, y compris l'idéologie dominante. Ce dont il faut partir, c'est une fois de plus : « Là où il y a oppression, il y a révolte. »

La résistance idéologique n'est jamais que l'ensemble des représentations dont la révolte a besoin pour s'unifier elle-même, fixer ses objectifs, rassembler ses énergies dans la légitimité fragmentaire d'une nouvelle conception du monde. Bien évidemment, la résistance elle-même se déploie dans l'élément de la domination, la résistance est donc constamment divisée. D'un côté, systématisation de la révolte, elle entre en contradiction ouverte avec les idées dominantes ; d'un autre côté, subissant encore au niveau d'ensemble cette domination, elle en est nécessairement marquée. En son propre sein vont s'affronter les idées nouvelles et les idées anciennes, le vrai et le faux. Le développement de ce procès produit donc simultanément un renforcement de la contradiction antagonique dans l'espace de l'idéologie, et un débat interne non antagonique. La lutte idéologique est par excellence le lieu d'articulation de la contradiction antagonique sur les contradictions au sein du peuple. De là que la production idéologique des masses en révolte est elle-même un procès contradictoire, dont il importe de saisir et de lier les éléments.

B. Ancien, nouveau, invariants

Revenons aux paysans allemands du XVIe siècle : ils sont nos guides dans tout ce livre. Que dit Engels de leurs idées révolutionnaires ? Ce texte d'abord : « De même que la philosophie religieuse de Münzer frisait l'athéisme, son programme politique frisait le communisme, et plus d'une secte communiste moderne, encore à la veille de la révolution de mars, ne disposait pas d'un arsenal théorique plus riche que celui des sectes "münzériennes" du XVIe siècle. Ce programme, qui était moins la synthèse des revendications des plébéiens de l'époque, qu'une anticipation géniale des conditions d'émancipation des éléments prolétariens en germe parmi ces plébéiens, exigeait l'instauration immédiate sur terre du royaume de Dieu, du millénium des prophètes, par le retour de l'Église à son origine et par la suppression de toutes les institutions en contradiction avec cette Église soi-disant primitive, mais en réalité toute nouvelle. Pour Münzer, le royaume de Dieu n'était pas autre chose qu'une société où il n'y aurait plus aucune différence de classes, aucune propriété privée, aucun pouvoir d'État autonome, étranger aux membres de la société. Toutes les autorités existantes, si elles refusaient de se soumettre et d'adhérer à la révolution, devaient être renversées ; tous les travaux et les biens devaient être mis en commun et l'égalité la plus complète régner[42]. »

Voilà qui est clair et net. Le programme dont Münzer

42. Engels, *La Guerre des paysans en Allemagne*, E.S., p. 79.

est porteur n'est rien d'autre que le programme du communisme développé : disparition de la société de classe, fin de la propriété privée, dépérissement de l'État. Il s'agit là d'une énergique doctrine égalitaire qui, de surcroît, entend se donner les moyens violents et dictatoriaux de sa réalisation. La question qui surgit aussitôt est de savoir de quelle pratique de classe ce programme communiste est le reflet idéologique. Dans quelles conditions historiques concrètes l'universelle résistance idéologique des exploités prend-elle la forme d'une revendication radicale, portant sur l'existence même des contradictions de classes et de l'État, et envisageant le processus de leur anéantissement ? Question clef de l'histoire idéologique universelle : qui donc est communiste ? Question clef parce qu'elle engage ce qui, dans la résistance idéologique des exploités, se donne non pas seulement comme pure résistance et négation, mais comme affirmation et programme. Il s'agit de discerner dans la lutte idéologique ce qui enracine, au-delà de la protestation révoltée, une prise de parti et la force d'un vouloir populaire portant sur le fondement même de l'idéologie dominante : la dictature de classe et son concentré étatique. Or, à cette question, Engels donne une réponse indécise. Sa première doctrine, la plus nette, consiste à réserver au seul prolétariat les représentations idéologiques de type communiste. Les plébéiens du XVIe siècle, dont Münzer est le chef, porteraient dans leur flanc des virtualités ouvrières. La formulation du communisme de masse serait une anticipation idéologique, reflétant les aspirations d'un prolétariat embryonnaire : « Ce n'est qu'en Thuringe, sous l'influence directe de Münzer, et en divers autres lieux, sous celle de ses disciples, que la fraction plébéienne des villes fut entraînée par la tempête générale au point que l'élément prolétarien embryonnaire l'emporta momentanément sur toutes les autres fractions du mouvement[43]. »

L'analyse de classe, conforme ici aux indications de *L'Idéologie allemande*, rattache directement l'apparition de la résistance idéologique révolutionnaire à la constitution d'une classe révolutionnaire (et les paysans ne forment pas par eux-mêmes une telle classe). De façon plus générale d'ailleurs, Engels assigne toujours les idées communistes aux deux extrémités de l'histoire universelle : le communisme agraire primitif d'un côté, le communisme réalisé par la dictature du prolétariat de l'autre. La gigantesque transition qui les sépare est celle de la propriété privée, et les idées qui s'y affrontent n'ont de substance historique active qu'à s'en prévaloir : les communautés paysannes, l'idéologie communautaire rurale, sont des vestiges, dont la réactivation révolutionnaire est entièrement suspendue aux initiatives prolétariennes : « ... L'initiative d'une telle transformation de la communauté russe ne peut venir que du prolétariat industriel d'Occident et non de la communauté elle-même. La victoire du prolétariat d'Europe occidentale sur la bourgeoisie et le remplacement consécutif de la production capitaliste par une production gérée par la société, voilà la condition préliminaire indispensable pour que la communauté russe atteigne le même degré de développement. En vérité, le communisme agraire, héritage du régime clanal, n'a jamais rien donné par lui-même que sa propre décomposition[44]. »

Si l'on suppose une assignation historique des idées communistes aux révoltes paysannes, il faut aussitôt la diviser : résidu archaïque d'un côté, virtualité prolétarienne

43. *Ibid.* p. 56.
44. Engels, *De la question sociale en Russie*, O.C., t. II, p. 420.

de l'autre. Engels ne nie pas que la révolution puisse prendre appui sur la tradition communautaire paysanne, ses coutumes et son idéologie spécifique, mais uniquement par le détour éducatif des prolétaires d'Occident : « ... Il est non seulement possible, mais certain qu'après la victoire du prolétariat et la socialisation des moyens de production chez les peuples d'Europe occidentale, les pays à peine entrés dans la voie de la production capitaliste et où subsistent encore des usages clanaux ou leurs vestiges, peuvent utiliser ces restes de propriété communautaire et les coutumes populaires correspondantes comme un puissant moyen pour hâter sensiblement leur évolution vers la société socialiste et éviter une grande part des souffrances et de la lutte que nous avons à traverser en Europe occidentale. Mais uniquement à condition que l'Occident encore capitaliste leur donne l'exemple et les soutienne activement[45]. » Il est donc tout à fait logique que les éléments communistes de la prédication de Münzer soient rapportés, non au soulèvement des paysans, mais à la naissance du capitalisme dans les cités.

Et pourtant nous ne sommes pas convaincus. La lutte idéologique révolutionnaire engagée par Münzer, dans la division qu'elle instruit entre l'hérésie modérée (Luther) et l'hérésie radicale, ne reflète pas la persistance résiduelle de communautés millénaires, ni les balbutiements du prolétariat : elle fait rupture, accordée à la soudaine et générale levée violente du peuple des campagnes. L'évidence historique nous paraît ici incontournable : celle d'une idéologie de type communiste reflétant et unifiant une révolte paysanne. On a le net sentiment qu'Engels voit là une contradiction, et que, pour la lever, il introduit un prolétariat fantomatique, une plèbe ouvrière virtuelle qui constituerait le référent rationnel d'un

45. *Ibid.*, p. 422.

phénomène idéologique particulièrement saisissant. Sur ce point, nous sommes d'accord avec les critiques formulées par Pierre-Philippe Rey dans son livre *Les Alliances de classes*[46]. Il faut s'en tenir à ce fait massif : l'aile gauche d'une immense révolte paysanne armée produit des idées de type égalitaire et communiste, et ces idées sont systématisées dans la prédication d'un dirigeant révolutionnaire : Thomas Münzer. À vrai dire, Engels ne l'ignore pas. La définition objective des « plébéiens des villes » (« bourgeois déclassés », « masse de gens sans gagne-pain bien défini ou sans domicile fixe ») les rapproche beaucoup plus du lumpenprolétariat que du prolétariat proprement dit. Et, par un étonnant retour des choses, si aux yeux d'Engels ce lumpenprolétariat médiéval est encore capable de force révolutionnaire et de créativité idéologique, ce n'est pas parce qu'il annonce le prolétariat, mais parce qu'il est encore largement paysan : « il ne faut d'ailleurs pas oublier qu'une grande partie de cette classe, surtout l'élément des villes, possédait encore à l'époque un fond considérable de saine nature paysanne et était encore loin d'avoir atteint le degré de vénalité et de dépravation du lumpenprolétariat civilisé d'aujourd'hui[47]. » Qui plus est, parlant de l'hérésie de type révolutionnaire qui, au nom du christianisme primitif, véhicule des aspirations communistes, Engels en trouve les origines très loin dans le Moyen Âge, déclare qu'elle est « l'expression directe des besoins paysans et plébéiens » et finit même par l'appeler « hérésie paysanne-plébéienne ». Dès lors il est clair que la production idéologique révolutionnaire des grandes insurrections paysannes du Moyen Âge s'alimente à la contradiction antagonique entre paysans et féodaux, et n'est que secondairement ratta-

46. P.-P. Rey, *Les Alliances de classes*, Maspero, en particulier pp. 196-200
47. Engels, *La Guerre des paysans en Allemagne*, E.S., p. 55

chée à la problématique naissance d'une idéologie prolétarienne. Engels lui-même en est en vérité à ce point convaincu que, par une remarquable inversion du thème moderne de la direction du prolétariat sur le camp de la révolution, il reconnaît qu'au XVIe siècle encore, seuls les soulèvements de paysans transforment la plèbe des villes en un parti, et que « même alors elle reste presque partout, dans ses revendications et dans son action, dépendante des paysans[48] ». On aurait la confirmation de cette inversion en constatant que les thèmes égalitaires, ascétiques et antipropriétaires, se retrouvent comme reflet doctrinal des guerres paysannes à toutes les époques et dans le monde entier. Ils ont par exemple connu un développement et une force considérable dans la révolte des Taïping.

Nous pensons même quant à nous, en dépit de la rareté des documents et du caractère pour ainsi dire muet et effacé, dans une histoire écrite par les oppresseurs victorieux, de leurs gigantesques soulèvements, que les esclaves eux-mêmes trouvaient dans la simplicité radicale d'un programme de type communiste le reflet adéquat de leur résistance.

L'hypothèse que nous formulons consiste plutôt à développer des indications fugitives d'Engels : « Ce n'est que chez Münzer que ces résonances communistes deviennent l'expression des aspirations d'une fraction réelle de la société. C'est chez lui seulement qu'elles sont formulées avec une certaine netteté, et après lui nous les retrouvons dans chaque grand soulèvement populaire jusqu'à ce qu'elles se fondent peu à peu avec le mouvement prolétarien moderne ; tout comme au Moyen Âge les luttes des paysans libres contre la féodalité, qui les enserre de plus en plus dans ses filets, se fondent avec les luttes des serfs et des corvéables pour le

48. *Ibid.*, p. 56.

renversement complet de la domination féodale[49]. »

Ce passage semble bien suggérer que les « résonances communistes » sont une constante des soulèvements populaires, partiellement autonome au regard du « mouvement prolétarien moderne » qui en est le réalisateur historique. S'ouvre ici dans la sphère idéologique une dialectique du peuple et du prolétariat à laquelle le maoïsme a donné toute son ampleur. Notre hypothèse est la suivante : toutes les grandes révoltes de masse des classes exploitées successives (esclaves, paysans, prolétaires) trouvent leur expression idéologique dans des formulations égalitaires, antipropriétaires et anti-étatiques, qui constituent les linéaments d'un programme communiste. La résistance idéologique s'affirme ici dans sa connexion positive à la guerre populaire, à la guerre des gueux. Toutes ces grandes révoltes se déploient en effet nécessairement dans la forme de la guerre insurrectionnelle, c'est-à-dire de la contradiction antagonique entre la masse des producteurs directs et l'État. Engels lui-même remarque que l'hérésie « paysanne-plébéienne » est toujours liée à une insurrection. C'est à travers la pratique de l'antagonisme avec l'État, sous la forme ouverte de la lutte armée, que les exploités de tous les siècles concentrent leur résistance idéologique en prenant position sur le phénomène de domination en tant que tel, et en projetant l'anéantissement de ses fondements objectifs : les différences de classes et l'État. Ce sont les éléments de cette prise de position générale des producteurs insurgés que nous appelons les invariants communistes : invariants idéologiques de type communiste constamment régénérés par le procès d'unification des grandes révoltes populaires de tous les temps. Les invariants communistes n'ont pas un caractère de classe défini : ils synthétisent l'aspiration

49. *Ibid.*, p. 68.

universelle des exploités au renversement de tout principe d'exploitation et d'oppression. Ils naissent sur le terrain de la contradiction entre les masses et l'État. Naturellement, cette contradiction est elle-même historiquement structurée en termes de classe, car l'État est toujours celui d'une classe dominante particulière. Cependant, il existe une forme générale de l'État, organiquement liée à l'existence même des classes et de l'exploitation, et contre quoi, invariablement, les masses se soulèvent, porteuses qu'elles sont de sa dissolution et du mouvement historique qui« reléguera toute la machine de l'État là où dorénavant sera sa place : au musée des antiquités, à côté du rouet et de la hache de bronze[50] ». La résistance idéologique de classe spécifie à des contenus historiques particuliers, et ordonne en pratiques particulières, une résistance idéologique de masse, qui oppose aux représentations millénaires de la propriété et de son droit étatique, une violente exigence toujours partagée, selon le moment de l'antagonisme, en dictature égalitaire et démocratie absolue (non étatique). Là réside le noyau de la résistance idéologique, son essence affirmative.

De ce point de vue on peut tenter une abstraction qui porterait non pas, comme chez Althusser, sur la forme de l'idéologie en général, mais sur les contenus : un certain type de communisme collectiviste surgit inéluctablement sur la base des révoltes de masse, même non prolétariennes. Dans la sphère idéologique, pensée comme sphère contradictoire, se développe une contradiction relativement invariante, qui oppose des idées de type égalitaire à des idées hiérarchiques et inégalitaires, le tout chevillé autour de la question de la propriété et de l'État. Un certain communisme idéologique de masse est l'affaire du peuple, et n'attend pas le prolétariat.

50. Engels, *L'Origine de la famille, de la propriété privée et de l'État*, O.C., t. III, p. 350.

Bien évidemment ce communisme idéologique des révoltes populaires n'a pas les moyens historiques de sa réalisation immédiate ; les forces réelles de pouvoir qu'il met en mouvement ne sont pas nécessairement celles au nom desquelles il s'est affirmé. Engels remarque que la prédication communiste de Münzer est utopique au sens précis où le processus historique réel en cours au XVIe siècle est l'ascension de la bourgeoisie, et non la possibilité d'un État plébéien-paysan préparant le communisme. Derrière les invariants communistes issus de la révolte populaire, ce sont les idées bourgeoises qui préparent leur domination. La force populaire sert à leur frayer la voie en ébranlant durement la domination politique et idéologique des féodaux : « Mais, en même temps, cette anticipation, par-delà non seulement le présent mais même l'avenir, ne pouvait avoir qu'un caractère violent, fantastique, et devait, à la première tentative de réalisation pratique, retomber dans les limites restreintes imposées par les conditions de l'époque. Les attaques contre la propriété privée, la revendication de la communauté des biens devaient se résoudre en une organisation grossière de bienfaisance. La vague égalité chrétienne pouvait, tout au plus, aboutir à « l'égalité civile devant la loi » ; la suppression de toute autorité devient, en fin de compte, la constitution de gouvernements républicains élus par le peuple. L'anticipation en imagination du communisme était en réalité une anticipation des conditions bourgeoises modernes[51]. »

Finalement, l'ancien et le nouveau s'articulent dans la sphère de la lutte idéologique selon l'enchevêtrement de trois termes et de tout le système de leurs divisions dialectiques. L'idéologie, saisie comme processus conflictuel, met toujours en jeu une triple détermination : deux détermina-

51. Engels, *La Guerre des paysans en Allemagne*, E.S., pp. 67-68.

tions de classe (ancienne et nouvelle, contre-révolutionnaire et révolutionnaire) et une détermination de masse (les invariants communistes). Triplicité organique de l'idéologie, énumérable si l'on veut :

1. Dans sa forme la résistance idéologique des exploités demeure soumise à l'action de l'idéologie dominante. C'est ainsi, par exemple, que le programme communiste de Münzer s'exprime de bout en bout dans l'élément formel de la religion chrétienne, s'alimente aux Évangiles, bref ne peut se constituer, quant à son langage, que comme une hérésie. Hérésie : dissidence idéologique encore interne à l'unité globale de la forme dominante des représentations, en la circonstance la religion chrétienne. Mais la religion est la forme spécifique de l'idéologie dominante dans les sociétés de type féodal. Nous dirons donc : dans leur forme, les éléments idéologiques produits par la résistance populaire sont tributaires de la domination.

2. Dans son contenu populaire immédiat, la résistance idéologique s'inscrit dans la tradition des invariants communistes. Elle s'organise autour de la volonté des masses de mettre fin sans délai au système d'exploitation et à son expression étatique.

3. Dans sa réalité historique – son efficacité de classe –, la résistance idéologique populaire prépare nécessairement le triomphe et la domination des idées de la classe révolutionnaire du moment. Par exemple, la Guerre des paysans et son reflet idéologique de type communiste ouvrent la voie à l'égalitarisme abstrait de la bourgeoisie ascendante. Cette loi de la triplicité est universelle. Même dans la période de l'édification du socialisme, l'idéologie prolétarienne doit se diviser énergiquement d'avec son ancienne existence comme simple langage dominant : le marxisme formel, à l'abri de quoi prospèrent les idées bourgeoises. L'espace idéologique se structure alors de la façon suivante :

1. Révisionnisme (marxisme purement formel, investi de contenus bourgeois).
2. Idéologie prolétarienne (marxisme-léninisme-révolutionnaire).
3. Invariants communistes (qui animent au sein des masses la dictature du prolétariat comme transition).

La Révolution culturelle est le mouvement exemplaire de cet espace dialectique, sur la base de la révolte révolutionnaire des masses. Elle enseigne que tout arrêt dans l'édification du socialisme, arrêt reflété dans la formalisation rituelle du marxisme et la répression bourgeoise des idées communistes, exige une régénération idéologique, dont la source pratique est la révolte de masse, la levée des invariants communistes (on crée une Commune à Shanghai) et à travers ce processus l'affirmation nouvelle du prolétariat, organisé en partis, comme dirigeant de la transition socialiste, comme foyer des idées et des pratiques où se mesurent les pas réellement faits vers le dépérissement de l'État. De là que la directive essentielle, qui noue le marxisme-léninisme-maoïsme (idéologie de classe) à la finalité communiste (idéologie de masse) est d'inventer sans relâche la juste pensée de la transition, la juste pensée de la dictature du prolétariat : « Il ne faut surtout pas s'arrêter à mi-chemin dans le processus de transition [...]. Un certain nombre de nos camarades [...] sont pour la dictature du prolétariat à une étape donnée ou dans un domaine particulier, et se réjouissent de certaines victoires du prolétariat, car ils y trouvent quelques avantages. Mais, ces avantages une fois acquis, ils estiment qu'il est temps de s'installer et d'aménager confortablement son petit chez-soi. Dictature intégrale sur la bourgeoisie ? Premier pas d'une longue marche de dix mille lis ? Très peu pour moi ! Que d'autres s'y mettent, pour moi, terminus, je descends. À ces camarades, nous donnerons ce conseil : descendre à mi-chemin est dangereux ! La bourgeoisie vous fait déjà signe, vous feriez bien de rattraper le gros de nos forces et de continuer à aller de l'avant[52] ! »

C'est toujours dans la situation où l'ancien monde nous fait signe, et où le communisme idéologique nous soulève un peu trop loin de la lutte des classes réelle, que notre pensée révoltée doit procéder à son ajustement révolutionnaire. Résumons : une idéologie surgie sur la base d'une vaste révolte populaire est :
- toujours relativement ancienne dans sa forme ;
- invariante dans les éléments généraux de son contenu programmatique spontané ;
- nouvelle selon le type de liens qui s'établit entre elle et la classe révolutionnaire du moment[53].

Les révoltes prolétariennes sont soumises à la règle commune : a) dans la forme spontanée de leurs idées pratiques, elles sont tributaires de l'ordre et du passé bourgeois. Il n'est que de voir, pendant tout le XIXe siècle, la permanence de la référence des révolutionnaires prolétariens à la révolution de 1789 ; b) leurs aspirations immédiates et leur conception stratégique du monde se rattachent au communisme. Comme les autres classes exploitées, le prolétariat insurgé propose et réinvente la vision affirmative de la société sans classe ; c) mais la singularité historique du prolétariat, c'est qu'il

52. Tchang Tchouen-Kiao, *De la dictature intégrale sur la bourgeoisie*, éd. de Pékin, pp. 19-20.

53. Dans le cas de la dictature du prolétariat, on référera l'analyse à la division de la classe ouvrière elle-même : à la fois classe dirigeante, et donc menacée de s'installer dans la posture d'une classe dominante (c'est le processus de constitution de la nouvelle bourgeoisie révisionniste) ; et classe révolutionnaire (s'orientant vers la réalisation du communisme). Division nécessaire, inéluctable, du parti lui-même : lutte entre vrai et faux marxisme.

est non seulement la principale classe exploitée de l'époque du capitalisme, mais aussi la classe révolutionnaire de cette époque. Les esclaves révoltés ont préparé le triomphe de la propriété foncière de type féodal. Les paysans révoltés ont contribué à abattre la féodalité, non pour eux-mêmes, mais pour les bourgeois. Ces classes ont fait l'histoire, et donc ont reflété dans leurs idées l'insurrection des exclus. Mais elles ont disparu avec l'ordre qu'elles attaquaient et leur résistance idéologique n'a guère laissé de trace. C'est un point souvent controversé, dans la mesure où, par exemple, les grandes révoltes d'esclaves de l'Antiquité, du moins celles qui nous sont connues (Sicile et Italie) sont apparemment antérieures de plusieurs siècles à la décadence et à l'effondrement du système esclavagiste. C'est sans doute une des raisons pour lesquelles des historiens de l'Antiquité, comme Moses I. Finley, vont jusqu'à nier le caractère antiesclavagiste des révoltes d'esclaves[54]. Nous ne partageons pas ce point de vue, qui confond manifestement l'opposition idéologique de masse (les esclaves combattent au nom de leur intérêt immédiat) et la capacité des esclaves à se constituer en classe pour-soi, disposant d'une théorie du système esclavagiste comme système d'exploitation. La seconde hypothèse est certainement erronée, mais la première est à notre avis évidente, car, en prenant les armes, les esclaves, et en particulier les esclaves des campagnes, savent qu'ils rompent radicalement avec l'ordre social existant, et qu'ils auront à affronter son représentant politique : l'État romain. Comment expliquer en l'absence de toute résistance spécifiquement antiesclavagiste, cette composante des idées dominantes que Moses I. Finley résume ainsi : « La littérature de l'empire romain est remplie de doutes et d'angoisses à propos de l'esclavage ; la crainte

54. *Cf.* Moses I. Finley, *L'Économie antique*, éd. de Minuit.

des esclaves, d'être assassiné par eux, de révoltes possibles, constitue un thème fréquent (et ancien[55]). »

N'avons-nous pas là l'ombre portée, dans l'idéologie dominante, de la résistance ininterrompue des esclaves ? Quant à la décadence du système esclavagiste, Moses I. Finley la rapporte lui-même explicitement à l'apparition progressive, sur la base des grandes tendances de l'économie antique, d'un camp populaire de type nouveau où se mêlent les esclaves et les paysans attachés à la terre, les *coloni*. Un fait décisif à cet égard est la tenace révolte des « Bagaudes », en Gaule et en Espagne, du règne de Commode jusqu'au Ve siècle après J.-C., qui a rassemblé, contre l'État romain (la police provinciale et l'armée), paysans pauvres et esclaves. Cette suite de rébellions brise le mythe selon quoi les révoltes d'esclaves et les révoltes paysannes n'ont jamais fusionné dans l'Antiquité. De l'idéologie et du programme de ces soulèvements populaires, la mémoire s'est abolie, car, comme le dit tristement Finley, « les écrivains de la fin de l'Empire avaient pris le parti de les ignorer volontairement[56] ». Ne soyons pas à notre tour les gestionnaires du silence officiel : comprendre les lois de l'idéologie, c'est d'abord s'ancrer au-delà de son effacement et de sa réécriture dominante, dans l'indéracinable résistance des révoltes, qui est aussi, et toujours, l'insoumission irréductible de la pensée populaire. Ce qui est vrai, c'est que le prolétariat est la première classe exploitée à prendre la parole dans des conditions telles que nulle mémoire normalisée ne peut désormais l'astreindre au silence. C'est que seul le prolétariat, dernière classe exploitée de l'histoire, est à même de faire l'histoire en son propre nom, et donc de réaliser, à travers sa dictature transitoire, ce qui depuis l'aube des

55. *Ibid.*
56. *Ibid.*

sociétés de classe est le programme idéologique des producteurs révoltés : la société sans classe et sans État.

Avec le prolétariat, la résistance idéologique devient adéquate au système conflictuel des forces historiques engagées dans la lutte pour le pouvoir. Avec le prolétariat, la résistance idéologique n'est plus seulement la répétition de l'invariant, mais la maîtrise de sa réalisation. C'est en ce point que se nouent l'idéologie des révoltés et la possibilité d'une connaissance révolutionnaire. En ce point que la résistance idéologique de masse s'ordonne en dictature idéologique de classe, sans qu'il s'agisse d'une usurpation et d'un antagonisme réédifié, mais d'une voie possible pour que les masses, par étapes, dissolvent et les classes et l'État[57].

Le marxisme-léninisme est ce qui avère que le prolétariat, héritier d'une lutte idéologique séculaire autour du programme communiste, est aussi le réalisateur de l'héritage. Le marxisme-léninisme, c'est la résistance idéologique non seulement cumulée, mais transformée en connaissance et en projet. Et ce sont désormais les exploiteurs qui sont en posture d'avoir à résister. Le marxisme-léninisme est la plus grande inversion dialectique qui se soit produite, et puisse se produire, dans le mouvement conflictuel qui travaille, et définit, le monde terrestre des idées.

III. Les idées comme substance et comme direction

A. Masse et classe

L'existence des invariants communistes est ce à travers quoi se dialectise l'idéologie prolétarienne. Celle-ci se divise.

57. Processus toutefois long et parfois réversible : les usurpateurs l'ont tout de même emporté en U.R.S.S., au nom d'une classe ouvrière abstraite et d'une dictature bourgeoise concrète.

En effet :
– d'une part, l'idéologie prolétarienne approprie aux conditions historiques concrètes du capitalisme, à travers les grandes révoltes ouvrières et populaires, la résistance idéologique affirmative des exploités de tous les siècles. En ce sens, l'idéologie prolétarienne, c'est la reformulation de notre temps des invariants communistes ;
– d'autre part, le prolétariat, première classe exploitée dans l'histoire capable d'exercer sa propre dictature, est l'agent d'une formulation scientifique des lois de la révolution, et se constitue comme sujet organisé de sa propre révolte. En ce sens, l'idéologie prolétarienne, sous la forme concentrée du marxisme-léninisme, cesse d'être la résistance déployée autour de la critique radicale, mais historiquement utopique, de la société de classe en général, pour devenir la connaissance révolutionnaire de cette société, et par conséquent le principe organisateur de sa destruction effective.

Récapitulons. La résistance idéologique des exploités, reflet de leur mouvement historique réel, a toujours un double caractère:
1. de masse, lié à la révolte contre l'État, à la volonté d'abolir les différences de classe, et concentré dans les invariants communistes ;
2. de classe, lié à une contradiction principale spécifique, à la volonté de s'affirmer en tant que classe porteuse d'un programme particulier, à l'idée de changer l'État.

Ces deux caractères sont contradictoires, mais cette contradiction est la définition dialectique de la résistance idéologique. En effet, la révolte de masse est porteuse d'une aspiration universelle anticlasse (communiste), cependant que sa structure historique concrète est déterminée par l'affrontement de classe. La portée révolutionnaire d'une idéologie, c'est toujours un certain type d'unité des contraires dans ce qu'elle reflète de l'historicité du mouvement de masse, c'est-à-dire la formulation diversifiée de sa dimension communiste, et des forces de classes particulières qui en constituent l'ossature objective. Par exemple, la ligne de Thomas Münzer combine une prédication communiste et l'aval donné au programme en douze points, programme de réformes démocratiques antiféodales qui concentre les intérêts de classe immédiats des paysans. Münzer pratique donc la double détermination (de masse et de classe) de la révolte paysanne. Dans cette contradiction, la place dominante est occupée par l'élément communiste, et c'est cela même qui constitue Münzer, face aux modérés du mouvement, comme dirigeant de la gauche révolutionnaire des campagnes. Les modérés, en effet, qui s'en tiennent aux douze points ou leur subordonnent les éléments communistes, se cantonnent en fait dans l'élément de l'idéologie bourgeoise, de l'antiféodalisme bourgeois, et évacuent le contenu proprement populaire de la levée paysanne. Autrement dit, des trois composantes de classe qui structurent toute résistance idéologique de masse (forme empruntée à la classe décadente – ici les féodaux –, contenu historique lié à la nouvelle classe ascendante – ici la bourgeoisie –, contenu universel lié aux classes exploitées – paysans et plébéiens), ils ne retiennent que les deux premières : de ce fait même, ils sont à la remorque de la nouvelle classe exploiteuse, ils sont tout au plus des luthériens de gauche. D'où la loi suivante : s'agissant des classes exploitées non prolétariennes, la résistance idéologique trouve sa forme révolutionnaire radicale quand la détermination de masse occupe, dans la contradiction qui l'oppose à la détermination de classe, la place dominante.

L'avènement du prolétariat, c'est l'inversion de ce principe. Pourquoi ? Parce que l'essence historique du prolétariat, c'est de diriger la transition réelle au communisme, c'est la dictature du prolétariat. Le contenu historique effectif de l'idéologie prolétarienne, c'est l'évaluation de tout mouvement de masse (y compris ouvrier) du point de vue de son rapport à la dictature du prolétariat : rapport réel, en termes de force et de pouvoir, et qui ne peut se satisfaire de la seule reformulation des invariants communistes. L'idéologie prolétarienne a pour contradiction propre d'inclure à la fois les invariants communistes et la critique de leur simple existence immédiate en tant que reflets de la révolte des masses. L'idéologie prolétarienne, c'est la corrélation dialectique consciente de la résistance idéologique de masse et de l'analyse de classe, sous la loi de cette dernière. Les camarades chinois développent ainsi ce point : « En concentrant les idées des masses, les camarades dirigeants doivent les soumettre à une analyse de classe marxiste-léniniste, en partant de la position, des points de vue et des méthodes du prolétariat. Il faut analyser de façon concrète les intérêts de classes traduits par les différentes idées des masses et distinguer quelles sont les idées représentant les intérêts de la classe ouvrière, des paysans pauvres et moyens-pauvres et des larges masses populaires révolutionnaires, quelles sont celles qui représentent les intérêts de la couche moyenne et quelles sont les idées erronées représentant les points de vue de la classe exploiteuse et allant à rencontre des intérêts des masses. Il faut savoir saisir la chose dans sa substance même à travers les manifestations extérieures et découvrir dans la substance de la chose l'enthousiasme des masses pour le socialisme et transformer les idées des masses en « idées généralisées et systématisées après étude ». C'est seulement ainsi que ces idées peuvent convenir aux intérêts les plus grands des masses populaires et peuvent être soutenues et acceptées par les masses[58] ».

Pour que les « idées des masses » servent leurs intérêts historiques réels, il faut que soit tenu le point de vue de classe d'où elles peuvent être généralisées et systématisées. Cette question est d'une portée militante considérable. Elle sous-tend tout le débat sur Lip, par exemple. Lip, c'est sans conteste un puissant mouvement de masse ouvrier. La vitalité des invariants communistes y est admirable : sens communautaire, démocratie ouvrière, antihiérarchisme, antipropriété (on se paie nous-mêmes), etc. En même temps, l'assignation de classe du mouvement est complexe, et divise sourdement les ouvriers. La question de la violence, antipatronale dans les séquestrations, antiétatique contre les flics, occupe sur ce point une place d'exception, tout comme le mode sur lequel le prolétariat doit organiser et diriger le camp du peuple. Sur ces questions, la pression régressive petite-bourgeoise (direction C.F.D.T. du mouvement et groupes gauchistes d'orientation libertaire) est très forte, et tend à faire prévaloir, dans le phénomène idéologique « Lip », la puissance abstraite (idéologiste précisément) des invariants communistes sur la force de classe, sur l'antagonisme dictatorial, sur la systématisation du noyau proprement prolétarien du mouvement (noyau qui existe, à l'état dispersé, dans la gauche ouvrière spontanée). C'est d'ailleurs la raison pour laquelle la querelle avec les canailles de la C.G.T., si elle est très vive, ne va pas jusqu'au fond des choses : la critique du syndicalisme, conçu comme forme de masse du projet de pouvoir révisionniste. À cet égard, Piaget ou Raguenès sont comme des dirigeants paysans chez les ouvriers : ils conçoivent la radicalité idéolo-

58. « Il faut s'en tenir aux méthodes de direction marxistes », *in 12 textes philosophiques extraits de la presse chinoise*, édité par l'association Belgique-Chine, p. 42.

gique du mouvement sous l'angle des anticipations communautaires, non sous celui d'une cumulation de forces réelles – organisées – dans la ligne de la dictature du prolétariat. Et cette radicalité purement idéologique se change inévitablement en son contraire : passées les fêtes de masse de la démocratie et de la parole, place est faite à la restauration moderniste de l'ordre patronal : les vainqueurs objectifs, y compris idéologiquement, parce que nous ne sommes plus au XVIe siècle, seront Rocard et Neuschwander.

Du coup, il apparaît comme profondément logique :

– que les dirigeants du mouvement soient chrétiens ;

– qu'on ait mis dans le même sac le Lip ouvrier et le Larzac paysan : ils y étaient en effet, pour autant que la résistance idéologique qui s'y formulait de manière dominante asservissait archaïquement les contenus de classe aux microéléments communistes. Il est aujourd'hui de la plus grande importance de diviser, dans la nouveauté idéologique portée par les mouvements de masse ouvriers et populaires, ce qui régénère les invariants communistes, et ce qui porte en avant le point de vue de classe ; de diviser l'élément démocratique général, et l'élément démocratique articulé sur la dictature du prolétariat. Nous ne disons pas que la régénération communiste soit indifférente : elle est au contraire une arme puissante, voire décisive, contre le révisionnisme moderne, qui argue constamment d'une analyse de classe truquée (en fait, des intérêts conservateurs, et même aisément fascistes, de l'aristocratie ouvrière) pour écraser les idées justes des masses révoltées. Nous disons que, livrée à elle-même, abandonnée à l'exaltation unilatérale des courants libertaires, cette régénération ne survit pas au mouvement lui-même dont elle est le reflet, et s'inverse inéluctablement en capitulation, en servilité idéologique. La survie de sa nouveauté même est liée à sa division dialectique organisée d'avec la force de classe prolétarienne qui en constitue le noyau presque inapparent. C'est cette inapparence empirique que le marxisme-léninisme, qui en est issu, transforme en lumière, lumière qui à son tour fixe sa perspective de classe et ses tâches réelles à l'exaltation communiste des masses – sans laquelle toutefois l'ombre des oppresseurs régnerait sans partage.

Cette division, Pierre-Philippe Rey la méconnaît entièrement. Il repère avec raison la vitalité des thèmes communistes dans les révoltes paysannes, mais la confond à tort avec la possibilité de sa formulation scientifique. De ce fait même, pour lui, le marxisme n'a pas de caractère de classe constitué. Le matérialisme historique aurait pu s'édifier sur la base des révoltes paysannes et c'est tout bonnement un hasard historique qu'il ne l'ait été qu'à l'époque des révoltes ouvrières. Il s'agit là, à son avis, de raisons historiques particulières, et non de raisons de principe. Si en effet le matérialisme historique est la systématisation des idées justes des masses, quel que soit le contexte historique, il est la théorie des classes exploitées en général et non la théorie du prolétariat. Rey cite lui aussi la Guerre des paysans et pose le problème : comment se fait-il que Thomas Münzer n'ait pas créé le matérialisme historique ? Au total, sa réponse est exclusivement empirique : il a manqué à Münzer de « bonnes conditions expérimentales[59]. » Autrement dit, Münzer a pour l'essentiel manqué de temps. Cette « explication » est d'autant plus dérisoire que Rey lui-même est contraint de faire de l'absence de temps une caractéristique universelle des révoltes paysannes : « Marx a mis vingt ans à partir de la première illumination d'Engels sur la division irréductible des classes du mode de production capitaliste, pour développer le concept scienti-

59. P.-P. Rey, *Les Alliances de classe*, Maspero, p. 202.

fique de cette division. Vingt ans pendant lesquels la lutte de classe économique n'a pas cessé un seul instant ! Vingt ans pendant lesquels il a pu constamment vérifier ou infirmer ses hypothèses au contact des luttes quotidiennes du prolétariat mondial construisant des organisations de classe ! Aucune lutte paysanne n'a jamais pu fournir de telles conditions expérimentales[60]. » En somme, Rey avoue que les conditions historiques de la lutte du prolétariat, et tout particulièrement le processus de construction de ses organisations de classe, constituent les bases matérielles de l'élaboration scientifique marxiste, et qu'elles n'existent d'aucune manière dans les révoltes paysannes. Contrairement à sa thèse initiale, Rey nous indique que la possibilité d'une science de la révolution est organiquement liée aux caractéristiques de classe du prolétariat, et que, de ce point de vue, le matérialisme historique est bien la théorie du prolétariat et non la théorie des exploités en général.

Bien entendu, considérée comme simple héritière de la résistance idéologique des masses populaires, la classe ouvrière, sur ses forces spontanées, leur est en effet identique en ceci qu'elle reformule, dans les conditions qui sont les siennes, le système des invariants communistes. Cette reformulation toutefois est déjà très particulière, parce qu'elle reflète un fait absolument nouveau : le gigantesque développement des forces productives introduit par le capitalisme. Au thème égalitaire « ni riches, ni pauvres » des révoltes antérieures, au thème idéologique des producteurs de tous les siècles : « qui ne travaille pas ne mange pas »[61].

60. *Ibid.*

61. Ce thème violent, directement issu de l'intrication de la lutte pour la production et de la lutte des classes, est repris tel quel dans la Constitution chinoise. Mais il est clairement formulé comme principe socialiste, c'est-à-dire transitoire. (*Constitution de la R.P. de Chine*, article 9).

Le prolétariat peut ajouter la règle communiste « à chacun selon ses besoins », parce qu'il est contemporain de la dynamique bourgeoise de la reproduction élargie, qu'il en est l'agent socialisé décisif, et peut appréhender la bourgeoisie elle-même comme le seul frein qui subsiste à un développement infini de la production des biens d'usage, et à la réalisation de ce qui est la base matérielle de la disparition des classes et de l'État : une économie réglée sur le principe de la distribution illimitée, et non marchande, de ces biens. Au communisme idéologique de répartition égalitaire forcée, qui est nécessairement ascétique, le prolétariat substitue un communisme de la production, qui lie pour la première fois les conditions matérielles et l'aspiration communiste : l'idéologie communiste ouvrière de masse est matérialiste, et c'est pourquoi elle n'a que faire des prêches néoreligieux anticonsommation que les modernes partisans du retour à la terre et de l'économie pastorale voudraient lui prodiguer. Engels montrait, contre Proudhon, que l'anéantissement des classes repose sur une dialectique travail/loisir de type nouveau dont le prolétariat est le premier porteur historique : « Seul le prolétariat créé par la grande industrie moderne, libéré de toutes les chaînes du passé, y compris de celles qui l'attachaient au sol, et concentré dans les grandes villes, est en état d'accomplir la grande transformation sociale qui mettra fin à toute exploitation et domination de classe. [...] Proudhon, au contraire, considère que toute la révolution industrielle de ces cent dernières années, la vapeur, la grande fabrication qui remplace le travail manuel par des machines et multiplie par mille la force productrice du travail, est un événement extrêmement fâcheux qui, à dire vrai, n'aurait pas dû se produire. Le petit-bourgeois qu'est Proudhon réclame un monde dans lequel chacun fabrique, d'une façon originale et indépendante, un produit qui peut être aussitôt livré à la consommation et échangé sur le marché ; il suffit ensuite que chacun récupère dans un autre produit la pleine valeur de son travail pour que l'exigence de la "justice éternelle" soit satisfaite et qu'ait été créé le meilleur des mondes. Mais avant d'éclore, ce meilleur des mondes de Proudhon a déjà été écrasé sous les pas du développement industriel en plein progrès, qui, depuis longtemps, a supprimé le travail individuel dans toutes les principales branches de l'industrie. Et c'est précisément grâce à cette révolution industrielle que la force productive du travail humain a atteint un tel degré que la possibilité se trouve donnée – pour la première fois depuis qu'il y a des hommes – de produire, par une répartition rationnelle du travail entre tous, non seulement assez pour assurer abondamment la consommation de tous les membres de la société et pour constituer un important fonds de réserve, mais aussi pour laisser à chaque individu suffisamment de loisirs : alors tout ce qui, dans l'héritage culturel transmis historiquement, est véritablement digne d'être conservé – science, art, urbanité, etc. –, non seulement le sera, mais au lieu d'être le monopole de la classe dominante, il deviendra le bien commun de toute la société et il continuera à s'enrichir. Et c'est là le tournant décisif. Dès que la force productive du travail humain a atteint ce niveau, il ne subsiste plus aucun prétexte pour le maintien d'une classe dominante. Le suprême argument pour défendre les différences de classe n'était-il pas toujours qu'il fallait qu'une classe existât qui, n'ayant pas à s'exténuer en produisant son entretien quotidien, aurait les loisirs nécessaires pour se charger du travail intellectuel de la société ? À cette fable, grandement justifiée par l'histoire jusqu'à ce jour, la révolution industrielle des cent dernières années a, une fois pour toutes, retiré tout fondement. Le maintien d'une classe dominante se dresse chaque jour davantage comme un obstacle au développement des forces productives industrielles, ainsi qu'à celui de la science, de l'art et en particulier des formes affinées de la vie sociale[62]. »

Les invariants communistes reflètent ainsi déjà, dans leur reformulation ouvrière, le mouvement anticipateur des conditions de leur réalisation. De là qu'ils se dégagent de la forme prophétique du retour. Retour au christianisme primitif ; retour de l'âge d'or : ces nostalgies populaires s'ancraient dans l'immobilité des forces productives rurales. Le communisme idéologique ouvrier, y compris à travers les formes embryonnaires qu'il revêt dans les révoltes locales (Lip : la communauté productive, mais pour le refus du démantèlement des usines ; les O.S. de Renault : l'égalité dans l'atelier, mais selon le principe « à travail égal, salaire égal ») reste porté par la puissante promesse de forces productives illimitées. Mais il y a plus encore que cette promesse interne à la reformulation ouvrière des invariants communistes. La classe ouvrière est aussi porteuse de la connaissance de ce qui veut interdire que la promesse soit tenue : la connaissance du système d'exploitation dont les masses populaires sont victimes, et donc la capacité à s'organiser pour sa destruction ininterrompue par étapes. Ainsi conçue, la classe ouvrière n'est pas seulement classe exploitée, mais classe révolutionnaire. C'est en ce point que la classe ouvrière se constitue comme prolétariat. Est-ce à dire que ce qui se donne dans la résistance idéologique des classes exploitées antérieures au prolétariat ne constitue d'aucune manière une connaissance, mais seulement la position utopique des invariants communistes ? La question est à notre avis plus complexe.

62. F. Engels, *La Question du logement*, O.C., t. II, p. 328.

La thèse que nous soutenons sur ce point est la suivante : la résistance idéologique structure toujours, autour des invariants communistes, des éléments de connaissance issus de la pratique directe des exploités, et en particulier de deux des sources fondamentales des idées justes : la lutte pour la production et la lutte des classes. Il est de ce point de vue tout à fait exact de rappeler, comme le dit Mao, que « l'œil du paysan voit juste », et non pas seulement l'œil du prolétaire. Mais ces éléments de connaissance demeurent dispersés, ou ne sont systématisés que sous la domination utopique d'invariants communistes disjoints de leurs conditions historiques de réalisation possible. Avec le prolétariat, surgit la possibilité d'une systématisation autonome des idées justes de l'ensemble des masses populaires, dans la forme spécifique de la théorie prolétarienne de l'histoire et de la révolution : le marxisme-léninisme. Cette systématisation se subordonne la formulation des invariants communistes, et pose leur réalisation comme la cible générale du mouvement de l'histoire pris dans son ensemble. La dialectique complète de la résistance idéologique doit donc embrasser :

– les inéluctables révoltes de masse des exploités, quel que soit le mode d'exploitation considéré ;

– les idées justes, les éléments de connaissance qui se produisent sur la base de ces révoltes et entrent en contradiction ouverte avec le système de l'idéologie dominante ;

– les invariants communistes comme forme affirmative concentrée de l'aspiration universelle des exploités ;

– la systématisation des éléments de connaissance, liée à l'apparition dans l'histoire d'une classe d'exploités qui soit aussi une classe révolutionnaire, qui puisse, pour des raisons objectives, organiser sa révolte en révolution, détruire l'État des exploiteurs, organiser sa propre dictature et pratiquer ainsi la transition au communisme réalisé.

B. Le prolétariat comme puissance logique

La compréhension complète de la lutte idéologique exige qu'on applique à l'histoire des idées deux principes fondamentaux du marxisme :

– la lutte des classes est le moteur de l'histoire ;
– ce sont les masses qui font l'histoire.

Il faut penser la division dialectique de ces deux principes. La pratique de classe sous-jacente à la révolte de masse et aux invariants communistes a pour cible un principe donné d'exploitation. Les invariants communistes sont toujours portés dans l'histoire par la révolte des classes exploitées, c'est-à-dire par la révolte des producteurs directs : esclaves, serfs, prolétaires. Les invariants communistes sont au cœur de la résistance idéologique contre l'exploitation en général et les idées qui la servent. Ils reflètent le mouvement réel par quoi les exploités ne se dressent, pas seulement contre la forme spécifique d'exploitation dont ils sont victimes, mais contre l'idée même de l'exploitation. Ces idées sont invariantes en ceci qu'elles n'attendent pas pour surgir qu'existe une classe capable de diriger leur matérialisation. Elles sont des idées des masses. Mais, avant le communisme, les masses ne dirigent pas le procès historique, elles le font. Diriger est une fonction de classe. Diriger, cela signifie pour une fraction des masses se constituer en classe révolutionnaire, c'est-à-dire en classe capable de s'ériger en classe étatique et de modeler la société dans son ensemble à son image. Mais pour qu'une classe révolutionnaire soit porteuse jusqu'au bout des invariants communistes que toute révolte des classes exploitées met à jour, encore faut-il que sa domination ne soit pas à son tour bâtie sur une forme nouvelle d'exploitation. La bourgeoisie se constitue bien comme classe révolutionnaire contre la féodalité ; en ce sens, elle va, dans une phase transitoire, diriger la révolte des producteurs (paysans, plébéiens des villes). Elle va donc manier à sa manière le champ d'invariants communistes mis à jour par ces révoltes, notamment à travers les thèmes de l'égalité ou de la fraternité[63].

Mais à proprement parler, ces invariants n'ont pas leur racine pratique dans le mouvement de la révolution bourgeoise, puisque la bourgeoisie n'est jamais porteuse que d'un nouveau système d'exploitation. Ils apparaissent dans la sphère de l'idéologie bourgeoise dans la mesure où transitoirement la bourgeoisie concentre dans un projet révolutionnaire pratiquable, qu'elle dirige, l'ensemble des révoltes antiféodales. La forme universelle de l'idéologie d'une classe révolutionnaire ascendante s'accorde à son ascension même, et draine les invariants communistes : « Chaque nouvelle classe qui prend la place de celle qui dominait avant elle est obligée, ne fût-ce que pour parvenir à ses fins, de représenter son intérêt comme l'intérêt commun de tous les membres de la société ou, pour exprimer les choses sur le plan des idées : cette classe est obligée de donner à ses pensées la forme de l'universalité, de les représenter comme étant les seules raisonnables, les seules universellement valables. Du simple fait qu'elle affronte une classe, la classe révolutionnaire se présente d'emblée non pas comme classe, mais comme représentant

63. Cette inscription déformée des invariants communistes dans l'idéologie d'une classe ascendante n'est certainement pas une caractéristique de la seule bourgeoisie. Dans leurs études sur la chute du système esclavagiste en Chine, les Chinois montrent que les idéologues de la classe des propriétaires fonciers, les légalistes, inscrivent également, contre les hiérarchies fixes de Confucius, des thèmes égalitaires de nature juridique. Dans cette mesure ils reflètent à leur manière les aspirations révoltées des esclaves et des paysans. On a de même pu soutenir que la philosophie stoïcienne maniait des thèmes égalitaires issus de la résistance des esclaves. Et, de fait, cette philosophie affirme que l'esclave est un homme. Mais c'est une formulation divisible. Le stoïcien Epictète est un esclave, mais l'empereur Marc-Aurèle est stoïcien. Parallèlement, le christianisme sous la forme étatique que lui donne Constantin n'a plus grand-chose à voir avec quelque résistance que ce soit.

la société tout entière, elle apparaît comme la masse entière de la société en face de la seule classe dominante. Cela lui est possible parce que, au début, son intérêt est vraiment encore intimement lié à l'intérêt commun de toutes les autres classes non dominantes et parce que, sous la pression de l'état de chose antérieur, cet intérêt n'a pas encore pu se développer comme intérêt particulier d'une classe particulière[64]. » Texte décisif, sauf à ajouter ici : l'universalité de l'idéologie d'une classe révolutionnaire n'est pas une ruse pour rallier les autres classes opprimées à sa direction et constituer ainsi la force de pouvoir qui lui est nécessaire. Elle reflète l'existence objective d'un camp de la révolution, d'un soulèvement populaire général contre l'ancien monde. Elle est donc marquée par le système transitoire d'alliances, par l'effet en son sein des invariants communistes. Nul doute que le bourgeois de Bordeaux et le sans-culotte parisien comprenaient fort différemment les mots liberté, égalité, fraternité. Mais si, un temps, ils se rassemblaient sous cet emblème, tout en s'affrontant, c'est qu'ils avaient des intérêts historiques communs (abattre la monarchie), et que la force historique exigée pour réaliser cet intérêt était la mise en mouvement des masses populaires, donc la mise à jour des invariants communistes.

La charge communiste antiriches, antipropriétaires, du mot « égalité », le bourgeois de Bordeaux devait en tolérer le mouvement divisé, le temps d'occuper l'État, et d'exécuter Babeuf qui en avait développé jusqu'au bout la signification populaire, la signification révoltée. Le mot « égalité » était, au cœur même de la révolution bourgeoise, une création des masses, une création communiste, aussitôt contradictoire à sa restriction juridique bourgeoise. Si même la classe

64. Marx et Engels, *L'Idéologie allemande*, E.S., p. 77.

révolutionnaire paraît en drainer l'usage dans son idéologie, il n'en reste pas moins que les invariants communistes doivent être conçus comme le propre des classes exploitées dans leur action de masse, et non comme une détermination des classes révolutionnaires dans l'exercice de leur direction. Comme seules les classes révolutionnaires sont porteuses d'un système idéologique qui peut prétendre à la domination et à la maîtrise organisée, à travers la division du travail, du procès social de connaissance, on pourrait penser que la production idéologique des classes exploitées incapables de s'ériger en classes révolutionnaires (esclaves, paysans) reste complètement disjointe de la question de la connaissance et qu'elle demeure, de façon irrémédiable, une production utopique. En ce sens, il serait vrai, pour une part, qu'il n'y a qu'une idéologie, l'idéologie dominante, puisque l'idéologie est « les rapports matériels dominants saisis sous forme d'idées[65] », et que l'existence d'une idéologie antagonique à l'idéologie dominante exige qu'apparaisse dans l'histoire un projet pratiquable de domination, c'est-à-dire une classe révolutionnaire : « L'existence d'idées révolutionnaires à une époque déterminée suppose déjà l'existence d'une classe révolutionnaire[66]. »

Autrement dit, les classes exploitées incapables de se transformer en classes révolutionnaires, ou même le prolétariat dans les périodes historiques où il n'est pas véritablement constitué en classe révolutionnaire (ce qui est largement le cas en France aujourd'hui) verraient la production idéologique de leur révolte frappée de stérilité, c'est-à-dire condamnée à la simple répétition sporadique des invariants communistes. Dans ce cas, il serait vrai, comme le pense Althusser, qu'en

65. *Ibid.*, p. 75.
66. *Ibid.*, p. 76.

face de l'idéologie dominante n'existe, en dernier ressort, qu'un dispositif scientifique nouveau doté de ses propres règles de cumulation et qui ne s'alimente d'aucune manière, ni même n'est en dialectique, avec la production idéologique du mouvement de masse. Si le seul ressort de la résistance aux idées dominantes c'est le marxisme-léninisme, pensée scientifique de classe, la théorie de la révolution relève d'un processus entièrement séparé de ce que peut produire, en fait d'idées, le mouvement de masse. Le principe « ce sont les masses qui font l'histoire » a pour limite le procès de connaissance : la connaissance, comme la direction de l'État, est affaire de classe, non de masse[67].

De fait, Mao Tsé-toung formule sur ce point des indications en état de division dialectique : les deux thèses clefs sont en effet les suivantes :
1) « Recueillir les idées des masses, les concentrer et les porter de nouveau aux masses, afin qu'elles les appliquent fermement, et parvenir ainsi à élaborer de justes idées pour le travail de direction : telle est la méthode fondamentale de direction[68]. »
2) « Les idées justes qui sont le propre d'une classe d'avant-garde deviennent, dès qu'elles pénètrent les masses, une force matérielle capable de transformer la société et le monde[69]. »

Les idées justes sont donc à la fois le propre des masses,

67. Comparaison, on le montrera ailleurs, fondée dans le mouvement réel : il est vrai que, dès lors qu'il s'agit non de la source de la connaissance mais de sa systématisation dirigeante, toute connaissance est étatique. À ceci près toutefois que l'État est appelé à dépérir, et donc, sous sa forme étatique – séparée –, la connaissance également. La connaissance communiste est homogène à la pratique directe des masses. Mais cela serait impossible si, de tout temps, la connaissance n'avait eu dans le mouvement de masse son lieu matériel de déploiement. La contradiction classe/masse, dans sa double articulation (direction et pouvoir) est au cœur de toute « épistémologie ».

68. Mao Tsé-toung, *À propos des méthodes de direction*, O.C., t. III.

69. Mao Tsé-toung, « D'où viennent les idées justes ? », *in 5 Essais philosophiques*, éd. de Pékin, 1971, p. 291.

et le propre d'une classe d'avant-garde. La connaissance ici se divise : systématisation des idées des masses, elle est en même temps pénétration dans les masses des idées du prolétariat. Le mot qui supporte cette scission, c'est le mot : concentrer, systématiser. Le mouvement par lequel la dispersion des idées justes (phénomène de masse) se change en action révolutionnaire dirigée, c'est la systématisation marxiste (phénomène de classe). Le mode propre d'existence « épistémologique » du prolétariat comme avant-garde, ce n'est pas l'existence de la connaissance (la résistance idéologique de masse), mais sa direction (la systématisation et la pénétration dans les masses de leurs propres idées sous une « forme-de-classe » concentrée).

Tout revient à ceci : le prolétariat, à travers le noyau de son idéologie de classe (le marxisme-léninisme), est la première classe exploitée à prescrire une organisation de la connaissance révolutionnaire qu'au long de l'histoire la lutte de classe des producteurs cumule dans sa dispersion objective. Le prolétariat est la plus grande puissance formelle de l'histoire. La substance objective divisée d'une idéologie de combat, toutes les luttes de tous les peuples l'engendrent incessamment. Le prolétariat, pour la première fois, en opère la récollection systématique. Le prolétariat est le producteur de la première logique de la révolution. Toutes les logiques antérieures ont été marquées par la direction des exploiteurs sur le procès de connaissance. La logique prolétarienne – la logique dialectique – est la première forme de pensée universelle, la première logique de classe organisatrice de la pensée illimitée des masses. Ce qui caractérise la classe ouvrière n'est pas d'avoir des idées, car les masses populaires en ont toujours, mais d'organiser leur formulation en directives. Cela exige que la connaissance soit toujours déjà à l'œuvre dans le mouvement historique des masses, le marxisme prolétarien étant, à travers l'existence du parti de classe, le médiateur systématique de son achèvement réel : directive, application, rectification. En quel sens la connaissance est toujours à l'œuvre ? En quel sens n'est-elle un cycle spiral complet – et non un soulèvement sporadique – que scindée par son caractère de classe prolétarien, que réfractée, concentrée et appliquée dans l'élément du marxisme-léninisme ? Nous sommes ici sur le fil du rasoir. Reprenons.

L'universalité des invariants communistes se donne toujours dans le spécifique de contradictions de classe historiquement déterminées. Lors même qu'elle se déploie dans l'élément doctrinal de la prophétie communiste, la révolte, comme expérience réelle, prend position sur le caractère spécifique des contradictions de classe. Les invariants communistes représentent toujours le fond commun de noyaux de connaissance dispersés, qui articulent, dans une mesure variable, l'universel au spécifique. Dans la systématisation qu'il propose de la révolte paysanne, Thomas Münzer formule à la fois un système de communisme utopique, où se donne l'invariance de l'aspiration des exploités à la société sans classe, et un noyau de connaissance rationnelle sur le caractère antagonique de la contradiction spécifique qui oppose les paysans aux seigneurs. Nous avons vu qu'il adoptait le programme en douze points (abolition du servage, etc.) comme forme tactique de sa prédication universelle. De ce point de vue, le principe selon quoi les idées justes viennent des masses doit être pris lui-même comme un principe divisé :

1. Les masses formulent, dans leur révolte, le programme historique général du communisme. Et cela déjà les

constitue comme le sujet général du mouvement de l'histoire pris dans son ensemble.
2. Les masses prennent position sur l'étape particulière de ce mouvement, c'est-à-dire sur le caractère spécifique de la contradiction principale, à travers quoi ce mouvement se réalise. Mais ces noyaux de connaissance, s'agissant de classes exploitées qui ne sont pas, et ne peuvent être, des classes révolutionnaires, demeurent dispersés, et raccordés entre eux uniquement dans l'élément du communisme idéologique de masse.

Le procès de constitution des masses en sujet de l'histoire, y compris sur la question de la connaissance, est toujours à l'œuvre, et ne surgit pas du néant sous la seule forme réalisée de la position de classe du prolétariat. Il est à l'œuvre dans une dialectique ininterrompue par étapes de l'universalité communiste et de la spécificité des noyaux de connaissance portant sur le système des contradictions de classe. Ce qu'introduit d'absolument nouveau le prolétariat, c'est la maîtrise systématique, dans la formulation de son idéologie, de la dialectique classe/masse. C'est pourquoi le marxisme-léninisme est non seulement la systématisation de l'expérience historique du prolétariat, mais la systématisation de l'expérience historique de toutes les classes exploitées. Toutes, dans les conditions historiques qui étaient les leurs, participent au procès de production des connaissances, et s'inscrivent dans la généalogie du matérialisme historique. Ce n'est pas parce que Marx a « fondé » une science que s'est trouvée surmontée la dispersion cumulative de la connaissance – très réelle – qu'ont les exploités du système d'exploitation dont ils sont les victimes, mais parce que, pour la première fois dans l'histoire, une classe exploitée, le prolétariat, est en état de s'ériger en classe révolutionnaire.

C'est ce fait historique qui constitue un nouvel espace pour la dialectique entre invariants communistes et noyaux de connaissance, entre universel et spécifique, entre le cours général du mouvement de l'histoire et la détermination de son étape. Ainsi prend fin l'asservissement des invariants communistes aux mystifications idéologiques des nouvelles classes exploiteuses, ainsi que la captation des noyaux de connaissance au seul profit du projet étatique de ces classes. Mais cela ne constitue nullement l'opposition entre une aire d'ignorance utopique et une aire de connaissance scientifique. Le fait que ce soient, comme le dit Mao, « les humbles qui soient intelligents et les dominants qui soient des sots » est une vérité générale de la lutte des classes sur la question de la connaissance et non une particularité de l'époque ouverte par l'existence du marxisme.

Ce qui, en revanche, est absolument nouveau, et draine dans ses soubassements matériels le développement des forces productives, la science de la nature et la totalité de l'expérience historique des peuples, c'est l'inversion de place qui s'opère, avec le prolétariat, dans la contradiction particulière qui scinde la résistance idéologique : la connaissance est pour la première fois l'élément systématisant, l'élément unificateur, à la place de la formulation utopique des invariants. La pensée révoltée s'ordonne en pensée dirigeante. Notre conception de l'idéologie se déploie dans une lutte sur deux fronts : à droite, elle attaque l'idée selon quoi la possibilité même de la résistance idéologique serait liée, non aux révoltes des masses, mais au seul avènement du prolétariat en tant que porteur d'une science nouvelle. Nous disons : tous les exploités résistent, y compris dans la sphère de l'idéologie. L'idée d'une manipulation idéologique intégrale des masses non prolétariennes par les mécanismes de l'idéologie dominante n'est pas seulement une idée réactionnaire, mais à bien y réfléchir une idée de type fasciste[70].

Notre conviction, étayée sur l'histoire entière des grandes révoltes populaires, se concentre dans cette évidence difficile : les masses pensent ; et qui plus est, dans le mouvement historique général de leur résistance ininterrompue à l'exploitation et à l'oppression, les masses pensent juste. À « gauche », nous maintenons que seul le prolétariat transforme la justesse spontanée de la résistance idéologique des masses populaires en théorie de la révolution. Nous maintenons que le marxisme, s'il devient en effet le bien commun et l'unificateur, sous la direction du prolétariat, de toutes les classes et forces sociales qui ont intérêt à la destruction de la société d'exploitation, et qui aspirent au communisme, n'en est pas moins organiquement lié, quant à sa possibilité et à son développement, à ce fait sans précédent dans l'histoire : une classe exploitée capable de se constituer pour son propre compte en classe révolutionnaire. Dans l'espace de la résistance idéologique, cela veut dire : la classe ouvrière n'est pas seulement une force d'engendrement des idées, mais le terme historique instituant d'une nouvelle logique. Dès lors s'ouvre une question nouvelle, qui est la question clé quant au rapport entre la résistance Notre conviction, étayée sur l'histoire entière des grandes révoltes popu-

70. Ceux qui, quand les paysans du nord du Portugal brûlaient les permanences du P.G.P., n'ont vu là que hordes fanatisées par les évêques, reflétaient en miroir le mépris fasciste (ou social-fasciste) pour les masses rurales. Des idées au nom de quoi les paysans se révoltaient, ils n'avaient cure, et spécialement de cette idée populaire décisive qui désignait les gens du P.G.P. comme « les nouveaux seigneurs », et mieux encore : « Les nouveaux curés » ! La vérité, c'est que la connaissance sensible qu'avaient les paysans de la véritable nature politique de la clique à Cunhal était si en avance sur les conceptions arriérées de nos intellectuels trotskistes (qui s'imaginent encore les révisionnistes comme un parti ouvrier), que la pratique révoltée des paysans dépassait leur entendement. En méprisant cette connaissance sensible, les petits-bourgeois « gauchistes » contribuaient à freiner la lutte entre les deux voies dans le mouvement paysan, et à favoriser le travail de noyautage de fascistes. La suite l'a bien montré.

laires, se concentre dans cette évidence difficile : les masses pensent ; et qui plus est, dans le mouvement historique général de leur résistance ininterrompue à l'exploitation et à l'oppression, les masses pensent juste.

Pourquoi la science de la révolution est-elle inéluctablement prolétarienne ? Quelle est la base objective matérielle de l'apparition du prolétariat comme puissance logique ?

IV. Le cycle partisan de la connaissance marxiste

A. Hypothèses matérialistes

Le marxisme-léninisme n'est pas l'acte de naissance d'une idéologie qui entre en contradiction avec l'idéologie dominante. Tout notre effort vise au contraire à montrer que les exploités de tous les temps formulent leur résistance ; qu'il est de l'essence de l'idéologie d'être doublement divisée, selon la dialectique classe/masse.

Ce qui caractérise le marxisme-léninisme n'est donc pas la justesse des idées (caractéristique de masse), mais leur systématisation, et la pratique de cette systématisation dans une politique conséquente. Ce qui concentre la nature de classe du marxisme-léninisme et lui permet d'éclairer la direction du mouvement de masse, c'est donc le double registre de la systématisation scientifique et de la ligne politique, dualité qui est le ressort dialectique de la maîtrise de l'histoire. Le marxisme-léninisme ne produit pas les idées justes, mais au contraire les suppose. Notre question peut donc être formulée avec précision : quel est le fondement pratique de la capacité prolétarienne de systématisation, dès lors que les seuls phénomènes de masse ne peuvent en rendre raison ? Cette question est matérialiste : elle demande que la puissance logique du prolétariat soit assignée à des processus objectifs. La réponse que nous avançons est la suivante : la base matérielle de la systématisation marxiste-léniniste, ce sont les pratiques d'organisation du mouvement ouvrier. Pour que le marxisme-léninisme apparaisse comme réalité vivante, comme logique de l'histoire, il faut que son développement soit organiquement lié à la possibilité de recueillir, trier, systématiser les idées justes issues des révoltes des masses, et de diriger la lutte entre les idées vraies et les idées fausses dans la sphère de l'idéologie. Cela revient à dire que le marxisme-léninisme présuppose un phénomène cumulatif des idées nouvelles antagoniques à l'idéologie dominante, et une base matérielle adéquate pour que le procès de scission entre le vrai et le faux, qui est la vie même du développement d'une idéologie de classe, puisse se poursuivre et se consolider. Ces conditions sont remplies dès lors qu'existe une capacité permanente à surmonter la dispersion des expériences et à élaborer une force subjective qui ne soit pas sporadique ou liée à un épisode particulier de la lutte des classes, mais qui opère comme lieu du bilan de l'expérience de toutes les luttes successives. Ainsi, les idées nouvelles peuvent-elles être conservées et éprouvées dans la durée historique des affrontements de classe. L'opérateur pratique de cette conservation, la matérialité de la mémoire de classe du prolétariat, c'est l'existence d'organisations permanentes de son combat[71].

Au fond, toute logique suppose un appareil, à tout le moins un appareillage, lieu structuré où les procès de division, de placement, d'épuration du nouveau se développent à l'abri

71. L'organisation est généralement tenue, dans la tradition marxiste, comme la détermination subjective par excellence. Ce que nous avons ici en vue est la matérialité objective de cette détermination subjective : nous suivons le procès de scission du phénomène organisationnel pour en appréhender l'existence comme corps historique.

de la corrosion des forces dominantes anciennes. La dimension machinique de la logique est incontournable, quand bien même, s'agissant des formes les plus structurales, les plus « maigres », de la logique (la mathématique par exemple), l'appareil se réduit à des conventions scripturales fixes. S'agissant de la pensée populaire, c'est la consistance séparée de l'organisation de classe qui fonde le passage de la résistance, de la simple donnée virtuelle de thèmes nouveaux, cernés et investis par la machinerie du vieux monde, à la logique dialectique matérialiste et à la théorie de la révolution. L'organisation de classe est l'apport décisif du prolétariat à la pensée elle-même : le trésor de la pensée populaire s'y éprouve comme autonomie antagoniste, et le principe de sa cumulation victorieuse se libère de l'immédiat sensible des révoltes, qui en demeure cependant la seule énergie véritable. L'organisation prolétarienne est le corps de la nouvelle logique.

De ce point de vue, ce qui est en jeu aujourd'hui dans les débats pour ou contre la nécessité d'un parti centralisé mobilise à juste titre les philosophes de tout bord. La question n'est nullement tactique, mais engage une lutte générale sur la pensée elle-même : qu'est-ce que la logique aujourd'hui ? Et nous disons : pour battre en brèche la vieille logique des exploiteurs, pour pratiquer jusqu'au bout la pensée de la contradiction, il nous faut l'appareil doublement divisé d'une logique de classe absolument nouvelle. Divisé d'avec le corps social bourgeois et sa règle de pensée millénaire ; divisé d'avec lui-même, en tant que lieu de tri et de double sens : deux lignes, deux voies, deux classes. C'est parce qu'il persévère organiquement dans le processus de son organisation en classe politique que le prolétariat supporte la permanence croissante et séparée d'une puissance logique irréductible. Ainsi peut-il disposer, avec la dialectique, de ce que Lénine – après Herzen – nommait « l'algèbre de la révolution[72] ». La résistance idéologique du prolétariat organisé en classe n'est pas sa propre force seulement, mais la mathématique dirigée de cette force. Ni les esclaves ni les serfs n'ont jamais pu se doter d'autre chose que de regroupements transitoires, généralement armés, liés à la particularité d'une révolte. L'écrasement de la révolte, c'était toujours inéluctablement la dislocation de tout principe d'organisation. L'organisation était contemporaine de la révolte elle-même et ne pouvait lui survivre : organisations de masse, donc, et non de classe. Le prolétariat est la première classe exploitée dans l'histoire à s'être dotée d'organisations de classe spécifiques, et cela bien avant l'apparition et le développement du marxisme révolutionnaire.

Nous pouvons donc transformer notre première question : pourquoi le prolétariat est-il la première classe exploitée à pratiquer la systématisation cumulative des idées justes ? en une autre : pourquoi le prolétariat est-il la première classe exploitée à pouvoir se doter de formes d'organisations permanentes ? D'où vient que, comme le dit Lénine, le prolétariat est par excellence la classe organisatrice ? Répétons qu'est ici en jeu le sol matérialiste de notre thèse essentielle : le prolétariat est une puissance logique. Nous proposons 6 réponses à la question concernant l'apparition d'organisations ouvrières permanentes :

1. Les conditions du procès de travail capitaliste (la socialisation croissante des forces productives) sont par elles-mêmes une cause directe de l'organisation ouvrière.

2. La bourgeoisie est la première classe dominante contrainte d'éduquer la classe antagoniste, dans la mesure où elle doit disposer d'une force de travail qualifiée. Or, tout travail d'organisation est par lui-même un travail intellectuel.

72. Lénine, *À la mémoire de Herzen*, O.C, t. I, p. 578.

3. La bourgeoisie est la première classe dominante à être directement intéressée au développement des sciences de la nature et de la scientificité en général. La science s'incorpore en effet au procès de développement des forces productives. Or, le mouvement général des sciences met à l'ordre du jour la question d'une maîtrise scientifique du procès historique lui-même. Certes, la bourgeoisie entrave elle-même le progrès de cette question, dans la mesure où sa solution implique une théorie de la révolution. La bourgeoisie ne pourrait toutefois interdire celles des conséquences du développement scientifique qui lui sont contraires que si elle maîtrisait totalement la division sociale du travail, et pouvait asservir intégralement le travail intellectuel à ses propres objectifs de classe. Mais justement :
4. La société bourgeoise est la première société où les intellectuels ont la possibilité objective de transformer leur position de classe et de se lier organiquement à la principale classe exploitée (le prolétariat).
5. Le mode de production capitaliste lui-même rend non seulement possible, mais nécessaires, certaines formes d'organisation ouvrière.
6. La bourgeoisie est nécessairement une puissance historique de politisation des larges masses. Elle contribue contradictoirement au processus de transformation des classes sociales, et en particulier de la classe ouvrière, en classe politique. Nous traiterons plus particulièrement ce qui a trait au développement des sciences, à la qualification de la force de travail (question de l'école bourgeoise) et au rôle organisateur des intellectuels, dans le fascicule que nous consacrerons à la question de la science. Nous allons ici nous consacrer à ce qui est en définitive le point fondamental : les effets directs de la production capitaliste sur les processus d'organisation de classe, soit les points 1, 5 et 6[73].

73. On le voit, notre démarche est ici sous le primat du structural. Elle met le matérialisme

1. La concentration du capital comme phénomène organisateur.
Sur ce point, les textes marxistes renvoient aux conditions mêmes de la production. Le capitalisme fournit une base à l'organisation du prolétariat par la socialisation et la concentration de la production qui place la classe ouvrière dans des circonstances où toute expérience de la révolte est immédiatement confrontée à la nécessité d'une organisation centralisée. C'est ce que Engels appelle l'éducation du prolétariat par la rude discipline de la fabrique.

Le processus historique de constitution des ouvriers en classe sur la base même de l'organisation capitaliste de la production est retracé par Marx, tant dans le *Manifeste* que dans *Misère de la philosophie*. La genèse des coalitions ouvrières y est explicitement rapportée au phénomène de concentration du capital. Mieux même : c'est en tant que force productive que la masse ouvrière est inéluctablement elle-même socialisée par le capitalisme, c'est-à-dire organisée et concentrée en force de classe, d'abord objective, puis, dans sa scission dialectique (la lutte), en classe subjective : « Les conditions économiques avaient d'abord transformé la masse du pays en travailleurs. La domination du capital a créé à cette masse une situation commune, des intérêts communs. Ainsi cette masse est déjà une classe vis-à-vis du capital, mais pas encore pour elle-même. Dans la lutte, dont nous n'avons signalé que quelques phases, cette masse se réunit, elle se constitue en classe pour elle-même. Les intérêts qu'elle défend deviennent des intérêts de classe. Mais la lutte de classe est une lutte politique. [...] Une classe opprimée est la condition vitale de toute société fondée sur l'antagonisme des classes. L'affranchissement de la classe

au poste de commandement, et subordonne transitoirement la dialectique.

opprimée implique donc nécessairement la création d'une société nouvelle. Pour que la classe opprimée puisse s'affranchir, il faut que les pouvoirs productifs déjà acquis et les rapports sociaux existant ne puissent plus exister les uns à côté des autres. De tous les instruments de production, le plus grand pouvoir productif, c'est la classe révolutionnaire elle-même. L'organisation des éléments révolutionnaires comme classe suppose l'existence de toutes les forces productives qui pouvaient s'engendrer dans le sein de la société ancienne[74]. »

La pratique organisatrice du prolétariat est ici le processus de classe qui matérialise la socialisation des forces productives dans la contradiction qui l'oppose à la forme privée des rapports sociaux de production. L'organisation du prolétariat, c'est le point où se noue la contradiction structurale du capitalisme (forces productives/rapports sociaux de production) et sa contradiction historique (prolétariat/ bourgeoisie). C'est ce nœud qui fait défaut dans les modes d'exploitation antérieurs où la socialisation limitée des forces productives a pour effet la dispersion concurrentielle des exploités, et où de surcroît la dépendance de l'exploité le rapporte, non pas directement à la classe exploiteuse prise dans son ensemble, mais à un représentant fixe et personnalisé de cette classe : « L'esclave isolé est propriété de son maître et il a, du fait même de l'intérêt de son maître, une existence assurée, si misérable qu'elle puisse être. Le prolétaire isolé est propriété, pour ainsi dire, de toute la classe bourgeoise ; on ne lui achète son travail que quand on en a besoin : il n'a donc pas d'existence assurée. Cette existence n'est assurée qu'à la classe ouvrière tout entière, en tant que classe[75]. »

74. Marx, *Misère de la philosophie*, E.S., pp. 117-178.
75. Engels, *Principes du communisme*, O.C., t. I, p. 85.

La société bourgeoise est par excellence la société de classe, parce que la dépendance personnelle y est brisée. Face à un procès d'exploitation qui ne tient aucun compte du prolétaire isolé, mais élargit la propriété de la force de travail jusqu'à n'en plus faire qu'un lien général de classe (bourgeoise) à classe (ouvrière), l'organisation collective, la force de classe centralisée, est le seul mode d'existence subjective du prolétaire qui puisse concentrer ses intérêts, y compris « personnels ». Le capitaliste prétend ne connaître que des individus (des vendeurs de force de travail), mais en réalité il ne considère que l'existence de la classe prolétaire, il n'a en vue que la disponibilité générale, sur le marché, d'une quantité de force de travail adéquate au cycle du capital. En ce sens, le capitalisme engendre inéluctablement le ralliement du prolétaire isolé à ce qui le constitue face au capital : le point de vue de classe, et l'organisation qui le concentre.

2. Le procès d'exploitation capitaliste rend possible et même nécessaire l'organisation des ouvriers.

Ce qui caractérise, comme on sait, le mode de production capitaliste, c'est que l'exploitation y est masquée par la forme générale du salaire. Le salaire se donne en effet comme paiement intégral du travail, de sorte que le temps de travail qui alimente directement le profit patronal n'est pas directement lisible, et n'a pas de forme institutionnelle séparée. Bien évidemment, l'ouvrier est soumis à un surtravail qui est à l'origine directe de la plus-value. Mais ce surtravail est partout et nulle part dans la journée de travail, dont toutes les heures sont censées être rétribuées par le salaire. Le fait qu'on ne puisse pas séparer dans le temps la part de travail dévolue au profit est un trait essentiel du capitalisme. Il entraîne, par exemple, la révocabilité permanente du contrat de vente de la force de travail : si ce contrat était permanent et irrévocable, il y aurait de fait rétablissement d'une relation de dépendance personnelle esclavagiste : « Ce que l'ouvrier vend, ce n'est pas directement son travail, mais sa force de travail, dont il cède au capitalisme la disposition momentanée. Cela est si vrai, que la loi – je ne sais si c'est le cas en Angleterre, mais c'est une chose certaine dans plusieurs pays du continent – fixe le maximum du temps pendant lequel un homme a le droit de vendre sa force de travail. S'il lui était permis de le faire pour un temps indéfini, l'esclavage serait du même coup rétabli. Si, par exemple, une vente de ce genre était conclue pour la vie entière de l'ouvrier, elle ferait instantanément de celui-ci l'esclave à vie de son patron[76]. »

C'est parce que le contrat de vente de la force de travail est, si l'on peut dire, instantané, renouvelable à chaque minute, que le rapport de dépendance du prolétaire au patron se fait en réalité de classe à classe, et non de personne à personne. Et qu'il en soit ainsi est inhérent au mode de production capitaliste. Dans les modes de production antérieurs, le surtravail est une forme institutionnelle distincte, en sorte que le temps où l'exploité travaille directement pour l'exploiteur est clairement repérable, sanctionné par une forme juridique explicite de l'exploitation. C'est ainsi que l'esclave doit purement et simplement tout son travail au maître. Ce qui lui est restitué pour son entretien physique dépend exclusivement de la volonté du maître et peut éventuellement se réduire à zéro, puisque le maître a droit de mort sur l'esclave. Le serf, quant à lui, doit au seigneur des prestations de temps de travail rigoureusement codifiées (le système des corvées) et des prestations en nature fixes. Par conséquent, dans les modes d'exploitation antérieurs au capitalisme, le rapport social direct et explicite inclut la

76. Marx, *Salaire, prix, profit*, O.C., t. II, p. 54.

reconnaissance du droit de certains à exploiter les autres. Le lien social fondamental est connu comme tel par tous : c'est la dévolution d'un surtravail par les producteurs à leurs maîtres.

Dans le mode de production capitaliste, en revanche, l'exploitation ne figure pas dans le lien social explicite, qui se présente comme une relation contractuelle et bilatérale, où du travail est échangé contre de l'argent. Il en résulte une conséquence capitale : l'essence de tout contrat, c'est d'être négociable et résiliable. La dissimulation du mécanisme de la plus-value, qui fait partie de l'essence même du capitalisme et le distingue des modes de production antérieurs, implique que la proposition salariale du capitaliste puisse être en droit acceptée, refusée ou discutée. C'est d'autant plus vrai que, dans le cadre d'une économie de marché concurrentiel, la bourgeoisie est contrainte d'admettre comme inévitables des fluctuations du prix de la force de travail, comme du prix de n'importe quelle autre marchandise. De même que, pour ruiner ses concurrents, un capitaliste cherchera à mettre sur le marché des produits moins chers que ceux de ses rivaux, de même, pour attirer et manipuler la main-d'œuvre qualifiée, il acceptera de payer sa force de travail un peu au-dessus de sa valeur sociale moyenne. Cela n'est possible que si le marché du travail est un marché relativement libre. Une conséquence décisive est la suivante : le capitalisme, sous l'effet de ses lois propres, produit des enjeux de luttes de classe (essentiellement le salaire et la durée de la journée de travail) qui, à la fois, touchent au cœur même du mécanisme d'exploitation (l'extorsion de la plus-value et son taux), et sont cependant négociables en droit. Négociables veut dire : n'incluant pas nécessairement une montée aux extrêmes de la contradiction de classe. Dans les modes de production antérieurs, tout ce qui touche au principe d'exploitation lui-même, c'est-à-dire à l'existence et à la quantité de surtravail fourni par les exploités, fait organiquement partie du système social explicite et codifié, sous la garantie des lois et de l'État. De tels enjeux, parce qu'ils mettent directement en cause l'organisation sociale dans son ensemble et sa clé de voûte étatique, ne sont d'aucune manière négociables. Il est intolérable qu'un esclave réclame la liberté, ou même qu'une partie de son travail lui revienne indépendamment de la volonté personnelle du maître, parce qu'une telle revendication porte sur le lien social fondamental, dont la reconnaissance universelle est la base même de toute société esclavagiste. Si même un maître particulier avait l'idée d'accepter de telles discussions, il serait contraint par l'État de n'en rien faire. De la même façon, les seigneurs qui, en position de faiblesse, acceptaient d'écouter les revendications paysannes contre la corvée, étaient rapidement sommés par les autres seigneurs du voisinage, ou par leur suzerain, d'interrompre ces pratiques et de réprimer sans merci les éventuels négociateurs paysans. La seule issue pour les esclaves ou les serfs c'est ou la soumission ou la révolte armée, parce que toute revendication qui met en cause le lien social explicite d'exploitation met en branle une inéluctable montée aux extrêmes de la contradiction antagonique et mobilise contre eux l'appareil d'État.

En revanche, le capitalisme organise par lui-même un certain type de continuité de la lutte de classes autour d'enjeux négociables, directement liés au mécanisme d'extorsion de la plus-value. Bien entendu, les bourgeois ont longtemps résisté avant d'accepter que les ouvriers pratiquent leur pensée de classe sur le salaire ou la durée de la journée de travail de façon collective et organisée. Mais, en dernier ressort, il n'existe aucune contradiction de principe entre le mode d'exploitation capitaliste et l'édification d'organisations ouvrières permanentes, qui visent à intervenir dans le processus de fluctuation du prix de la force de travail, et les transformations incessantes du taux de la plus-value. Aucune contradiction de principe, puisque ces fluctuations et transformations sont le noyau de la forme concurrentielle de la production capitaliste. Mieux même, comme le remarque Engels, le syndicalisme ouvrier, dans la mesure où il tend à contraindre les capitalistes à payer la force de travail au moins à sa valeur sociale moyenne, est un instrument intracapitaliste de régulation du marché, d'accélération de la concentration (il contribue à ruiner les capitalistes dont les taux de profit seraient liés à un sous-paiement de la force de travail), bref de réalisation de la loi de la valeur appliquée à la marchandise force de travail[77].

En contradiction avec les modes de production antérieurs, le capitalisme est donc par lui-même un organisateur de la classe exploitée. Dans les systèmes esclavagistes ou féodaux, toute organisation permanente des exploités est immédiatement antagonique au mode d'exploitation lui-même, qui repose non sur l'existence d'un marché du travail concurrentiel, mais sur la codification rigide d'un surtravail fixe. Toute tentative d'organisation permanente est donc à réprimer par la force. Les bourgeois, pris en particulier, n'aiment certes pas les organisations permanentes, puisque celles-ci limitent les surprofits éventuels

77. *Cf.* Engels : « C'est donc grâce à l'action syndicale que la loi des salaires est imposée de force aux patrons capitalistes. En effet les ouvriers de toutes les branches d'industrie bien organisés sont capables d'obtenir – tout au moins approximativement – la pleine valeur de la force du travail dont ils louent l'usage aux entrepreneurs, et, avec l'aide de la législation de l'État, le temps de travail est fixé pour qu'il n'excède pas trop la durée maximale au-delà de laquelle la force de travail s'épuise prématurément. C'est là, cependant, le maximum de ce que les syndicats – tels qu'ils sont actuellement organisés – peuvent espérer obtenir. » (Engels, article dans *The Labour Standard*, mai et juin 1881 ; *cf.* Marx, Engels, *Le Syndicalisme*, Petite Collection Maspero, 1972, t. I.)

liés au sous-paiement de la force de travail. Mais la bourgeoisie prise comme classe a pour logique interne, dans son dynamisme concurrentiel impitoyable, d'accepter et même, à un certain stade, d'encourager, le développement d'organisations ouvrières participant à la négociation générale du rapport moyen entre le salaire et la valeur objective de la force de travail à un moment donné. Naturellement, si les organisations ouvrières restaient dans le cadre de cette négociation, il n'y aurait là que des avantages pour la fraction de la bourgeoisie la mieux placée dans la concurrence. Mais un se divise inéluctablement en deux. La loi de développement des organisations ouvrières, c'est la scission, et la poussée de ce qui, en elles, est hétérogène à leur principe structural intracapitaliste. L'organisation façonne la classe, le prolétariat, et le divise d'avec son être objectif de masse exploitée. Outre que la croissance historique des organisations de classe est le lieu d'une cumulation d'expériences, et la base matérielle d'une mémoire, elle a pour loi interne la lutte entre les deux voies sur ce que doit être l'aspect principal de ces organisations. La contradiction principale qui les régit est en effet qu'elles sont à la fois des pièces constitutives du marché capitaliste de la force de travail, et des organisations de classe. Structurellement inscrites dans le capitalisme, elles sont tendanciellement porteuses, à travers la cumulation combattante des idées ouvrières surgies de la révolte, d'un point de vue de classe d'ensemble, à travers quoi la classe exploitée se forge, par étapes, une subjectivité de classe révolutionnaire.

L'organisation du prolétariat résulte du capitalisme lui-même, mais c'est un effet divisé. À la logique marchande dont elle provient, la classe constituée oppose sa propre logique : la dialectique, l'hétérogène, la force et la scission.

3. La bourgeoisie met à l'ordre du jour l'organisation politique de toutes les classes.
La dernière classe exploiteuse, la bourgeoisie, est astreinte pour abattre l'ordre féodal de regrouper transitoirement derrière elle l'ensemble des classes exploitées. De ce fait même, elle est amenée à faire entrer dans le jeu politique la totalité des forces sociales. C'est une différence essentielle, marquée très tôt par Engels : « L'esclave est considéré comme une chose, non pas comme un membre de la société civile. Le prolétaire est reconnu en tant que personne, en tant que membre de la société civile[78]. »

Le reflet idéologique de cette nécessité, c'est la démocratie bourgeoise, le parlementarisme, le suffrage universel. Bien entendu, dans sa forme pratique, cette idéologie qui prétend faire s'équivaloir non des forces hétérogènes, mais des individus interchangeables, est une mystification. C'est la politique de l'économie de marché, et de ses fictions monétaires. Il s'agit de faire prévaloir d'une façon systématique, au niveau des apparences de la question de l'État, la logique des places sur la logique des forces, l'individu sur la classe, le quantitatif sur le qualitatif. Mais cette inversion dialectique n'en implique pas moins, du point de vue des principes, la participation à la politique et à la question de l'État de tous les individus, quelle que soit leur place dans le procès de production. Dans les modes de production antérieurs, en revanche, esclaves et serfs étaient explicitement tenus à l'écart de toute prétention à s'introduire dans les questions relatives aux orientations du pouvoir d'État. La bourgeoisie est donc par elle-même, parce qu'elle est contrainte de conquérir et maintenir son pouvoir, un puissant facteur de politisation des masses populaires. C'est d'autant plus vrai que, nous l'avons vu, sous l'idéologie des individus libres, le capitalisme pratique en

78. Engels, *Principes du communisme*, O.C., t. I, p. 85.

fait, à une échelle sans précédent, des rapports, y compris juridiques, de classe à classe. Il en résulte que la représentation de toutes les classes sociales dans des partis politiques est adéquate à la logique même de l'idéologie politique bourgeoise. S'il est clair que la bourgeoisie ne tolère cette représentation que dans les limites artificielles du parlementarisme, et qu'elle se montre prête à liquider le parlementarisme lui-même à chaque fois que grandit la forme organisée d'une force de classe hétérogène, il n'en reste pas moins que l'idéologie bourgeoise ouvre par elle-même un espace idéologique où vient s'articuler et se diviser le thème de l'organisation de classe des prolétaires, comme celui de leur projet étatique. La force logique du prolétariat va ainsi s'édifier autour d'une pratique organisée de l'hétérogène, dans la lutte contre une logique politique de l'homogène à laquelle la bourgeoisie est contrainte de lui donner accès. L'essence matérielle de la logique prolétarienne, c'est le parti de classe.

B. Le parti comme place de classe de la force de masse

Le parti de classe est la base matérielle à travers quoi la résistance idéologique de masse prend la forme dirigée d'une théorie de la révolution. C'est pourquoi, loin d'être le résultat de la connaissance, le parti de classe en est la condition. De là que le parti, l'organisation, sont des éléments constitutifs internes au procès de connaissance lui-même[79].

Le cycle de la connaissance révolutionnaire, qui va des masses aux masses, comporte en son centre la médiation du parti. De façon plus élaborée, le cycle de la connaissance organise le processus dialectique suivant :

79. Qu'un appareil de classe soit interne au procès de connaissance vaut pour toute connaissance, y compris les sciences de la nature, y compris les mathématiques. La distinction clé est ici celle de la force-à-connaître et de la place-de-connaissance. Cette opposition dialectique structure la division bien connue du concept de vérité : la vérité est universelle, et pourtant il y a un caractère de classe de la vérité.

a) la force idéelle
Existence, sur la base des révoltes de masse, des idées justes en état de dispersion et de division.

b) scission de la force idéelle
Systématisation partielle de ces idées à travers les processus de lutte de classe au sein même du mouvement de masse, lutte qui oppose les idées nouvelles et les idées anciennes.

c) placement organisé de la scission
Systématisation centralisée de la lutte idéologique dans le mouvement de masse, rendue possible par l'existence du parti de classe qui pratique le marxisme-léninisme, c'est-à-dire l'analyse de classe de la situation des masses et des idées qui s'y manifestent.

d) structure de la connaissance (direction)
Formulation centralisée de l'orientation révolutionnaire, c'est-à-dire de l'articulation entre systématisation des idées justes et transformation de la situation objective. Ce qui concentre cette formulation, c'est la directive.

e) l'idéel dirigé comme force
Application de la directive par l'ensemble du corps matériel que représente le parti conçu comme noyau dirigeant du peuple entier, c'est-à-dire noyau dirigeant du mouvement de masse lui-même.

f) la force idéelle comme recommencement du cycle
Évaluation de la justesse de la directive à travers les résultats effectivement obtenus dans sa mise en œuvre par les masses. Cette mise en œuvre, en tant que mouvement pratique,

produit à son tour de nouvelles idées en état de dispersion et de division qui vont servir de base à un nouveau cycle de systématisation. Ce nouveau cycle produit la transformation de la directive, c'est-à-dire sa rectification.
Ce processus est loin de n'avoir qu'une valeur tactique. Il embrasse le mouvement général de l'histoire et détermine le progrès du marxisme-léninisme lui-même. Par exemple, sur la base des expériences du prolétariat révolutionnaire français et en particulier des journées de Juin 1848, Marx et Engels, à travers le réseau de systématisation que constitue l'Association internationale, ses enquêteurs, ses militants, et se plaçant du point de vue de la théorie révolutionnaire en voie de formation, produisent une première version de la théorie de l'État et de la dictature du prolétariat.

La Commune de Paris pratique pour la première fois dans l'histoire une forme d'application de ce qui vaut alors comme directive générale : détruire l'État bourgeois, bâtir un État prolétarien de type nouveau. En raison de la précarité de l'édifice organisationnel que représente la Première Internationale, cette application est traversée par une division profonde entre les idées anciennes de type proudhonien et les idées nouvelles. Il n'en est pas moins vrai que sur la base de ces idées nouvelles, Marx peut procéder à une nouvelle systématisation, et approfondir considérablement sa première doctrine de l'État. Le cycle qui va de 1848 à 1871 inclut donc à la fois deux étapes de la pratique révolutionnaire des masses révolutionnaires, deux étapes de leur processus d'organisation et deux étapes de la théorie marxiste sur l'État et la révolution. C'est en ce sens qu'elle représente, à grande échelle, un cycle complet de la connaissance prolétarienne. Le schéma d'ensemble est, si l'on veut : masse/classe ; parti ; classe/masse. À quoi correspond : idées/analyse de classe ; directive ; application/rectification. C'est cette filière qui organise la résistance idéologique en connaissance révolutionnaire. Ces thèses peuvent paraître en contradiction avec les fameuses formulations de Lénine dans *Que faire ?*, qui semblent faire du procès d'organisation non pas la condition, mais le résultat de la pénétration dans la classe ouvrière du marxisme conçu comme théorie. Si en effet le parti est fusion du marxisme et du mouvement ouvrier réel, et que le marxisme résulte du travail scientifique des intellectuels, alors le cycle de la connaissance est rompu, et sa composition dialectique obéit au principe « deux fusionnent en un » : expérience de la classe ouvrière d'un côté, élaboration scientifique du marxisme par les intellectuels de l'autre. Telle est la racine du procès constamment intenté à la citation que Lénine fait de Kautsky[80].

Prise au pied de la lettre, cette citation peut en effet apparaître comme n'étant ni matérialiste, ni dialectique :

– non matérialiste, puisque l'élaboration du marxisme comme pensée dirigeante de classe ne repose pas sur les pratiques de classe, mais s'inscrit dans la filiation du travail scientifique des intellectuels ;

– non dialectique, puisque ce qui règle le principe d'organisation du prolétariat n'est pas la scission mais la fusion.

Ces objections toutefois ne sont qu'apparentes. L'élaboration par les intellectuels révolutionnaires de la théorie a pour condition objective la liaison organique de ces intellectuels à l'ensemble de l'expérience pratique du prolétariat. On prétend parfois que l'œuvre de Marx s'est pour l'essentiel réalisée dans l'isolement du travail intellectuel, et

80. Rappelons-la une fois de plus : « Le porteur de la science n'est pas le prolétariat, mais les intellectuels bourgeois : c'est en effet dans le cerveau de certains individus de cette catégorie, qu'est né le socialisme contemporain, et c'est par eux qu'il a été communiqué aux prolétaires intellectuellement les plus évolués qui l'introduisent ensuite dans la lutte de classe du prolétariat, là où les conditions le permettent. Ainsi donc, la conscience socialiste est un élément importé du dehors dans la lutte de classes du prolétariat, et non quelque chose qui en surgit spontanément. » (Lénine, *Que faire ?*, O.C., t. I, p. 141)

n'avait en soi que peu de rapport direct au procès d'organisation de la classe ouvrière. C'est là une contre-vérité flagrante. Pendant toute leur vie, Marx et Engels se sont conçus comme des dirigeants du parti ouvrier international et ont été partie prenante de toutes les phases de son organisation[81].

Ils ont clairement affirmé que leur entreprise théorique n'avait aucun sens en dehors d'une liaison ininterrompue avec l'avant-garde ouvrière, et cela est particulièrement vrai dans les années de constitution du matérialisme historique, les années 1843-1848 : « Quand nous nous retrouvâmes à Bruxelles au printemps 1845, Marx avait déjà, sur les principes ci-dessus, complètement construit sa théorie matérialiste de l'histoire, et nous nous mîmes à développer par le détail et dans les directions les plus diverses notre nouvelle conception. Mais cette découverte, qui bouleverse la science historique et qui est, comme on le voit, essentiellement l'œuvre de Marx, et dont je ne puis m'attribuer qu'une très faible part, était d'une importance directe pour le mouvement ouvrier de l'époque. Le communisme, chez les Français et les Allemands, le chartisme chez les Anglais n'avaient plus l'air de quelque chose de purement accidentel qui aurait pu tout aussi bien ne pas exister. À dater de ce moment, ces mouvements se présentaient comme un mouvement de la classe opprimée des temps modernes, le prolétariat, comme les formes plus ou moins développées de la lutte historiquement nécessaire du prolétariat contre la classe dirigeante, la bourgeoisie ; comme les formes de la lutte de classe, mais diffé-

81. Si l'on veut avoir une idée de l'énorme travail d'organisation accompli par Marx et Engels et de leur souci, en la matière, des plus infimes détails, en ce qui concerne notamment les phénomènes de division et de lutte entre les deux voies, on se référera aux textes rassemblés dans F. Engels, K. Marx, *Le Parti de classe*, Maspero, 1973, 4 vol. Il va sans dire que nous ne partageons d'aucune manière les présentations politiques du compilateur de ces textes, Roger Dangeville.

rentes de toutes les anciennes luttes de classe par ce point spécial : la classe opprimée actuelle, le prolétariat, ne peut réaliser son émancipation sans émanciper en même temps toute la société de la division en classes, sans l'émanciper par conséquent des luttes de classe. Par communisme, on n'entendait plus la construction, par un effort d'imagination, d'un idéal social aussi parfait que possible, mais la compréhension de la nature, des conditions et des buts généraux adéquats de la lutte menée par le prolétariat. Mais notre intention n'était nullement de chuchoter, au moyen de gros volumes, ces nouveaux résultats scientifiques aux oreilles du monde savant. Au contraire. Tous deux, nous étions déjà profondément engagés dans le mouvement politique, nous comptions un certain nombre de partisans parmi les intellectuels, dans l'ouest de l'Allemagne notamment, et nous étions largement en contact avec le prolétariat organisé. Nous avions l'obligation de donner à notre conception une base scientifique. Mais il ne nous importait pas moins de gagner à notre conviction le prolétariat européen, à commencer par celui d'Allemagne. Dès que nous eûmes tout tiré au clair, nous nous mîmes à l'ouvrage. Nous fondâmes, à Bruxelles, une association ouvrière allemande et nous nous emparâmes de la *Deutsche Brüsseller Zeitung* qui nous servit d'organe jusqu'à la révolution de février. Nous étions en relation avec la fraction révolutionnaire des chartistes anglais par l'intermédiaire de Julian Harnay, rédacteur de l'organe central du mouvement, *The Northern Star*, dont j'étais un des collaborateurs. Nous avions en outre formé une espèce de cartel avec les démocrates de Bruxelles (Marx était vice-président de la Société démocratique) et les social-démocrates français de la Réforme, où je publiais des renseignements sur le mouvement anglais et allemand. Bref, nos relations avec les organisations radicales et prolétariennes ainsi qu'avec les journaux de même nuance étaient tout à fait au gré de nos désirs[82]. »

Il est clair dans ce texte que c'est dans l'élément de l'activité politique et organisatrice directe que se développe la théorie révolutionnaire. Son point d'appui, c'est le caractère nécessaire du « mouvement de la classe opprimée des temps modernes », et sa destination est explicitement le renforcement de ce mouvement lui-même. La force qui fait exister, pour les intellectuels, la capacité théorique, c'est que cette capacité est à tout moment une médiation organisée de la pratique politique. Il est vrai que la division sociale du travail, donnée structurelle de la société bourgeoise, assigne aux intellectuels des tâches spécifiques dans le travail de systématisation des idées justes des masses. Cependant, ces tâches spécifiques ne sont pas accomplies par les intellectuels sur la base de leur pratique sociale d'intellectuels bourgeois, mais uniquement sur la base de leur liaison organisée et centralisée au mouvement ouvrier réel lui-même. Un intellectuel marxiste ne peut être qu'un intellectuel organisé, c'est-à-dire placé dans le processus par quoi le prolétariat organise la mémoire et la direction de sa pratique dispersée de connaissance. Les intellectuels n'apportent le marxisme au mouvement ouvrier que pour autant que le mouvement ouvrier apporte aux intellectuels l'organisation de classe. Le rapport des intellectuels révolutionnaires au mouvement ouvrier réel n'est pas un rapport d'extériorité, mais repose sur la scission de ce mouvement en son existence objective de masse et son existence subjective de classe, lieu d'épuration et de concentration des idées révolutionnaires issues de la pratique des masses. De ce point de vue, l'essence interne de l'extériorité apparente du marxisme

82. Engels, *Quelques mots sur l'histoire de la Ligue des communistes*, O.C., t. III, pp. 187-188.

par rapport au mouvement réel, c'est la nature dialectique, c'est-à-dire scindée, de ce mouvement. Si même ils ne sont pas directement inclus dans le mouvement ouvrier conçu comme mouvement de masse, les intellectuels révolutionnaires sont pris dans la scission par quoi la forme spécifique organisée de ce mouvement se divise d'avec sa forme objective immédiate. En ce sens, la base matérialiste de la systématisation marxiste, c'est la nature dialectique du mouvement ouvrier réel. À son tour, la pénétration du marxisme dans le mouvement ouvrier est ce à travers quoi se développe, dans la modalité de la lutte entre les deux voies, le processus d'organisation révolutionnaire de la classe. Le ressort interne de cette pénétration, c'est la directive, c'est la ligne politique, laquelle n'est formulée et appliquée qu'à travers une lutte incessante contre les idées anciennes et les idées bourgeoises.

Ce qui doit être pensé comme fusion du marxisme-léninisme et du mouvement ouvrier réel, c'est la division ininterrompue de l'organisation de classe en voie bourgeoise et voie prolétarienne. La forme de réalité de l'appropriation du marxisme par la classe à travers son avant-garde, c'est la lutte du vrai contre le faux, c'est la lutte, qui est la vie même de l'organisation, entre les deux lignes, les deux voies et les deux classes. Dans cette lutte, le marxisme-léninisme dans sa forme vivante et organisée (la directive, la ligne) joue un rôle décisif, mais ce rôle est tout entier investi dans la lutte idéologique et l'application matérielle des directives, bref dans l'histoire vivante de la révolution, et non dans la réception passive d'une vérité extérieure. L'appropriation repose sur la reconnaissance par l'avant-garde ouvrière, à travers sa pratique de classe, de ce que la directive résulte effectivement du bilan de son expérience, et opère dans la réalité comme systématisation des idées d'avant-garde. Cette reconnaissance s'effectue dans la mise en avant et la pratique constante de la directive, c'est-à-dire la transformation de la situation concrète et l'élimination des conceptions erronées. De ce point de vue, l'essence de la fusion, c'est la scission.

Finalement, il apparaît bien que l'organisation est la clé de voûte de la nouveauté du prolétariat en matière de connaissance. C'est l'organisation qui développe la scission objectif/subjectif dans le mouvement de masse, et par là même détermine la possibilité d'une position de classe prolétarienne des intellectuels révolutionnaires. C'est elle qui est le lieu du procès de division à travers quoi passe la fusion de la théorie révolutionnaire et du mouvement réel. L'organisation est le point, fixe et scindé, où vient incessamment repasser le cycle en spirale de la connaissance prolétarienne. De là que la connaissance est tout entière régie par le grand principe maoïste : « avoir confiance dans les masses, avoir confiance dans le parti. » Avoir confiance dans les masses, parce qu'elles seules, en tant que productrices des idées justes, constituent la force de la connaissance ; avoir confiance dans le parti, parce que lui seul détermine la place d'où cette force n'est plus l'énergie affirmative illimitée des masses dans sa dispersion et sa résistance, mais une annulation rationnelle orientée. Le parti de classe est ce grâce à quoi la force-à-connaître des masses n'est plus donnée seulement dans son intensité, mais dans sa direction.

Il n'y a plus, dès lors, l'idéologie dominante et ce qui lui résiste d'énorme et d'invariable. Il y a deux idéologies : bourgeoise et prolétarienne. Certes, l'idéologie s'est toujours scindée, et tout reflet est reflet de classe. Le prolétariat est cependant ce qui donne forme à la scission, divise la logique elle-même, et soumet irréversiblement la pensée à la reconnaissance de sa propre scission. Le prolétariat n'est pas l'inventeur de la résistance idéologique : il en est le premier logicien.

LE NOYAU RATIONNEL DE LA DIALECTIQUE HÉGÉLIENNE (1972)

Alain Badiou, Joël Bellassen et Louis Mossot

Traductions, introductions et commentaires autour d'un texte de Zhang Shiying (Pékin, 1972)

Présentation

Ce livre entreprend une mise au point sur la question, toujours ouverte, des rapports du marxisme à Hegel.

Les deux introductions (« Hegel en France » et « Hegel en Chine ») montrent que cette question est actuelle, et dépourvue de tout académisme.

Le noyau du texte est la traduction d'un chapitre au livre de Zhang Shiying *La Philosophie de Hegel*, livre engagé en 1972 dans les luttes philosophiques liées au bilan de la Révolution culturelle. Les notes, d'une assez grande étendue, visent à déployer le texte de Zhang au regard de nos propres préoccupations philosophiques militantes. D'où leur autonomie relative par rapport au développement de Zhang, voire la désignation de ses limites *pour nous*.

Voici la liste de ces notes :

a) Sur être, néant, devenir : le concept hégélien de la contradiction et le problème du commencement
b) Sur l'intérieur et l'extérieur. La topologie hégélienne
c) « Un se divise en deux »
d) Sur les sens du mot « critique »
e) Sur la catégorie de négation
f) Sur les lois de la dialectique
g) Quantité et qualité ! place, excès» destruction
h) Histoire de la philosophie» histoire réelle, Glucksmann, Heidegger»
i) Lutte de classe sur la pensée et l'être
j) Sur le terme « caractère agissant »
k) Le concept philosophique de déviation
l) « En collant de *près* au contenu »
m) Note synthétique sur la dialectique matérialiste

Si les camarades ici présents connaissent le matérialisme et la dialectique, je leur conseille de compléter leur connaissance par l'étude de leurs contraires, l'idéalisme et la métaphysique. Il faut lire Kant et Hegel, Confucius et Tchiang Kaï-chek qui sont des choses négatives. Si vous ne savez rien de l'idéalisme et de la métaphysique, si vous n'avez jamais lutté contre ces choses négatives, votre matérialisme et votre dialectique ne seront pas consolidés. L'erreur de certains membres et intellectuels du parti est justement d'en savoir trop peu sur ce qui est négatif. Après avoir lu quelques livres de Marx, ils en répètent juste le contenu, et c'est plutôt monotone. Leurs discours et leurs articles ne sont pas convaincants. Si on n'étudie pas les choses négatives, on est incapable de les réfuter. Marx, Engels et Lénine n'étaient pas ainsi. Ils apprenaient et étudiaient toutes sortes de choses, contemporaines et passées, et ils enseignaient d'agir de la sorte. Les trois parties constitutives du marxisme sont apparues à travers l'étude et la lutte contre des choses bourgeoises comme la philosophie classique allemande, l'économie classique anglaise et le socialisme utopique français. Staline, lui, était moins bien. Par exemple, à son époque, la philosophie idéaliste classique allemande était présentée comme une réaction de l'aristocratie allemande contre la Révolution française. Une telle conclusion niait totalement la philosophie idéaliste classique allemande. Staline niait la science militaire allemande, en disant qu'elle ne servait plus à rien et qu'il n'était plus nécessaire de lire Clausewitz depuis que les Allemands avaient été battus.

(Mao Tsé-toung, Interventions à la Conférence des secrétaires des comités du parti pour les provinces, municipalités et régions autonomes, janvier 1957, *Œuvres choisies*, t.V)

Hegel en France

S'il n'y avait pas eu précédemment la philosophie allemande, notamment celle de Hegel, le socialisme scientifique allemand, le seul socialisme scientifique qui ait jamais existé, n'eût pas été fondé.

(Engels, préface à *La Guerre des paysans*)

La vitalité de Hegel en France, outre qu'elle est très récente, suit un trajet singulier, qui n'a fait à ce jour qu'obscurcir son rapport au marxisme, et le dégagement réactivé du noyau rationnel de la dialectique.

C'est du séminaire de Kojève dans les années trente qu'il faut dater, à notre avis, un certain type d'inscription non purement académique de la référence hégélienne dans les soucis idéologiques du temps. Dès ce moment, une figure de Hegel est dessinée, dont il faudra plus de trente ans pour se déprendre – encore n'est-ce pas joué, loin de là.

Le Hegel de Kojève est exclusivement celui de *La Phénoménologie de l'Esprit,* saisi dans l'idéalisme des scissions de la conscience de soi, entretenu dans la métaphore ascendante qui mène de l'immédiat sensible au savoir absolu, avec, en son cœur, la dialectique du Maître et de l'Esclave, C'est que le formalisme de l'affrontement à l'Autre a cette vertu poétique de se placer sous le signe du risque et de la mort : ce Hegel trouvera audience auprès du romantisme révolutionnaire de Malraux et, plus encore, auprès des surréalistes. Bataille et Breton diront tout ce qu'ils doivent à Kojève.

Solidement étayée par les traductions et les essais de J. Hippolyte, cette figure unilatérale accède après la guerre à sa promotion de masse sous les espèces sartriennes. La doctrine pessimiste du pour-autrui (l'enfer c'est les autres) s'y alimente. Côté psychanalyse, Lacan lui-même, du reste ancré dans ses amitiés surréalistes, trouve, dans ses premiers textes, de quoi y élaborer sa doctrine de l'Imaginaire : narcissisme et agressivité sont au régime symétrique du maître et de l'esclave.

En bref : surréalistes et existentialistes trouvaient dans Hegel de quoi forger un idéalisme romantique tendu, replaçant le sujet affectif au cœur de l'expérience du monde, et mesurable, par son pathos, au terrible vacarme historique provoqué de toutes parts par les effets de la révolution bolchevique. Au regard des formes de conscience qu'Octobre 17, la crise, le fascisme, la guerre remodelaient comme l'orage, le jeune Hegel, l'homme du bilan de 89 et des guerres napoléoniennes, servait de machine de siège contre le positivisme poussiéreux des académies nationales contre le ronron sinistre des postkantiens français, contre l'humanisme laïque des « penseurs » du parti radical.

Hegel en France, ce fut d'abord, et surtout, l'idéalisme tragique contre l'idéalisme scientiste. En ce sens, son irruption valait témoignage masqué pour l'époque, et substituait, dans les idéaux subjectifs les plus profonds, la double figure de l'écrivain maudit et du révolutionnaire professionnel de la IIIe Internationale, hommes violents et secrets de la terre entière, à la bonhomie décorée quelque peu sous-préfectorale du membre de l'Institut.

Sur ce terrain, la rencontre avec le marxisme était incontournable en même temps qu'impossible. Subjectivement, les hégéliens de ce temps pariaient sur la révolution et haïssaient l'ordre bourgeois. Breton et Sartre durent l'un et l'autre en venir à ce passage obligé : le compagnonnage avec les communistes. Mais, porteurs tout autant que Malraux de l'individualisme romantique, ils ne pouvaient par ailleurs tolérer jusqu'au bout les conséquences mentales de cet accompagnement. Dans le cas exemplaire de Sartre, qui venait en outre aux temps des ambiguïtés quant à la réalité prolétarienne du parti, cette situation contradictoire donna lieu à une entreprise gigantesque, où du reste il avait eu, de façon récurrente, des ancêtres multiples, notamment en Allemagne : faire entrer le marxisme lui-même dans l'idéalisme subjectif. Hegel revenait cette fois, par le renversement du renversement marxiste, comme un appareil à remettre le matérialisme dialectique la tête en bas. C'est toute l'histoire de ce marxisme hégélianisé, dont la catégorie centrale est celle d'aliénation et dont le sort se joue sur un texte clé du jeune Marx : les *Manuscrits de 1844.* Là encore, la leçon de Kojève n'était pas perdue, puisqu'elle soulignait l'engendrement, au débouché de la dialectique du maître et de l'esclave, de la catégorie de Travail, point focal où souder en apparence l'économie politique marxiste aux avatars de la conscience de soi.

Dans la *Critique de la raison dialectique* (mais après le jeune Lukács, après Korsch), Sartre, d'un même mouvement, saluait le marxisme comme l'horizon indépassable de notre culture et entreprenait de démanteler ce marxisme en le réalignant de force sur l'idée d'origine qui lui est la plus étrangère : la transparence du *cogito*. Tel était à vrai dire, en dehors du cercle clos des intellectuels du parti, qui s'en tenaient à un scientisme à la Jules Guesde, le seul Marx disponible sur le marché français, et en même temps le seul Hegel.

Faux l'un et l'autre, ce Marx et ce Hegel, le premier d'être réduit au second et le second d'être séparé de la part de lui-même qui avait précisément frayé la voie au premier : la *Grande Logique.*

Le contre-courant se dessina dès lors que l'horizon historique se modifiait en profondeur. Achevé le cycle des effets de la Seconde Guerre mondiale, défaite implacablement l'audience révolutionnaire de la Russie soviétique, le P.C.F. clairement engagé dans la révision bourgeoise et chauvine (l'expérience de la guerre d'Algérie fut sur ce point décisive), ascendante la rigueur prolétarienne chinoise, tout un chacun sommé de prendre parti sur les guerres de libération nationale, les intellectuels durent s'inventer un autre sol et s'organiser des idéaux distincts. Le « compagnon de route » était mort d'inanition. Avec lui cessaient d'avoir cours les garanties des philosophies de la conscience, dont le rôle avait été de préserver, au regard d'une révolution fascinante, le double rapport d'engagement et de quant-à-soi.

Solitaires un instant, les intellectuels furent contraints de s'identifier comme tels et de redéfinir leur rapport au marxisme à partir de cette réidentification. La première tâche donna cette valorisation absolue du savoir et de l'intellect qu'est le structuralisme. La deuxième, par une violente bascule, fit de Marx, au lieu d'un métaphysicien de l'Autre et du Travail, un savant des structures sociales. Dans les deux cas, on rompit bruyamment avec Hegel.

C'est comme on sait Althusser qui concentra le tir sur le marxisme idéalisé de la période antérieure, démonétisa le jeune Marx des *Manuscrits de 1844,* et fit d'Hegel le repoussoir absolu, jusqu'à tenir la thèse d'une discontinuité radicale entre Hegel et Marx comme le point d'où tout s'éclaire.

Cette entreprise de nettoyage eut en son temps (63-66) des effets positifs, soutenue de loin par les assauts des Chinois contre le révisionnisme moderne, dans la forme doctrinale qu'ils prenaient à l'époque. Althusser restituait au marxisme une sorte de tranchant brutal, l'isolait de la tradition subjectiviste, le remettait en selle comme connaissance positive. En même temps, Marx et Hegel, quoique dans des termes inversés, s'y trouvaient tout autant forclos que dans l'époque antérieure. Le second en ce que sa figure unilatérale, prise comme cible, se trouvait de ce fait même cautionnée : le Hegel matérialiste de la *Grande Logique* est tout aussi muet pour Althusser que pour Sartre. Le premier en ce que, accommodé aux concepts du structuralisme, il ne gagnait en science que ce qu'il perdait en historicité de classe. Le Marx hégélianisé des années cinquante était une figure spéculative, mais virtuellement révolutionnaire. Le Marx anti-hégélien des années soixante était savant, mais voué aux séminaires. Ou, pour concentrer philosophiquement l'alternative : le Marx-Hegel était de la dialectique idéaliste, le Marx anti-Hegel du matérialisme métaphysique.

Ce que la Révolution culturelle et Mai 68 firent comprendre à échelle de masse, c'est qu'il fallait tout autre chose qu'une oscillation des traditions intellectuelles nationales (entre le Descartes du *cogito*, Sartre, et le Descartes des machines, Althusser) pour réinvestir le marxisme dans le mouvement ; révolutionnaire réel. À l'épreuve de la tempête, le Marx positiviste d'Althusser était même plus menaçant encore, par ses accointances avec la « révolution scientifique et technique » du P.C.F., que le Marx idéaliste de Sartre. On le vit bien aux choix et aux urgences : Althusser côté Waldeck Rochet, au bout du compte ; et Sartre avec les « maos », malgré tout.

Il est certainement nécessaire aujourd'hui de fonder en France ce dont Lénine en 1921 (et à propos des erreurs de Trotsky sur le syndicalisme...) appelait de tous ses vœux l'existence : « une sorte de société des amis matérialistes de la dialectique hégélienne », à laquelle il assignait pour tâche rien moins que faire « une propagande de la dialectique hégélienne ».

Qu'il *y* ait urgence, on le sait assez en voyant les joyeux « nouveaux philosophes », Glucksmann en tête, tenter de *boucler la boucle.*

Durant la première moitié de ce siècle, Hegel a servi de médiation idéaliste pour acclimater un certain Marx aux besoins de notre intelligentsia. Puis est venue la revanche de la toute-puissante tradition scientiste : c'est le Marx apolitique des docteurs qui tenait l'estrade, Hegel disparaissant dans d'amères coulisses.

Le propos maoïste est de rompre cette alternance, cette esquive. Or que voit-on ? Les nouveaux philosophes viennent agiter l'hégélianisme comme un spectre, comme le monstre rationnel de l'État. Ce qui, par la haine vouée à la dialectique, les rapprocherait d'Althusser, à ceci près que lui voulait tirer de cet effet d'ombre plus de lumière pour Marx, tandis que les autres ont pour propos de fourrer Marx et Hegel, à nouveau identifiés, dans le sombre sac des maîtres penseurs d'où nous vient tout le Mal.

Ainsi, à rebours du processus amorcé dans les années trente, c'est cette fois pour nous désacclimater du marxisme, et nous faire confesser son horreur, qu'une fois de plus on manipule ce sphinx de notre pensée philosophique centrale : la maintenance et la scission de la dialectique entre Hegel et Marx.

En vérité, il faut tout reprendre à zéro, et voir enfin, philosophiquement, que Marx n'est ni l'Autre de Hegel ni son Même. Marx est le *diviseur* de Hegel. Il en assigne simultanément la validité irréversible (le noyau rationnel de la dialectique) et la fausseté intégrale (le système idéaliste).

Hegel demeure l'enjeu d'un interminable conflit, car la compréhension travaillée de sa division est ce qui interdit seule, dans la pensée du rapport Marx/Hegel, et la déviation idéaliste-romantique, et la déviation scientiste-académique, et, finalement, la haine tout court du marxisme.

Restituer Hegel en son partage n'est pas vain, car c'est toujours sous l'emblème de son exclusion, ou de son Tout, que cheminent les philosophies bourgeoises *d'assaut,* celles qui se proposent non pas d'ignorer le marxisme, mais de l'investir et de le neutraliser.

Encore faut-il pour cela rendre la parole au Hegel bâillonné, au Hegel essentiel, celui qu'annotait fiévreusement Lénine, celui dont Marx déclarait que la lecture commandait l'intelligence du *Capital :* le Hegel de la *Logique*.

Nous essayons, nous commençons.

Novembre 1977

Hegel en Chine

Si Hegel en tant que tel n'a pas constitué le contenu d'un des nombreux débats qui ont agité le front philosophique en Chine depuis 1949, il a souvent été l'objet d'une étude et d'un réexamen particuliers. Outre les nombreuses références à la lecture léniniste de l'auteur de la *Logique*, Mao Tsé-toung mentionne explicitement Hegel dans *De la contradiction* : « Le célèbre philosophe allemand Hegel, qui a vécu à la fin du XVIIIe siècle et au début du XIXe a apporté une très importante contribution à la dialectique ; toutefois, sa dialectique était idéaliste. [...] Marx et Engels [ont] repris dans un esprit critique les éléments rationnels de la dialectique de Hegel[1]. » Dans son *Intervention à la conférence des secrétaires des comités du parti pour les provinces, municipalités et régions autonomes* du 27 janvier 1957, Mao Tsé-toung critique la négation totale de la philosophie classique allemande par Staline, et insiste sur la nécessité de connaître l'idéalisme et la métaphysique pour mieux les combattre, et de lire les « livres de Kant et Hegel, Confucius et Tchiang Kaï-chek ».

La philosophie hégélienne est de toutes façons interpellée historiquement, à partir d'exigences concrètes de la situation sur le front philosophique. Avant la libération de 1949 domine un courant néo-hégélien assez « classique » dont un des représentants principaux est le philosophe He Lin et dont les caractéristiques majeures restent : la peur de l'essence révolutionnaire de la dialectique ; l'accent mis sur la théorie hégélienne de l'État ; le désintérêt pour la *Logique* et l'importance accordée à *La Phénoménologie de l'Esprit*, ou alors la curiosité maniaque à l'égard de la structure de la *Logique* et de l'ordre de ses concepts. Après 1949, le champ de la discus-

1. *Œuvres choisies*, t. I, p. 252.

sion sur Hegel va peu à peu se constituer autour de la question de l'usage de la dialectique hégélienne ; contre ceux qui font des rapports entre dialectique d'une part et idéalisme ou matérialisme d'autre part des rapports de simple « assemblage mécanique » un point de vue est affirmé avec force : par contradiction interne à la philosophie de Hegel, il faut entendre la contradiction entre son aspect conservateur et son aspect révolutionnaire, entre le système idéaliste et le « noyau rationnel », et non avec l'ensemble de sa dialectique. La dialectique se divise en deux. Autre question soulevée par les Chinois : le sort que Hegel réserve à la loi de l'unité des contraires ; il n'a pas vu qu'elle constitue le noyau de la dialectique, et il a fait de la loi de la « négation de la négation » l'élément central qui structure son *système,* rangeant mécaniquement le développement à l'intérieur du carcan « thèse-antithèse-synthèse ».

Les interventions sur la philosophie de Hegel, les éditions et les rééditions de certaines de ses œuvres depuis l'avènement de la République populaire de Chine se regroupent principalement en deux périodes :

– 1956-1959 : les mois qui précèdent le Grand Bond en avant de 1958 sont ponctués de nombreux appels de Mao Tsé-toung à étudier massivement la dialectique et à savoir en manier le noyau, l'unité des contraires. C'est d'autre part vers cette époque que s'ouvre la deuxième grande lutte philosophique, portant sur l'identité de la pensée et de l'être. Dans ce contexte paraît en 1956 *Sur la philosophie de Hegel* de Zhang Shiying, actuellement enseignant au département de philosophie de l'université de Pékin, puis en 1959 une importante étude intitulée *Sur la Logique de Hegel,* du même auteur ; celle-ci se propose d'exposer et de généraliser de façon systématique « une des œuvres les plus absconses de la philosophie occidentale » et, en réponse aux directives des grands auteurs marxistes-léninistes, de continuer à analyser et à critiquer les idées fondamentales de la *Logique*.

– 1972-1975 : cette seconde période est marquée par les conséquences du IIe Plénum issu du IXe Congrès du Parti communiste chinois en août 1970, en particulier les directives de Mao Tsé-toung sur l'étude de l'histoire de la philosophie chinoise et occidentale et sur la critique de la théorie aprioriste du génie. Ainsi commence la première phase de la critique de Lin Piao. Dès 1973, plusieurs histoires de la philosophie occidentale sont publiées, et elles font une large place à la présentation de Hegel. *La Philosophie de Hegel* – le nouvel ouvrage de Zhang Shiying qui paraît en 1972 et dont nous avons traduit un chapitre dans ce livre – d'une part sert de « matériau de référence à l'étude de Marx et de Lénine par les ouvriers, paysans, soldats, cadres révolutionnaires et intellectuels révolutionnaires », et d'autre part s'inscrit explicitement dans « la lutte contre l'apriorisme et la conception idéaliste de l'histoire » et contre les penseurs bourgeois qui « exaltent l'aspect conservateur de la philosophie hégélienne [...] ou qui adoptent une attitude obscurantiste du mépris des vestiges progressistes de l'histoire ».

Janvier 1978

Le noyau rationnel de la philosophie de Hegel

Zhang Shiying

Le système idéaliste de la philosophie de Hegel constitue l'aspect conservateur voire réactionnaire de sa philosophie ; cependant, sa philosophie idéaliste est traversée par quelque chose de grande valeur : la dialectique. Hegel est le premier, dans l'histoire de la philosophie, à avoir développé aussi complètement et systématiquement la dialectique idéaliste ; il en a exposé les caractéristiques fondamentales à l'aide d'un point de vue idéaliste. Marx a indiqué : « Entre les mains de Hegel la dialectique devient mystique, mais cela n'empêche pas qu'il est le premier à avoir exposé sous tous leurs aspects et consciemment les formes du mouvement général de la dialectique[2]. »

Hegel considère que l'Esprit Absolu, l'Idée Absolue, réside dans le mouvement, la transformation et le développement incessants ; dans le mouvement et le développement existent des liaisons internes et un conditionnement réciproque. La vérité est concrète : le développement a des lois propres, les contradictions internes sont la source du développement. Au sein du développement s'opère une conversion du changement quantitatif en changement qualitatif. La connaissance est un processus d'approfondissement et de concrétisation incessants de l'abstrait vers le concret, du simple vers le complexe... Ces idées dialectiques sont l'aspect progressiste, révolutionnaire de la philosophie de Hegel.

2. Marx, *Le Capital*, postface à la 2e édition allemande, Éditions sociales, p. 29.

I. Le principe relatif au mouvement et à l'interdépendance des phénomènes

Hegel considère que la réalité, la vérité, c'est-à-dire ce qu'il appelle l'Esprit Absolu, l'Idée Absolue, est un processus en mouvement, transformation et développement incessants. Chaque étape, chaque aspect ou maillon de ce processus n'est pas fixe ou isolé, mais il existe entre eux des liaisons internes et des conversions vivantes : l'un se convertit, passe nécessairement à un autre et a nécessairement avec lui des liens profonds.

Engels a indiqué : « Dans le système de Hegel [...] pour la première fois – et c'est son grand mérite – le monde entier de la nature, de l'histoire et de l'esprit était représenté comme un processus, c'est-à-dire comme étant engagé dans un mouvement, un changement, une transformation et une évolution constants, et où l'on tentait de démontrer l'enchaînement interne de ce mouvement et de cette évolution[3] ».

« Hegel pose deux exigences fondamentales :
1. "la nécessité de la liaison"
et
2. "la genèse immanente des différences".
Très important ! Voici ce que cela signifie à mon avis :
1. liaison nécessaire, liaison objective de tous les aspects, forces, tendances, etc., d'un domaine donné de phénomènes ;
2. la genèse immanente des différences, la logique interne objective de l'évolution et de la lutte des différences, de la polarité[4]. »

Ces deux passages d'Engels et de Lénine sont en réalité une généralisation succincte de la pensée dialectique de Hegel.

3. Engels, *Anti-Dühring*, Éditions sociales, p. 55.
4. Lénine, *Œuvres complètes*, Éditions de Moscou, t. XXXVIII ; « Science de la Logique de Hegel », p. 95.

De là on peut voir que la pensée dialectique de Hegel, du point de vue de son contenu le plus important, est une pensée de la liaison interne et du développement des contradictions. Lénine a indiqué que les « différences », la « polarité », c'est la contradiction. Hegel lui-même l'a dit : la seule connaissance, la seule réalité (c'est-à-dire l'Esprit Absolu ou l'Idée Absolue), que la philosophie doit maîtriser et connaître a deux caractéristiques : ce sont les deux principes du développement et du concret. Ces deux caractéristiques sont liées mutuellement. Hegel, de plus, en a fait la synthèse, il a donné une définition de ce qu'il appelle vérité, réalité. Il dit : « L'idée, qui est elle-même concrète, elle-même en développement, est encore un système organique, un ensemble, et comprend en elle-même de nombreux stades et maillons[5]. » Le concret dont il est ici question désigne l'ensemble des liens organiques de différentes sortes ou, selon l'expression même de Hegel, « une unité aux déterminations différentes[6] ». Hegel lui-même a pris un exemple pour expliquer le sens de « concret » : un bouquet de fleurs comprend différentes qualités telles que le parfum, la forme, la couleur... cependant, le bouquet de fleurs n'est pas le rassemblement fortuit de ces qualités, c'est un ensemble. Dans un bouquet de fleurs, ces qualités sont liées entre elles de façon interne et nécessaire. L'abstrait dont nous parlons d'ordinaire est l'opposé de ce concret. C'est pourquoi, en disant que ce bouquet de fleurs est concret, nous voulons dire qu'il est un ensemble qui lie de façon interne ces qualités. Au contraire, si l'on abstrait de son ensemble une qualité particulière de ce bouquet de fleurs, comme la couleur, on la sépare des autres qualités et la couleur devient alors abstraite. Bref, le concret ce sont les liaisons internes,

5. Hegel, *Leçons d'histoire de la philosophie.*
6. *Ibid.*

c'est l'ensemble, et l'abstrait c'est la séparation, l'unilatéral. Hegel considère que les choses dans le monde sont concrètes, elles sont des ensembles de différents aspects, éléments ou qualités liés de façon interne. Que ce soit dans le ciel ou sur la terre, dans le monde naturel ou spirituel, il n'est pas de chose « abstraite », isolée ; si l'on isole une chose de façon absolue, cela n'a aucun sens. Par exemple, une couleur absolument isolée, abstraite, en dehors de toute forme, de tout parfum et de toute qualité, n'existe pas en réalité. Dans le monde réel, si une couleur n'est pas liée à telle forme, tel parfum, elle l'est avec telle autre forme, tel autre parfum... Pour parler plus simplement, c'est ce que veut dire Hegel lorsqu'il dit que la vérité est concrète.

La deuxième caractéristique fondamentale de la vérité est le développement. Hegel considère que, puisque la vérité est une unité organique variée, elle comporte aussi en son sein des éléments contradictoires, des éléments opposés, des contradictions ; c'est pourquoi la réalité n'est pas nécessairement fixe ou en repos, mais peut se convertir et se développer contradictoirement. Précisément pour cela Hegel ajoute que la vérité est vivante, c'est un mouvement et un processus.

Hegel affirme que l'objet de la philosophie, c'est la vérité-réalité qui a les caractéristiques exposées plus haut ; que le seul but de la philosophie est de maîtriser cette vérité, cette réalité. C'est pourquoi Hegel considère que « la philosophie est la science qui connaît le développement des choses concrètes[7] », c'est la science qui maîtrise la vérité-réalité. À partir de ce point de vue fondamental, on peut dire que le contenu de l'ensemble du système philosophique hégélien est la description du processus du développement de la vérité-réalité concrète. C'est la description du processus de

7. *Ibid.*

déduction et de conversion réciproques de chaque étape, de chaque maillon contenus dans la vérité concrète, ou réalité. Prenons comme exemple la première partie du système philosophique hégélien, la logique. L'esprit fondamental qui traverse la description des concepts logiques consiste à les examiner comme des choses liées réciproquement, en développement et en conversion incessants. Par exemple, lorsque Hegel analyse les deux concepts d'Être et de Néant, on voit que l'Être n'est pas une chose fixe ou ultime : il doit passer et se convertir en son opposé le Néant, car l'Être purement abstrait est d'un côté un concept différent, opposé au Néant, mais d'un autre côté l'Être purement abstrait n'a aucune détermination et aucun contenu ; alors quelle différence y a-t-il avec le Néant ? Aussi, nous ne pouvons, comme la métaphysique, considérer que l'Être c'est l'Être, et le Néant le Néant, ni qu'entre les deux il n'y a absolument aucune communication. Au contraire, l'Être et le Néant sont liés de façon interne et nécessaire, le premier devant se développer, se convertir dans le second (a).

(a) Sur être, néant, devenir

I. L'idéalisme du passage de l'Être au néant
L'idéalisme dans ce début de la logique proviendra de ce qu'il y a commencement, et si l'on veut être rigoureux on ne dira pas que l'un (l'Être) se transforme en l'autre (Néant) mais qu'il y a problématique du commencement.
Prise dans le commencement, la dialectique hégélienne ne se développera pas sous la forme du travail de la contradiction. Elle fonctionnera autrement : on partira d'un terme unique, l'être, et il y aura plutôt apparition d'une forme de répétition, d'une logique de la différence dans laquelle ce qui est moteur n'est pas le procès de division de l'identité, ni un procès de fusion des contraires (être et néant se résorbant dans le devenir...), mais la double inscription de l'identité

sous la forme de deux marques dont le référent est absolument indifférencié : être et néant sont deux marques pour le vide. Le commencement chez Hegel s'entendra donc comme la position de deux fois le même terme, et l'on n'aura pas deux termes au sens de deux contenus différenciés mais deux marches, deux inscriptions du même terme. Ce qui se trouvera ainsi inscrit par Hegel c'est la différence la plus faible, la différence de deux marques identiques (deux marques pour le vide), leur marquage à deux places différentes, deux marques qui ne diffèrent que par leur place.

Ce passage d'un terme à un autre, quand ils sont identiques, aboutit en réalité à une logique sérielle, à savoir l'un puis l'autre comme différence minimale : un terme se dissipe en un autre qui lui est identique...

De ce qui se trouve ici en acte, on peut donner un mode immédiatement formalisable, une matrice logique qui montre un processus qui se ressaisit lui-même, qui intègre donc bien une certaine idée de mouvement mais ne conduit qu'à l'itération : il y a mouvement au sens de déplacement, déplacement du même, de l'un, mais pas transformation. Ainsi :

– supposons que dans un espace d'inscription a lieu un marquage : le commencement (inscrire l'être, pour Hegel) ;

– or aussitôt est rétroactivement constitué un autre terme : le blanc, sur lequel cette marque vient s'inscrire. Dès lors qu'une marque est inscrite, elle institue ce sur quoi elle est marquée. Est alors constituée, en retour, une différence entre le terme et ce qui n'est pas son inscription (le fond). On a une marque mais en un certain sens on a deux données : la marque et son fond.

Il en résulte qu'il va falloir inscrire cette différence de soi à soi si du moins l'on ne veut pas être en reste. Il ne doit plus rester de discordance entre le terme et le processus d'inscription, il faut marquer le fond.

On va donc inscrire une deuxième marque (le néant, chez Hegel). Mais ces deux marques sont les mêmes : on a marqué une différence, mais ce par quoi on a marqué cette différence est une répétition. On a donc une première marque (l'être) et la deuxième (le néant) qui est la prise en charge de ce qui est le fond, mais également quelque chose qui, à nouveau, n'est pas marqué, à savoir la différence de ces deux marques, ce qui fait que leur identité est une différence de soi à soi.

C'est cette différence qu'il va maintenant falloir marquer, qui est la différence des deux premières. Le devenir, chez Hegel, pourra alors s'interpréter comme le marquage de cette différence de l'Être et du Néant, mais en même temps il ne sera que l'existence concrète de leur identité.

On aboutit ainsi à un processus d'engendrement d'une itération infinie tel qu'il se donne en germes dans le marquage de l'Être et du Néant. On a bien affaire ici à un noyau rationnel mais c'est celui de la logique analytique, de la pensée numérale, et non celui de la dialectique :

1) marquage
2) causalité rétroactive qui fait que le marquage n'est jamais égal à lui-même,
3) remarquage ou répétition qui fait surgir à son tour un terme qui n'est pas marqué, à savoir la différence des deux premières marques,
4) j'inscris cette différence, etc.

Ce qui est moteur dans ce processus, c'est l'ensemble des vides rétroactivement constitués par les marques (il y a toujours quelque part une place vide non marquée) et non la scission de l'identité.

II. Itération, donc, et non pas dialectique

Mais, à tenir le projet initial, il faut maintenant se demander ce que, dans ce passage, Hegel a néanmoins reflété de la dialectique des choses et des phénomènes objectifs.

L'idéalisme du passage être-néant ayant été précédemment assimilé au fait qu'il y a répétition et non pas dialectique (scission de l'identité), se demander quels sont les aspects rationnels consistera surtout à voir s'il n'y a pas malgré tout présence mêlée de ce contraire immédiat de l'itération, travail de la contradiction.

De fait, l'itération n'est pas ici le seul moteur, et par son double statut le devenir en est la preuve :

- en tant que terme itératif, il vient en troisième place marquer l'identité de l'être et du néant,
- mais, contradictoirement, dans ce même chapitre, Hegel jugera bon de restaurer une différence absolue

entre l'être et le néant : « Mais il est tout aussi vrai que, loin d'être indistincts, loin d'être la même chose, l'être et le néant *diffèrent absolument* l'un de l'autre, tout en étant inséparés et inséparables. »
L'être et le néant s'y trouvent alors appréhendés comme contraires après avoir été confondus itérativement par un devenir qui, ne pouvant marquer que leur seule différence de place, n'arrivait à inscrire que leur identité à une autre. Ce qui se trouve ainsi posé n'est plus le devenir-identité, troisième terme de l'itération, mais un devenir-unité de contraires.
Et de ce point de vue on pourra toujours affirmer que dans ce début Hegel fait place à la contradiction. Mais il faut voir comment, c'est-à-dire à l'intérieur de quel projet et à raison de quelles contradictions insurmontables.
Car quelque chose échoue ici de l'entreprise hégélienne : rien moins que la tentative de générer le concept (disons un concept intégrant l'idée de contradiction, ici le devenir) continûment à l'un (l'être pur...), l'immédiat, *l'abandon* à la vie de l'objet. Car, du fait même que dans un cas le devenir inscrit l'identité de deux termes et dans l'autre leur différence absolue, on voit assez que ce deuxième devenir ne saurait s'aligner à l'ordre itératif d'où il est censé procéder. Ce dernier en effet ne se définit que de ne jamais pouvoir supporter l'inscription d'une différence forte. Radicalement hétérogène, le devenir-contradiction ne peut donc venir s'y loger qu'à raison d'un forçage. Telle est d'ailleurs bien l'impression laissée par ce « passage ».
Voulant à tout prix cheviller le deux (devenir-contradiction) sur le un (l'être pur), mais sous la loi et le primat du un (itération), Hegel se voit contraint d'en venir à ce type de coup de force : il réintroduira, mais tout à fait extérieurement à l'itération, ce qu'elle-même n'a pu inscrire : le deux.
Cette contradiction insurmontable, où se trouve l'inverse (discontinuité) de ce qu'il veut démontrer (continuité), prendra aussi la forme d'un impossible passage du successif (être-néant) au simultané (être *et* néant). Au devenir, Hegel assigne d'être le pivot de ce basculement, mais en lui va se reconcentrer tout le contradictoire du projet. Dans une figuration connexe, il ne pourra alors que se juxtaposer dans sa propre étrangeté en étant

un (de deux fusionnent en un) et un (qui se divise en deux), c'est-à-dire deux. Voyez le début du chapitre :
« c) Devenir (*terme itératif, n. de nous*)
1. Unité de l'être et du néant (*contradiction interne, n. de nous*) »
Présupposée dans sa continuité alors même qu'elle échoue, cette irruption de l'hétérogène va, tel un *clinamen*, involuer toute la suite du texte, autrement condamné à la poursuite stérile de l'itération enclenchée.
Et, puisqu'il y a, c'est « démontré », c'est « dérivé », du moins est-ce supposé, continuité entre l'itératif et le contradictoire, genèse réussie d'un face à face être/néant à partir de leur seule succession itérative, Hegel pourra déjà, c'est le deuxième temps (« II: Moments du devenir »), faire retour sur le commencement et, l'éclairant, l'enrichissant de ce face à face lui-même, le réinscrire en double commencement :
« Le devenir est ainsi doublement déterminé : l'une de ces déterminations est constituée directement par le néant, autrement dit, le devenir commence par le néant qui se rapporte à l'être ou, plus exactement, qui passe à l'être ; l'autre est constituée par l'être, le devenir commençant par l'être qui se rapporte au néant ou, plus exactement, passe au néant : apparition et disparition. »
Cette insertion forcée du devenir-contradiction a donc pour effet immédiat de reconduire en la redoublant l'itération première : au lieu d'un commencement, il y en aura deux.
Plus intéressant est le troisième temps (« III : Suppression du devenir »), car il peut, tout comme pour le Devenir, donner matière à division, et c'est « suppressions » au pluriel qu'il faut ici entendre.
Ayant ainsi préservé et les droits de l'itération (double *Commencement*) et ceux de la contradiction (*Double* commencement), Hegel ne fait que réitérer la contradiction propre au devenir. De là que sa suppression même vienne à y être envisagée de deux façons :
- suivant la loi de la répétition qui prend en compte des notions d'« équilibre », « calme unité », propres à une filière itérative dans laquelle prime l'identité :
« *L'équilibre* qui s'établit entre l'apparition et la disparition est avant tout le devenir lui-même. Mais celui-ci se contracte également pour *former* une *calme unité*.

L'être et le néant n'y sont qu'en voie d'évanescence, mais le devenir comme tel implique leur diversité. Aussi leur évanescence ou disparition équivaut-elle à la disparition du devenir ou à la *disparition de la disparition*. Le devenir est un mouvement agité qui s'affaisse pour aboutir à un *calme résultat* »;

– ou bien alors suppression-contradiction directement articulée au contradictoire même du devenir : « Cela pourrait encore être exprimé ainsi : le devenir est la disparition de l'être dans le néant et du néant dans l'être ; il est la disparition de l'être et du néant en général ; mais il repose en même temps sur la distinction entre l'un et l'autre. Il est donc en *contradiction* avec lui-même, parce qu'il réunit, comme tel, des contraires ; mais une pareille union se *détruit* elle-même. »

Que Hegel ne tranche pas clairement et n'arrive pas à concevoir l'incompatibilité des deux types de suppression manifeste là encore son intention répétée de concilier les deux : d'articuler le un et le deux sous la loi du un. Tel est le contenu de ce qu'il nomme *Aufhebung* (dépassement-relève) dont il dira tout de suite après que c'est « une détermination fondamentale qui revient absolument partout ».

En guise de conclusion et comme dernière amorce de division du texte, on notera que cette contradiction interne au début de la logique (itération/contradiction) se trouve par ailleurs annoncée dans le court texte qui précède le chapitre 1 : « Quel doit être le point de départ de la science? »

À cette question, Hegel formule bien deux réponses, commencement direct et/ou indirect, subjectif et/ou objectif, qui recouvrent en gros la différence :

– entre un commencement itératif à partir de l'être pur : le commencement « doit donc être quelque chose d'absolument immédiat, ou plutôt *l'immédiat* même. De même qu'il ne comporte aucune détermination à l'égard de ce qui n'est pas lui, il est lui-même dépourvu de contenu, car, s'il en avait un, ce contenu servirait à le différencier d'autre chose et impliquerait qu'il présente des rapports avec des choses qui en diffèrent ; autrement dit, il impliquerait une médiation. Le commencement est donc l'être pur » ;

– et un commencement-contradiction privilégiant le

devenir : « L'analyse du commencement aboutirait ainsi au concept de l'unité de l'être et du non-être, ou, pour exprimer la même idée sous une autre forme, l'unité de la différenciation et de l'indifférenciation, ou l'identité de l'identité et de la non-identité. »
Mais, bien que repérée, cette différence entre l'un et l'autre commencement, le un et le deux... se voit de suite pensée sur le mode d'une identité fondamentale. Car, sur la question de savoir lequel est principal, Hegel tranchera en posant que l'important n'est pas de savoir si c'est l'être pur (subjectif, immédiat) ou le devenir (objectif, médiat) qui doit servir de point de départ, mais que « son ensemble représente un circuit *fermé* où ce qui est premier devienne dernier et vice-versa », que « la progression ne comporte pas la déduction de quelque chose d'autre ou la transformation dans autre chose ». Que donc, s'il y a apparemment un et deux, il n'y a en fait qu'un, que s'il y a deux il en trouve toute la raison dans le un... Affirmations qui prescrivent et annoncent l'idéalisme de l'articulation du début de la logique.

Autre exemple, les deux concepts de Liberté et de Nécessité : ils ne sont pas entièrement coupés, séparés l'un de l'autre. Si l'on considère qu'il suffit d'être libre pour ne pas être déterminé par la nécessité ou au contraire qu'il suffit d'être déterminé par la nécessité pour ne pas être libre, il faut dire que ce point de vue ne considère pas les problèmes en partant des liens : il oppose abstraitement liberté et nécessité et est donc erroné. Une liberté qui ne comprend pas en elle-même la nécessité, qui n'agit pas en fonction de la nécessité, n'est qu'une « liberté formelle ». On ne peut que l'appeler arbitraire, et il ne s'agit pas de liberté véritable. La liberté est essentiellement concrète, c'est-à-dire qu'elle est étroitement liée à la nécessité : c'est la connaissance de la nécessité.

Seule une telle liberté est la véritable liberté. Autre exemple : l'Essence et le phénomène. Hegel a indiqué : Essence et Phénomène n'existent pas isolément l'un de l'autre. Le Phénomène est la manifestation de l'Essence ; si un phénomène est tel, c'est en raison de l'Essence ; l'Essence non plus n'existe pas en dehors du Phénomène mais en lui. Autrement dit, de tout ce que manifestent les phénomènes, il n'est rien qui ne soit pas intérieur à l'Essence ; et rien dans l'Essence qui ne se manifeste en phénomène. Hors de l'Essence, il n'est pas de manifestation de l'Essence, il n'est pas de phénomène ; hors des phénomènes, l'Essence devient une chose vide, qui n'a pas de sens. C'est pourquoi pour connaître l'Essence il faut partir de la connaissance des phénomènes. Séparer l'Essence et le phénomène pour aller, en dehors des phénomènes, appréhender une essence abstraite, une chose en soi inconnaissable, c'est un point de vue métaphysique que Hegel a critiqué (b).

(b) Sur l'intérieur et l'extérieur. La topologie hégélienne

La théorie hégélienne du rapport essence/phénomène véhicule une critique radicale du concept métaphysique de la représentation, où l'objet est en quelque manière donné deux fois : dans son intériorité vraie et dans son extériorité pour nous.
Hegel anticipe sur toute pensée qui entend rompre avec des schémas spatiaux immédiats, fondés sur l'opposition du Dedans et du Dehors (le Dedans caché étant la vérité dont le Dehors est le semblant). Appréhender l'être comme autodéveloppement contradictoire, scission affirmative, c'est poser que l'extérieur est l'être même de l'intérieur. Hegel soutient, contre Kant, *une nouvelle topologie du connaître*.
Le destin historique de cette topologie est sa division inévitable. On peut en effet la concevoir de façon purement structurale : extérieur et intérieur sont alors discernables en *tout point*, mais indiscernables dans le Tout, supposé donné. On dira qu'il existe un sujet local de la séparation intérieur/extérieur, que commande cependant l'inconditionnelle unité globale d'une Loi. De cette unité n'existe pas d'autre attestation que l'évidence de son effet ponctuel, lequel est

de séparation. La vérité de l'Un est, mais ne peut être dite *en entier,* puisque l'entier existe en tout point comme l'acte d'une partition, d'un Deux.
Cette voie est suivie par Lacan (mais déjà par Mallarmé), dans l'usage qu'il fait des surfaces non orientables, comme le ruban de Möbius, Dans sa torsion globale, le ruban n'admet pas de distinction entre l'extérieur et l'intérieur. En chaque point, Il y a un « envers », donc un dehors. Pour que le Tout rematérialise la scission intérieur/extérieur, il faut couper le ruban. On sait que pour Lacan cette coupure est ce dont procède le Sujet : un Sujet est l'acte situé *entre* l'Un du tout et son effet d'ordination Dedans/Dehors. « Un » Sujet est le défait d'une torsion.
Mais on peut, et on doit, concevoir en fait la corrélation scindée extérieur/intérieur plutôt comme un processus, où ce qui fait que le réel est simultanément à sa place et en excès sur cette place, à l'intérieur *et* à l'extérieur, réside dans son déploiement comme force qualitative.
C'est ainsi par exemple que la classe ouvrière est à la fois une pièce interne de la société capitaliste (en tant que force productive exploitée) et une force hétérogène à cette société, au point de ne véhiculer essentiellement que sa destruction (en tant que classe politique révolutionnaire). Du point de vue de l'unité divisée de la classe, ni l'inclusion stricte ni l'exclusion absolue ne sont tenables. En réalité, la seule existence du prolétariat interdit de penser le « système » capitaliste comme une totalité pertinente dotée d'un dedans et d'un dehors. C'est la racine de l'échec de tout structuralisme marxiste, comme de tout le courant « gauchiste », qui prétend organiser la pensée et l'action à partir d'une compréhension absolue de la société oppressive comme Système, et lance la directive de dissidence, d'extériorité. Or il n'y a pas d'extérieur, ce qui ne signifie nullement une contrainte indépassable de l'intérieur (la « récupération »), car il n'y a pas d'intérieur non plus.
Sur le terrain commun (hégélien) de la topologie dialectique, qui détruit l'opposition représentative intérieur-extérieur, il faut opposer au Sujet-coupure de Lacan, dont la cause fixe est le manque, le Sujet-scission du matérialisme dialectique, dont la cause mobile est le non-recollement de la force et de la place.

Nous pouvons encore prendre comme exemple le général, le particulier et l'individuel. Hegel considère que ce sont les trois maillons du concept, qu'ils sont inséparables et liés de façon interne. D'un côté le particulier ne peut exister en dehors du général, le général structure la nature et l'essence du particulier. Par ailleurs, le général est aussi inséparable du particulier ; il se manifeste à travers lui, il le traverse, le général comprend en lui le particulier, il l'a comme contenu. Toute généralité saisie en dehors du particulier est vide et non réelle. Cette généralité étroitement liée au particulier, Hegel l'appelle « généralité concrète », et la généralité coupée du particulier Hegel l'appelle « généralité abstraite ». Hegel est pour la première, il s'oppose à la seconde. Ce qu'il appelle l'« individualité », c'est l'union du général et du particulier.

Bref, les concepts et catégories que Hegel examine dans la *Logique* (Être, néant, devenir, quantité, qualité, degré, essence, identité, différence, contradiction, essence et phénomène, nécessité et contingence, possibilité et réalité...) se trouvent dans un mouvement constant, sont liés entre eux, se convertissent mutuellement ; ils se transforment et se développent, il y a conversion de l'un en l'autre. C'est pourquoi on peut dire que la logique décrit le processus de mouvement, conversion, déduction et développement incessants du concept.

Nous n'avons fait ici que prendre des exemples dans la *Logique*, mais, bien sûr, la pensée hégélienne de la liaison et du développement ne se limite pas à cette œuvre.

La méthode de pensée métaphysique considère les choses comme immuables et n'ayant pas de liaisons internes entre elles. Hegel a très vivement critiqué cette conception. Il a indiqué que la méthode métaphysique ne comprend pas, ne sait pas que la vérité-réalité est concrète et a de multiples aspects ; elle considère que le concept abstrait et isolé peut exprimer la vérité, elle saisit toujours un aspect des choses et ne le lâche plus, considérant qu'il s'agit de la vérité complète. Lorsqu'elle examine une chose, elle ne veut jamais prêter attention à d'autres aspects opposés ; l'aspect qu'elle saisit, elle ne veut jamais le relier aux autres. Cette méthode méconnaît l'unité organique de tous les aspects de la vérité, elle exprime souvent de façon éparpillée plusieurs phénomènes superficiels d'un problème, mais jamais elle ne maîtrise véritablement ce qui a trait à l'essence à partir de leur unité organique. Cette méthode est arbitraire, elle s'en tient opiniâtrement à un aspect et considère que tout aspect peut exister dans un état d'isolement ; elle considère qu'entre tel et tel aspect il existe un fossé infranchissable, et qu'il ne peut y avoir conversion et transformation réciproques. Ainsi, la Liberté et la Nécessité, l'Essence et le Phénomène, la Possibilité et la Réalité, la Nécessité et la Contingence, tous ces concepts sont coupés l'un de l'autre et s'excluent mutuellement. Hegel considère que cette méthode de pensée unilatérale qu'est la métaphysique ne peut maîtriser la vérité-réalité.

II. Le principe fondamental de la dialectique (la contradiction)

Les deux caractéristiques de la vérité-réalité énoncées plus haut contiennent déjà en elles-mêmes l'idée de contradiction. En dehors des contradictions, il n'est pas question qu'il y ait concret ou développement. Hegel considère que, si la vérité-réalité est en mouvement, en transformation, en développement ce n'est pas en raison d'une force extérieure mais en raison de contradictions internes. Il affirme que chaque stade, chaque maillon du processus de développement de l'Esprit Absolu, de l'Idée Absolue, comprend en lui-même des contradictions internes. Selon l'exemple qu'il prend lui-même, le phénomène de la vie comprend la contradiction entre la vie et la mort. Le point de vue métaphysique considère que, puisque la vie est différente de la mort, qu'elle lui est opposée, il ne peut y avoir dans les phénomènes de la vie des facteurs de mort. Selon ce point de vue, si l'homme doit mourir, c'est uniquement en raison des causes externes. Hegel a indiqué que la vie est un processus contradictoire, « la vie comme telle porte en elle le germe de la mort[8] ». À ce que l'homme ne puisse éviter la mort, il y a donc fondamentalement une cause interne. Quand il y a passage, conversion d'un concept à un autre, comme Hegel en parle dans la *Logique*, ce n'est pas en raison d'une cause externe, mais parce que dans la nature et à l'intérieur même d'un concept sont compris des éléments d'un autre concept, qui lui est (ou sont) opposé(s) et différent(s). Ce n'est qu'en raison des contradictions internes de ces deux aspects qu'un concept est forcé de se convertir et de passer à un autre concept. Le processus de conversion, de mouvement et de développe-

8. Hegel, *Encyclopédie*, Vrin, p. 513.

ment des concepts, que décrit toute la *Logique,* c'est aussi le processus d'autoconversion, d'automouvement et d'autodéveloppement des concepts. Par exemple, si le concept d'Être se convertit dans le concept de Néant, ce n'est pas parce qu'une force extérieure sans lien interne avec l'Être et existant en dehors de l'Être le pousserait à la conversion vers le Néant, mais parce que la nature de cet Être purement abstrait et sans aucun contenu comprend déjà des éléments de ce Néant qui lui est contraire. Et jusqu'aux concepts d'Identité et de Différence, d'Essence et de Phénomène, de Nécessité et de Contingence, de Possibilité et de Réalité : la source de leur conversion réciproque réside également dans les contradictions internes. Par exemple, si l'identité se convertit en différence, ce n'est pas non plus parce qu'une force extérieure et qui n'a pas de liaison interne avec elle la pousse, mais parce que le concept de l'identité *concrète* comprend en lui-même le concept de différence qui lui est contraire. Ce n'est qu'en raison de la contradiction interne entre ces deux aspects que le concept d'identité est forcé de se dépasser lui-même et de se convertir dans le concept de différence (c).

(c) Un se divise en deux

L'expression est ici très ramassée, et peut paraître circulaire : Zhang dit que c'est parce qu'elle a en elle-même la différence que l'identité devient différence. S'agit-il d'un évolutionnisme commandé à l'infini par des « germes » internes ? Comment dans ce cas survient le nouveau, puisque toute chose est entièrement contenue dans son antécédent dialectique ?
La vérité, c'est qu'*il n'y a d'identité que d'une différence,* dès lors que l'être de toute chose est le processus de sa division en deux. Pour autant même qu'on appréhende l'identité qualitative d'une force, c'est au regard :
1. de la place qu'elle excède (*cf.* note g),
2. du système structural (système de placement) qu'elle détruit.

> Ainsi l'identité révolutionnaire actuelle du prolétariat de France se donne-t-elle dans ce qui le fait excéder la place de l'ouvriérisme syndicalisant à laquelle entend le confiner une longue tradition, et dans ce qui le constitue en classe politique pour diriger la destruction du système social existant (l'impérialisme français). Si embryonnaire soit-elle, cette identité (en termes de pratiques politiques et d'organisation maoïste) existe toujours comme un différentiel destructeur d'un autre. C'est ce que veut dire qu'une identité se change en différence.

Quant aux autres concepts et catégories, c'est également la même chose. Bref, dans tout concept ou catégorie, dans tout phénomène – autrement dit, dans tout stade ou maillon de la réalité ou de l'Esprit Absolu – existent des contradictions internes, et c'est en raison de celles-ci que chacun se dépasse et passe à son contraire. La métaphysique considère que les contradictions ne sont pas pensables, ou tout au moins qu'elles ne sont pas normales, Hegel a critiqué (d) cette conception métaphysique.

(d) Sur les sens du mot « critiquer »

Il existe en chinois deux mots traduits généralement par le seul verbe « critiquer ». En fait, le premier (*piping*), critiquer-commenter, relève du registre des contradictions au sein du peuple. Le second (*pipan*), critiquer-juger, se réfère à des divergences plus fondamentales et relève souvent du registre des contradictions antagoniques. C'est ce dernier terme qui est ici employé dans te texte chinois.

Selon son point de vue, le principe de contradiction dans la logique formelle ne nous permet pas d'affirmer une opinion tout en la niant ; c'est une loi élémentaire que notre pensée doit respecter, et si l'on enfreint cette loi de la logique formelle en effet ce n'est pas « normal », c'est « impensable ». Cependant, reconnaître le principe de contradiction dans la logique formelle n'équivaut pas à nier les contradictions qui existent dans la réalité. Hegel affirme que dans la réalité toutes les choses concrètes sont contradictoires et qu'entre le ciel et la terre il n'existe aucune chose qui ne comprenne des contradictions ou des caractéristiques contraires. Hegel considère que les contradictions dont parle le principe de contradiction de la logique formelle sont « formelles », qu'elles sont des contradictions « impossibles » et doivent être exclues. Mais les contradictions réelles sont absolument différentes de celles que le principe de non-contradiction de la logique formelle doit exclure. Ce type de contradiction est une contradiction nécessaire, « interne », et « il est ridicule de dire que la contradiction ne se laisse pas penser[9] ». Non seulement ce type de contradiction n'est pas un phénomène anormal, mais c'est « un principe qui pousse en avant le monde entier », c'est « la puissance universelle irrésistible devant laquelle rien, quelque sûr et ferme qu'il puisse paraître, n'a le pouvoir de subsister[10] ». (e)

(e) Sur la catégorie de négation

La logique formelle est en réalité un dispositif artificiel (mathématique) qui règle les formulations (les écritures). Comme tout montage mécanique, ce dispositif est *par lui-même* sans force : il ne « travaille » rien, et ne délivre donc aucune espèce de vérité. Il est clair qu'en se servant d'un tel appareillage on ne pourra, sans le détruire (le rendre inconsistant), lui faire « dire » à la fois, par exemple, une proposition et sa négation. Mais la négation d'un énoncé (d'une formule) n'a absolument rien à voir avec la dialectique, laquelle pose que l'être des choses est le procès de leur scission. On ne saurait dire sur ce point que la tradition hégélienne facilite les choses, par l'usage

9. *Ibid.*, p. 555.
10. *Ibid.*, p. 515.

systématique qui y est fait du mot « négation ». Car ce terme, s'il vaut pour désigner des phénomènes de langage, donc des phénomènes sur lesquels on peut prélever une machine logique, ne désigne rien dans le monde réel. Ce qui existe peut bien détruire, disloquer, mais non pas nier. Seule la parole nie, et c'est au compte d'un idéalisme linguistique qu'il faut porter l'usage ontologique subsistant de la catégorie de négation.

Bien des difficultés, concernant en particulier la dialectique de la nature, seraient moindres si l'on éliminait radicalement l'idée intenable d'une négation objective. Il resterait dès lors à s'en tenir au thème de l'unité des contraires, la « Contrariété » s'avérant à ceci seulement qu'un terme, dans les faits, produit la désorganisation de l'autre (sa disparition comme processus unifié), dès lors advient lui-même comme autre que ce qu'il était – comme terme d'un autre processus. Division, destruction et altérité sont ici les concepts pertinents, que « négation » fusionne et rend inopérants.

Il est clair à partir de là que le principe intralogique de non-contradiction non seulement n'est pas un obstacle à la pensée dialectique, mais n'est caractéristique que d'une région tout à fait particulière de l'activité humaine. C'est en fait à partir du matérialisme historique et dialectique qu'on peut seulement éclairer l'origine et l'histoire de la logique formelle comme artefact et règle d'écriture, dans sa connexion spécifique à l'histoire des mathématiques.

C'est pourquoi où il y a contradiction il y a mouvement, développement. Hegel raille ces gens qui nient que les choses aient des contradictions : « L'habituelle tendresse pour les choses, dont le seul souci est qu'elles ne se contredisent pas, oublie ici comme ailleurs que la contradiction n'est pas résolue par là[11]. » Lénine a indiqué : « Cette ironie est charmante! La «tendresse» pour la nature et l'histoire (chez les philistins), c'est le désir de les épurer des contradictions et de la lutte[11]. »

---

11. Hegel, *Science de la logique*, Aubier Montaigne, t. II, p. 57, repris par Lénine, t. XXXVIII, p. 129.

III. Le principe selon lequel il y a conversion d'un changement quantitatif en un changement qualitatif radical (f)

La vérité-réalité se développe, et du point de vue de Hegel le développement n'est pas seulement changement quantitatif mais changement qualitatif ; en effet, dans le chapitre sur l'Être de la *Logique*, Hegel a étudié les lois de conversion réciproque, de liaisons réciproques entre le changement quantitatif et le changement qualitatif, entre un état qualitatif et un autre état qualitatif.

(f) Sur les lois de la dialectique

Au point où nous en sommes, l'énumération des caractéristiques du « noyau rationnel » suit de très près les indications de Engels dans *La Dialectique de la Nature* ou l'*Anti-Dühring*. Nous avons en effet trois « lois » :
- l'interdépendance dans le mouvement général des choses,
- la contradiction,
- le changement du quantitatif en qualitatif.

C'est un point de vue classique, mais étroit, y compris au regard de Lénine et de Mao Tsé-toung, qui avaient déjà remarqué que la troisième loi (quantité/qualité) était un cas particulier de la deuxième, puisqu'elle désigne la conversion du quantitatif en qualitatif comme réalisation de l'unité de ces contraires que sont quantité et qualité.

Les trois « lois » ont également le défaut de ne pas ordonner le « noyau rationnel » autour de son point central - la loi de l'unité des contraires -, ce qui ouvre la voie à son remplacement par un autre point central : le principe d'interdépendance, ou, en fait, un principe plus vague encore de « totalité concrète » (sur tout cela, *cf.* A. Badiou, *Théorie de la contradiction*).
Ces questions sont essentielles, parce qu'elles concen-

> trent le reflet de la lutte entre les deux voies sur la question de la transition socialiste. Faut-il considérer la société socialiste principalement comme une totalité en devenir, dont le garant est ce point fixe qu'est l'État de dictature du prolétariat ? Ou au contraire comme étant principalement une étape – toute nouvelle – de la contradiction bourgeoisie/prolétariat ? La dictature du prolétariat est-elle un concept *étatique* de l'interdépendance dominée des phénomènes, ou un concept *politique* relatif à la continuation de la lutte des classes? Est-ce la pratique étatique d'organisation de tout le peuple qui condense l'expérience socialiste, ou les révolutions culturelles, comme normes politiques suprêmes de la lutte des classes ayant pour cible le dépérissement de l'État ?
> Le maoïsme tranche sur ce point : c'est bien la politique prolétarienne et révolutionnaire qui demeure la clé des phénomènes tout au long de la transition socialiste. L'État doit être évalué à partir de la lutte des classes du prolétariat, et non l'inverse. Tout particulièrement sous le socialisme, dans la dialectique État/révolution, c'est le point de vue de classe – donc la révolution – qui est, quant aux tâches historiques du prolétariat, l'aspect principal de la contradiction. D'où la thèse philosophique du primat stratégique de la loi de la division (la lutte politique de classe) sur la loi de totalité (de stabilité étatique).

Hegel considère que la qualité et la quantité sont des caractères que possède toute chose. Mais il y a une différence entre la qualité et la quantité. Pour reprendre les propres termes de Hegel, la qualité est un caractère uni à l'Être alors que la quantité ne l'est pas directement. Par unité de la qualité et de l'Être Hegel veut dire que la qualité est la détermination qui fait qu'une chose est une chose. Une chose est ce qu'elle est de par sa qualité ; si elle perd sa qualité, elle cesse d'être cette chose. S'il y a telle qualité, telle chose est ; s'il n'y a pas telle qualité, telle chose n'est pas. Aussi conclut-il que la qualité est unie à l'Être. Dire que la quantité n'est pas directement unie à l'Être, cela signifie que la grandeur ou l'augmentation et la diminution de la quantité n'influent pas sur la qualité de la chose, n'influent pas sur le fait qu'elle soit ou ne soit pas ; les rapports entre la quantité et l'Être sont externes (g).

(g) Quantité et qualité : place, excès, destruction

La question a en fait un double aspect.
Tout phénomène est simultanément une intériorité qualitative et une croissance ou une décroissance quantitative. Mais l'association vague de la quantité au nombre ou à la mesure fait obstacle à la saisie dialectique du rapport quantité/qualité.
Il faut appeler « quantité » la forme de variabilité (de mouvement) du phénomène telle que, dans ses effets, elle ne modifie pas le tout contradictoire où le phénomène s'inscrit quant à ses caractères structuraux. La variation quantitative est essentiellement ce qui laisse la chose *à sa place,* puisque tout caractère structural d'une contradiction se résout dans une disposition des termes.
Par exemple, l'augmentation numérique de la classe ouvrière ou le nombre croissant de militants maoïstes ne sont pas des faits qui désignent *par eux-mêmes* une transformation structurelle de la contradiction bourgeoisie/prolétariat, ou du rapport politique entre l'avant-garde ouvrière et le révisionnisme moderne, bien qu'ils créent, au regard de cette transformation, des systèmes de contraintes nouveaux et essentiels. Nous disons que la quantité est ce par quoi la variabilité du terme considéré demeure asservie à un système de places.
La qualité, en revanche, est toujours différentielle : elle n'existe au sein même de la variation quantitative que comme ce qui est en excès sur la place où se tient cette variation. Excès qui est en contradiction avec la quantité dans l'exacte mesure où son effet propre est la destruction de la place.
C'est ainsi que l'émergence politique de la classe ouvrière ou la pratique de la politique maoïste sont par elles-mêmes rebelles à toute assignation prolongée par un système fixe de la contradiction bourgeoisie/prolétariat, ou de la contradiction maoïsme/révisionnisme moderne.
Le rapport à l'être de la qualité et de la quantité n'est

> donc pas tant une question de « proximité » que de *type de variabilité*. La quantité désigne la variation placée (conservatrice et extensive) ; la qualité la variation forcée (destructive). L'une désigne le procès *intégral* du terme considéré (sa considération en tant qu'inclus dans un Tout) ; l'autre son procès *différentiel* (sa considération en tant qu'hétéronome au Tout).
> Toute entité est le mouvement contradictoire de ces deux variations. Dire que l'accumulation quantitative se résout en saut qualitatif veut dire que le processus différentiel finit par « s'intégraliser », c'est-à-dire par ne plus être quantitativement assignable dans l'espace des places où il se tenait. Il fait donc advenir, cet espace détruit, une autre figure structurale de distribution des places (et des variations quantitatives).
> Il n'est pas tout à fait exact de dire que la sommation quantitative *produit* le saut qualitatif selon une causalité linéaire. En vérité, l'écart différentiel, à un certain stade de la variation quantitative, *n'a plus la place d'être hors place*. Ainsi un parti maoïste quantitativement très puissant ne *peut plus* se tenir dans le simple excès au regard de ce que les bourgeoisies fixent comme place à la politique révolutionnaire du peuple. Il faut alors prendre le pouvoir, ou être brutalement réduit. La deuxième hypothèse existe toujours, et c'est pourquoi il n'existe jamais de victoire mécanique. Cela tient précisément à ce que la dialectique quantité/qualité existe à tous les stades de développement du phénomène, et ne surgit pas par sommation.
> Cela tient aussi à ce que la variation quantitative ne produit pas d'elle-même une nouvelle place, mais une limitation de la possibilité d'affirmation différentielle par rapport au système de places existant.

Cependant, en indiquant la différence entre la qualité et la quantité, Hegel souligne les liens étroits entre l'un et l'autre. Pour Hegel, la non-influence du changement quantitatif sur la qualité ne s'entend qu'à l'intérieur de certaines limites : par exemple quelle que soit l'augmentation ou la diminution de la température de l'eau, cela n'influe pas sur la nature de l'eau elle-même. De même pour un paysan qui alourdit le fardeau de son âne : dans certaines limites, cela n'influera pas sur la marche de l'âne. Cependant, quand le changement quantitatif dépasse la limite, il peut amener le changement d'une qualité en une autre. Ainsi, si la température de l'eau s'élève jusqu'à dépasser certaines limites, l'eau devient vapeur ; si elle baisse jusqu'à dépasser certaines limites, elle devient glace. De même, si le paysan rajoute kilo après kilo sur son âne et que le poids du fardeau dépasse certaines limites, l'âne tombera, ne pouvant supporter le fardeau. Hegel a souligné qu'on ne peut faire de ces exemples des plaisanteries, car en réalité ils sont riches de sens. Ces exemples illustrent de façon vivante la loi de la conversion du changement quantitatif en changement qualitatif. Ils montrent qu'au début le changement quantitatif est sans conséquence du point de vue de la qualité, mais que, quand ce changement atteint un certain degré, il entraîne une transformation de la qualité. Hegel a indiqué : le changement quantitatif est un mouvement graduel ou progressif, le changement qualitatif est une rupture dans la gradation. Ici Hegel expose clairement l'idée du développement par bond, et attaque le point de vue métaphysique qui réduit le mouvement à un pur changement quantitatif.

IV. Le principe selon lequel la connaissance est un processus qui va de l'abstrait vers le concret, du simple au complexe

Le concret dont il est question ici, nous l'avons déjà dit plus haut, désigne l'unité variée. Hegel considère que le procès de développement de la vérité-réalité, c'est-à-dire de l'Esprit Absolu, de l'Idée Absolue, est en même temps le procès de son autoconnaissance. Il considère que ce procès de connaissance est un processus qui va de l'abstrait, du superficiel, du pauvre, vers le concret, le profond, le riche. C'est pourquoi l'ensemble du procès de l'Esprit Absolu, depuis le stade logique jusqu'au stade spirituel en passant par le stade naturel, est un processus de plus en plus concret, de plus en plus complexe : « La connaissance relative à l'Esprit est ce qu'il y a de plus haut, de plus difficile [...] c'est la plus concrète de toutes les sciences[12]. » Nous allons maintenant discuter de façon plus précise en prenant la logique comme exemple. Hegel considère que le mouvement de chaque concept, de chaque catégorie dans la logique est fonction de contradictions internes. Chaque concept comprend en lui-même sa propre négation, et, comme cet aspect de négation est en contradiction avec lui-même, il est finalement nié et se convertit en un autre concept, une autre catégorie. Cependant, le sens que Hegel donne à la négation n'est pas celui de la conception métaphysique de la négation, simple dépassement. Il s'agit de dépasser le donné primitif en conservant ce qu'il y a de rationnel ; c'est pourquoi le terme de négation a à la fois le sens d'achèvement et de conservation. C'est justement pour cela que les processus de connaissance, le processus de

12. Hegel, sans doute un passage, difficilement reconnaissable, de l'*Encyclopédie*.

conversion et de déduction des concepts dont parle Hegel n'est pas un processus de dépassement d'un concept par un autre, mais le processus d'un approfondissement, d'une concrétisation progressive et d'un enrichissement incessant du contenu. Par exemple, dans la logique, le concept de départ, l'Être, n'a absolument aucune détermination, c'est le concept le plus abstrait et le plus vide, mais à travers le processus de négation l'Être se convertit en devenir puis à nouveau en qualité. Bien sûr, le concept de qualité comparé à l'Être simple est plus concret, plus profond et plus riche, car il exprime l'idée qu'il comprend certaines déterminations, alors que l'Être simple n'en comprend aucune. De même pour le concept de degré : il s'agit du dernier concept du chapitre sur l'Être dans la *Logique,* et en même temps du concept le plus riche et le plus concret de ce chapitre, parce qu'il ne dépasse pas seulement les concepts de Qualité et de Quantité qui le précèdent mais les comprend tous les deux. Il est l'unité de la Qualité et de la Quantité, De même dans le chapitre sur l'Essence : la Réalité est le dernier concept, il est en même temps le plus riche et le plus concret, il ne dépasse pas simplement l'Essence et le Phénomène, il est l'unité des deux. De même le dernier concept du dernier chapitre de la *Logique* : le Concept, c'est-à-dire l'Idée Absolue, est le concept le plus riche et le plus concret de l'ensemble de la logique, il ne dépasse pas simplement tous les concepts et catégories qui le précèdent mais il les comprend tous en lui. Il est l'unité de l'Être et de l'Essence. Tous les concepts et catégories qui l'ont précédé sont ses propres parties constitutives, ce sont tous les maillons qui le constituent. C'est pourquoi tous les concepts de la logique de Hegel ne sont pas la juxtaposition et l'alignement de plusieurs concepts situés sur une même ligne d'égalité, mais ils sont en réalité des stades différents du processus d'autodéveloppement, d'autoconnaissance de l'Idée Absolue. C'est pourquoi un concept tel que l'Être n'est pas un concept en dehors de l'Idée Absolue ; en réalité, l'Être c'est l'Idée Absolue, ce n'est que l'étape la plus inférieure et la plus abstraite de l'Idée Absolue. La définition de l'Idée Absolue donnée ici est la définition la plus abstraite et la plus superficielle. Ou, si l'on préfère, la connaissance que l'Idée Absolue a ici d'elle-même est la plus abstraite et la plus vide. Le concept d'Essence, ce n'est pas non plus un concept en dehors de l'Idée Absolue ; en réalité, l'Essence c'est l'Idée Absolue, ce n'est qu'un stade assez inférieur et peu concret de l'Idée Absolue. L'Idée Absolue c'est donc aussi l'Essence, mais la définition que l'on donne ici de l'Idée Absolue n'est pas une définition très concrète ou, si l'on préfère, la connaissance que l'Idée Absolue a d'elle-même n'est pas très concrète. C'est pourquoi l'Idée Absolue est le grand rassemblement de tous ces concepts précédents, et tous ces concepts sont chacun un des stades de son autodéveloppement, et en même temps son contenu. En dehors de tous ces stades, l'Idée Absolue elle-même n'est que vide et sans aucun sens. C'est pourquoi Hegel considère que pour comprendre l'Idée Absolue il faut comprendre chacun des stades de son autodéveloppement. Pour comprendre les catégories et les concepts ultimes et suprêmes de la logique, il faut comprendre l'ensemble du système de ses concepts.

On peut donc voir que le processus de l'autoconnaissance de l'idée chez Hegel part de l'Être le plus abstrait et le plus superficiel, et à travers le processus d'une série de négations passe du stade de l'Être au stade de l'Essence, puis du stade de l'Essence arrive au stade du Concept, pour finalement s'arrêter à l'Idée Absolue. L'ensemble de ce processus est un processus d'approfondissement et de concrétisation progressif de l'abstrait vers le concret et du simple vers le complexe ; dans ce processus, chaque catégorie est relativement supérieure et plus concrète, plus profonde, que les catégories précédentes.

Pour exprimer cette idée, nous pouvons encore prendre un autre exemple particulièrement clair : la conception de l'histoire de la philosophie chez Hegel. Hegel considère que la philosophie est la forme suprême de l'Idée Absolue. C'est pourquoi l'histoire du développement de la philosophie suit un chemin qui va de l'abstrait vers le concret et du simple vers le complexe. Hegel s'est fermement opposé à l'idée selon laquelle l'histoire de la philosophie est l'amas et l'alignement d'opinions éparses. Il est inepte et superficiel de concevoir que toutes les écoles métaphysiques dans l'histoire de la philosophie s'excluent et s'anéantissent simplement l'une l'autre réciproquement, inepte et superficiel de concevoir qu'un système métaphysique « tue » un autre système métaphysique, puis le rejette, considérant ce système métaphysique mort comme quelque chose qui n'a plus aucune valeur. Pour Hegel, si chaque système philosophique dans l'histoire de la philosophie n'a pas un stade préliminaire, s'il n'a pas quelques liens avec d'autres systèmes philosophiques, il ne peut pas lui-même avoir de contenu. Si un système philosophique peut exister c'est, quant au fond, parce qu'il a des liens avec les systèmes philosophiques précédents, parce que tout système philosophique apparaît nécessairement et se développe à partir des pensées philosophiques précédentes.

Hegel soutient qu'il n'y a qu'une vérité. La philosophie est l'autophilosophie, l'autoconnaissance et l'autodéveloppement de la vérité. Chaque système philosophique a pour contenu cette vérité unique et est donc une étape particulière de l'autodéveloppement et de l'autoconnaissance de la vérité.

Les premiers systèmes philosophiques sont les philosophies les plus abstraites et les plus pauvres ; dans ces systèmes philosophiques, le développement de la vérité se trouve encore à un stade intérieur, le contenu et les déterminations de la vérité sont encore extrêmement abstraites et pauvres. Ensuite, plus on a un système philosophique récent et plus on y maîtrise la vérité de façon concrète et profonde. Plus son contenu est concret, riche et profond, plus la vérité se trouve à un stade supérieur. Ces systèmes philosophiques récents ont fait de tous les systèmes philosophiques précédents des matériaux réels existants. En les prenant pour commencement, ils les ont retravaillés et transformés ; les systèmes philosophiques récents n'ont donc pas simplement rejeté tous les systèmes philosophiques précédents, ils les ont utilisés pour s'enrichir eux-mêmes, ils ont fait d'eux leurs maillons et leurs éléments constitutifs. Ainsi les conservent-ils tout en les dépassant. C'est pourquoi les philosophies les plus récentes et les plus nouvelles sont les plus concrètes, les plus riches et les plus profondes, elles sont « un miroir de toute l'histoire » passée. Hegel considère donc que, pour comprendre la forme dernière c'est-à-dire actuelle, du développement de la philosophie, on doit comprendre l'histoire de son développement passé. L'étude de l'histoire de la philosophie, c'est l'étude de la philosophie elle-même (h).

(h) Histoire de la philosophie, histoire réelle, Glucksmann, Heidegger

« L'étude de l'histoire de la philosophie, c'est l'étude de la philosophie elle-même. » Cela est vrai si par histoire de la philosophie on entend la philosophie dans son rapport au monde réel, et non pas l'auto-avènement du concept, l'eschatologie philosophique. Là comme ailleurs il y aura donc deux bilans possibles de Hegel. 1) Le premier qui, s'appuyant sur une philosophie qui

a « comme fondement un énorme sentiment historique » (Marx), travaillera à porter à son terme l'idée matérialiste de Hegel que les philosophies sont « un miroir de toute l'histoire passée »...
2) Un autre qui, de Hegel, relèvera surtout que cette histoire est autoréalisation du concept, de l'idée... bref, que ce sont les idées qui mènent le monde ; qu'en dehors du monde matériel réel il est possible d'établir un lien entre les différents systèmes philosophiques, de les penser ainsi dans leur histoire de façon autonome. Conception que Marx analysait comme suit :
« En fait, le tour de force qui consiste à démontrer que l'Esprit est souverain dans l'histoire [...] se réduit aux trois effets suivants :
1) Il s'agit de séparer les idées de ceux qui, pour des raisons empiriques, dominent en tant qu'individus matériels et dans des conditions empiriques, de ces hommes eux-mêmes, et de reconnaître en conséquence que ce sont des idées ou des illusions qui dominent l'histoire.
2) Il faut apporter un ordre dans cette domination des idées, établir un lien mystique entre les idées dominantes successives, et l'on y parvient en les concevant comme des "autodéterminations du concept".
(Le fait que ces pensées sont réellement liées entre elles par leur base empirique rend la chose possible ; en outre, comprises en tant que pensées pures et simples, elles deviennent des différenciations de soi, des distinctions que produit la pensée elle-même.)
3) Pour dépouiller de son aspect mystique ce "concept qui se détermine lui-même", on le transforme en une personne – la "Conscience de Soi" ou, pour paraître tout à fait matérialiste, on en fait une série de personnes qui représentent le "Concept" dans l'histoire, à savoir les "penseurs", les "philosophes", les idéologues qui sont considérés à leur tour comme les fabricants de l'histoire, comme le "comité des gardiens", comme les dominateurs. Du même coup, on a éliminé tous les éléments matérialistes de l'histoire et l'on peut tranquillement lâcher la bride à son destrier spéculatif » (*L'Idéologie allemande,* Éditions sociales, p. 78).
On a là d'une certaine manière tout le programme de la « nouvelle » philosophie : l'histoire de la philosophie comme autoréalisation, détermination des concepts de l'État et du goulag : les maîtres penseurs

comme fabricants de l'histoire.

Même si leur opposer un matérialisme élémentaire n'a qu'un pouvoir oblique et ne saurait donc constituer le tout de la réponse face à ce qui se dessine comme nouvel idéalisme avec les « nouveaux » philosophes, il n'est pas mauvais de le rappeler.

À tout le moins, cela permet en effet de saisir ce courant dans sa tout aussi élémentaire dimension idéaliste.

Car, dans ce que Glucksmann considère être le rapport de la philosophie à l'histoire, ce dont il s'agit déjà c'est d'une inversion pure et simple de la thèse matérialiste du primat de la réalité sur la pensée.

La pensée n'y est pas conçue comme ce qui d'abord et principalement reflète la réalité. Ce n'est pas l'histoire réelle qui se reflète dans un texte et à la limite un rapport au texte (et là-dessus, autrement que ne le fait Glucksmann, il y aurait en effet beaucoup de choses à dire du rapport du texte à son lecteur tel qu'il se présuppose dans les introductions et préfaces hégéliennes). Du texte et de la réalité, c'est le texte qui est principal pour Glucksmann, au sens où par exemple : « L'Allemagne natale des fascismes n'est pas un territoire ou une population mais un texte et un rapport aux textes mis en place bien avant Hitler » (*Les Maîtres Penseurs,* p. 40).

Dans l'histoire des fascismes et des goulags, il y a adéquation d'un texte et d'un territoire, d'une pensée et d'une réalité. Mais pour Glucksmann le ressort de cette adéquation est à chercher dans le côté actif du texte et de la pensée : l'histoire ne fait que réaliser le texte des maîtres penseurs.

« Adéquation du texte au territoire, oui depuis cinq cents ans et avec exceptions – mais c'est dans l'institution armée du texte qu'il convient de référer le côté actif de cette adéquation : le texte fait la loi au territoire » (p. 42).

Il n'y aura donc d'histoire qu'une stratégie du texte : « Les textes ne servent point simplement à l'exercice du pouvoir, ils sont cet exercice même, ils assujettissent. Plus encore que chaînes de l'esclavage, ils font partie de cet esclavage. Forces de l'ordre dans la tête de ceux qui les subissent, les grands textes du pouvoir européen ne sont pas au service de leurs stratégies de domination, ils sont ces stratégies mêmes » (p. 51).

Histoire du réel plié à la loi du texte des maîtres penseurs, histoire entre autres « d'une étrange Allemagne dont le texte ne colle pas au territoire, elle sera d'hier et de demain, jamais d'aujourd'hui » (p. 43).
Très curieusement, c'est à rejeter en bloc Hegel (p. 176 : « Des générations successives s'acharnent à découper dans l'œuvre de Hegel une pensée de gauche, une méthode révolutionnaire qu'elles opposent au système de droite du prétendu "philosophe officier" de l'État prussien. Elles sont victimes d'illusions d'optique, un seul et même Hegel apparaît sous ses profils de gauche et de droite »), et non à le diviser, qu'on en répète le plus rapidement l'idéalisme, au sens où chez Glucksmann comme chez Hegel il n'y aura d'histoire que celle de la réalisation de l'Esprit, en outre envisageable exclusivement « dans la forme qui est sa complète réalisation : l'État ».
Certes, il y aura bien la plèbe, sauf-conduit de cet idéalisme. Mais, mis à part le fait que cette conception de la plèbe a pour effet de réinscrire tout le bouquin dans une contradiction qui, puisqu'on l'y liquide, s'impensera allègrement (si en effet « les maîtres penseurs se dépassent [...] les uns les autres [...] dans la plèbe » [p. 175], si chacun « crie victoire [en] découvrant les laissés-pour-compte de son prédécesseur » [p. 174], qu'en est-il de ce reste chez Glucksmann ?), que dire d'autre de cette plèbe sinon qu'elle convie ici en silence à un travail de type heideggerien ? Avec la philosophie grecque c'est, au plus près de la plèbe, la question de la plèbe qui se tait. Et c'est du pire, la technique chez Heidegger, les goulags *chez* Glucksmann qu'il nous faut, polissant les ratés de la réalisation de l'histoire, retrouver le sens perdu de la plèbe.
D'où les courtes révérences de Glucksmann à l'idéalisme heideggerien.

Cette idée de Hegel selon laquelle la pensée est un processus de l'abstrait vers le concret et du simple vers le complexe, nous pouvons l'exprimer de la façon suivante : la réalité est concrète, elle est l'unité de plusieurs déterminations. Cependant, la vérité n'atteint ce concret qu'après avoir traversé un long processus de développement. Le premier stade de l'autodéveloppement et de l'autoconnaissance de la vérité est le plus abstrait, celui qui manque le plus de contenu, ses déterminations sont les plus simples. Ensuite, avec la poursuite incessante de l'autodéveloppement et de l'autoconnaissance de la vérité, ces déterminations ou particularités sont de plus en plus riches ; le contenu est alors de plus en plus concret, et ainsi jusqu'à ce qu'elle ait atteint sa forme dernière. À ce moment-là, toutes les déterminations ou particularités précédentes deviennent ses éléments constitutifs, son contenu indispensable et inhérent ; elles sont comprises en elle. Ici la vérité atteint son stade suprême et ultime, c'est-à-dire son stade le plus concret et le plus riche. L'idée selon laquelle la connaissance est un processus qui va de l'abstrait vers le concret, du simple au complexe, Hegel lui-même l'exprime clairement dans un passage : « Ainsi, le connaître avance de contenu en contenu. En premier lieu, ce développement se caractérise par le fait de commencer par des déterminités simples, les suivantes devenant toujours plus *riches* et plus *concrètes*. Car le résultat renferme son commencement, et le cours pris par celui-ci l'a enrichi d'une nouvelle déterminité. [...] C'est pourquoi le développement n'est pas à prendre comme un courant qui va d'une chose dans une autre. [...] À chaque degré de détermination plus avant, il [l'universel] élève la masse tout entière de son contenu antérieur, par son développement dialectique ; non seulement il ne perd rien ni ne laisse quelque chose derrière soi, mais au contraire il porte avec soi tout ce qui est acquis et s'enrichit et se condense en soi-même[13]. »

Dans les *Cahiers philosophiques,* Lénine approuve grandement ces passages. Il dit : « Ce fragment fait, pas mal du tout, une sorte de bilan de ce qu'est la dialectique. »

13. La citation est tirée de Lénine, *Œuvres complètes*, t. XXXVIII, « Notes philosophiques ».

De là, on peut voir que la pensée de Hegel relative au fait que la connaissance est un processus de l'abstrait vers le concret et du simple vers le complexe a son noyau rationnel : les choses concrètes dans la réalité objective sont justement le lien réciproque et la somme de plusieurs aspects, elles sont des unités organiques ayant plusieurs déterminations et aspects variés. Pour connaître vraiment une chose, il faut maîtriser les liens d'unité organique de tous ses aspects. Cependant, dans le procès de connaissance réel, l'humanité ne peut maîtriser d'un coup l'unité organique de toutes les déterminations d'une chose concrète. Le processus de connaissance que les hommes ont du caractère concret des choses, le processus de connaissance des liens organiques de tous les aspects d'une chose concrète est long et sinueux. Le but de la maîtrise des choses n'est atteint qu'en passant par un processus d'« activité abstraite ». Ce qui est appelé ici « activité abstraite », c'est le fait d'extraire de l'ensemble un aspect, une détermination, de l'examiner et de le connaître isolément. Pour reprendre l'exemple de Marx dans l'*Introduction à la critique de l'économie politique*, la population est une chose concrète, elle est l'unité organique de plusieurs aspects, de plusieurs déterminations. Mais, quand nous connaissons la population, nous n'avons au début absolument aucune connaissance des différents éléments qui constituent la population, ses différentes déterminations, nous n'avons qu'une « impression chaotique ». Pour que notre connaissance se rapproche du but, qui est de maîtriser cette chose concrète, unité de plusieurs déterminations, qu'est la population, nous devons entreprendre des « activités abstraites », analyser toute cette « impression chaotique » de la population, analyser tous les éléments et déterminations qui constituent la population : par exemple les classes jusqu'à tous les éléments et toutes les déterminations qui les constituent, comme le travail salarié, le capital, et jusqu'à tous les éléments et toutes les déterminations qui constituent le travail salarié et le capital comme l'échange, la division du travail, les prix... Nous devons extraire avec une précision croissante tous les éléments et déterminations les plus simples, unis à l'origine dans cette chose concrète qu'est la population, afin de la connaître. Mais, si l'on s'arrête à ce stade de l'« activité abstraite », on ne peut pas encore atteindre le but visant à maîtriser la chose concrète ; ce que nous obtenons à ce stade, ce ne sont que des choses abstraites. La population n'est pas du tout un amas fortuit d'éléments et de déterminations comme classe, travail salarié, capital, etc., la population est toujours l'unité organique de ces éléments et déterminations. Aussi, pour maîtriser les choses concrètes, devons-nous avoir une compréhension unifiée de ces éléments et déterminations simples, comprendre les liaisons et l'unité organique entre ces éléments et déterminations. C'est à cette seule condition que l'on peut connaître le vrai visage de la population, son riche contenu, et dire que l'on a atteint la connaissance concrète de la population. À partir de cet exemple, nous voyons clairement que le processus décrit par Hegel, processus qui va de l'abstrait vers le concret, du simple vers le complexe, reflète en effet, de façon inconsciente, le processus de connaissance réel. Tel est précisément le noyau rationnel de la conception de Hegel.

V. Le principe relatif à l'identité de la pensée et de l'être et à la coïncidence entre le logique et l'historique

Un principe important de la philosophie hégélienne est l'identité de la pensée et de l'être (i). Kant considère qu'il y a un fossé infranchissable entre la pensée et l'être, que le véritable visage de l'être (la « chose en soi ») est quelque chose que la pensée, la connaissance ne pourra jamais atteindre : c'est quelque chose qui par principe serait inconnaissable.

(i)Lutte de classe sur la pensée et l'être

L'identité de la pensée et de l'être a été en Chine le thème d'une lutte philosophique particulièrement âpre dont le temps fort s'est situé entre 1958 et 1963 et à laquelle l'auteur, Zhang Shiying, a personnellement participé. C'est lui, entre autres, qui rappelle la position de la philosophie marxiste sur cette question : la reconnaissance ou la négation de l'identité entre la pensée et l'être trace une ligne de démarcation entre ceux qui estiment que la pensée est en état de connaître le monde réel et ceux qui posent l'existence d'une barrière infranchissable entre les deux (*cf.* Engels, *Ludwig Feuerbach et la Fin de la philosophie allemande*, Éditions sociales, pp. 27-28) ; la reconnaissance ou la négation que les rapports entre pensée et être sont des rapports d'identité dialectique permet de distinguer le matérialisme dialectique de sa déviation mécaniste et révisionniste qui fétichise les « conditions objectives ». Le texte de Mao Tsé-toung *D'où viennent les idées justes ?* est en partie une intervention philosophique directement liée à ce débat et à la conjoncture politique dont il est la trame, le Grand Bond en avant : contre le philosophe Yang Hsien-tchen (*cf.* A. Badiou, *Théorie de la contradiction*) qui veut s'en tenir à une stricte position « matérialiste » sur le reflet de l'être par la pensée et qui en même temps voit dans le Grand Bond en avant une « fièvre petite-bourgeoise » et « volontariste », Mao affirme

en 1963 : « La matière peut se transformer en esprit et l'esprit en matière. » Quand Yang Hsien-tchen parle du Grand Bond et du mouvement des communes populaires comme d'un « gâchis » imputable à l'« identité de la pensée et de l'être » et à une « exagération de l'activité subjective de l'homme », il s'en prend en fait au rôle de la mobilisation des masses.
Il est intéressant de noter que le IIe Plénum issu du IXe Congrès du P.C.C. qui se tient à Lushan en août 1970 et qui est le théâtre d'une lutte très vive entre le quartier général prolétarien et les partisans de la « théorie du génie » regroupés autour de Lin Piao aura comme effet une offensive philosophique qui ouvre la critique de Lin Piao un an avant la mort de celui-ci : on assiste alors en Chine à un réexamen de la lutte philosophique sur l'identité de la pensée et de l'être. C'est en effet une coupure métaphysique entre pensée et réalité qui est à l'œuvre dans les conceptions défendues par Lin Piao, comme celle d'une connaissance « innée », séparée de la transformation de la réalité, ou celle qui présente les dirigeants révolutionnaires dans l'histoire comme des « génies » au-dessus de l'histoire et des masses, ou encore celle qui inverse les rapports entre la transformation du monde subjectif et celle du monde objectif.

Hegel a critiqué ce point de vue. Il s'est opposé à la rupture métaphysique entre la pensée et l'être ; il considère que, si l'on sépare radicalement la pensée et la chose elle-même (l'être) et que l'on affirme que la chose elle-même et la connaissance que nous en avons sont absolument séparées, nous en serons toujours réduits à ne pouvoir connaître les choses et nous ne pourrons jamais résoudre le problème de savoir comment la connaissance est possible. Hegel dit que ce point de vue conduit au doute et au désespoir. Hegel avance que le véritable aspect d'un phénomène, ou d'une chose, est nécessairement ce que la pensée juste de l'homme connaît, et donc que les choses elles-mêmes sont par principe connaissables. Hegel considère que ces deux aspects contraires que sont la pensée et l'être sont unis de façon interne : d'un côté, l'être est le contenu de la pensée. Sans être la pensée manque de contenu, elle est vide. D'un autre côté, en dehors de la pensée, les choses, l'être, perdent leur dimension de vérité. La pensée est ce qui saisit et fait advenir l'essence des choses. Pour Hegel, les choses ne sont que la manifestation extérieure ou « extériorisation » de la pensée. En outre, ce qui est « extériorisé » est amené finalement à être nié et à retourner à sa base primitive – à l'intérieur de la pensée –, c'est pourquoi la pensée et l'être sont en réalité deux aspects d'une même chose. Cependant, ces deux aspects ne se situent pas sur un pied d'égalité, car, selon le point de vue de Hegel, la pensée est ce qui est dirigeant, c'est ce qui est premier, alors que les choses, l'être, sont subordonnés ; ils sont le produit de la pensée.

Sur la base de ce principe d'identité entre la pensée et l'être, Hegel considère que, dans la philosophie, il y a également identité entre la théorie relative à l'être, c'est-à-dire l'ontologie, et la théorie relative aux lois et aux formes de la pensée, c'est-à-dire la logique. En même temps, comme dans l'identité de l'être et de la pensée la pensée est principale et l'être secondaire, Hegel en vient à considérer que la logique est l'âme de l'ontologie, que l'ontologie a pour fondement la logique.

Hegel estime que la pensée est première, que l'être est second, et il fait de la logique le fondement de l'ontologie. Cela est manifestement le principe fondamental de la philosophie idéaliste de Hegel. Cependant, ici le noyau rationnel de la philosophie hégélienne réside dans le fait que, à l'intérieur d'une philosophie idéaliste, il a deviné l'unité des lois de la pensée et des lois objectives, la coïncidence de l'ontologie et de la logique. Comme l'a dit Lénine : « Hegel a effectivement *démontré* que les formes et les lois logiques ne sont pas une enveloppe vide, mais le *reflet* du monde objectif. Plus exactement, il ne l'a pas démontré, mais *génialement* trouvé[14]. »

D'autre part, le noyau rationnel de la philosophie hégélienne réside aussi ici dans le fait qu'il a souligné le caractère agissant (j) de la pensée.

(j) Sur le terme « caractère agissant »

Le terme de « caractère agissant » a été préféré à celui d'« activité », dans la mesure où il rend mieux l'idée d'action en retour du subjectif sur l'objectif. Il renvoie au concept philosophique d'« activité consciente » ou d'« activité subjective » développé par Mao Tsé-toung dans son écrit militaire *De la guerre prolongée* (*cf. Œuvres choisies* de Mao Tsé-toung, t. II, pp. 161-162, le chapitre intitulé « L'activité consciente dans la guerre »).

Nous savons que la pensée de l'homme peut non seulement refléter le monde objectif mais également, en s'appuyant sur les lois objectives déjà connues, avoir une action, une influence sur le monde objectif, transformant ainsi ce qui au départ ne se trouvait que dans la pensée – comme idéal, projet, programme, etc. – en être réel ; le monde objectif est alors subordonné et lui appartient. Le point de vue hégélien selon lequel les choses sont l'extériorisation de la pensée, selon lequel ce qui est extériorisé est nié puis retourne à la pensée, développe de façon idéaliste cette activité subjective de la conscience humaine.

L'idée de Hegel sur la coïncidence entre la logique et l'historique est la manifestation concrète, dans sa philosophie, du principe de l'identité de la pensée et de l'être. Hegel considère que, puisqu'il y a identité entre la pensée et l'être, le processus de développement de la pensée et de la connaissance et celui du développement de l'être avancent côte à côte. Le premier,

14. Lénine, «Science de la Logique de Hegel».

c'est ce qui est appelé le « logique », le second ce qui est appelé l'« historique » ; les deux coïncident. Prenons encore des exemples dans la logique et dans la conception de l'histoire de la philosophie de Hegel : quand nous avons expliqué plus haut l'idée de Hegel selon laquelle la connaissance est un processus qui va de l'abstrait vers le concret, du simple vers le complexe, nous avons dit que le développement des concepts de la logique de Hegel et le développement de l'histoire de la philosophie respectaient le processus qui va de l'abstrait vers le concret, du simple vers le complexe. Pourquoi le cours du développement des deux coïncide-t-il ? Ce n'est absolument pas un hasard. C'est justement la manifestation du principe de coïncidence entre le logique et l'historique. Ce que l'on entend ici par logique désigne le procès de développement des concepts de la logique, et ce que l'on entend par historique désigne le procès de développement de l'histoire de la philosophie. C'est justement sur la base de ce principe que Hegel considère que l'ordre historique d'apparition des systèmes philosophiques et l'ordre de déduction des concepts logiques sont les mêmes. Sur la base de ce principe, Hegel a grossièrement établi des rapports parallèles et des rapports de correspondance entre l'ordre des concepts logiques, dans la logique, et l'ordre d'apparition des systèmes philosophiques, dans l'histoire de la philosophie. Ainsi, dans la logique il y a une catégorie, l'Être. Il s'agit de la catégorie la plus originelle, la plus abstraite et la plus pauvre. Correspondant à cette catégorie, il y a, dans l'histoire de la philosophie, la philosophie de Parménide, car le principe fondamental de la philosophie de Parménide est de considérer l'Être comme Absolu. Hegel considère qu'où commence la logique commence l'histoire de la philosophie. C'est pourquoi une véritable histoire de la philosophie, pour Hegel, commence toujours avec la philosophie de Parménide. Dans la logique, il y a une catégorie, celle de « devenir », et il y a dans l'histoire de la philosophie une philosophie correspondante, la philosophie d'Héraclite : elle considère le « devenir » comme le caractère fondamental des choses. De même, dans l'histoire de la philosophie, ce qui correspond à la catégorie logique d'« être en soi » c'est la philosophie de Démocrite. Ce qui correspond à la catégorie logique de substance, c'est la philosophie de Spinoza ; et ce qui correspond à la catégorie ultime, suprême mais également la plus concrète, d'Idée Absolue, c'est la philosophie de Hegel lui-même. Hegel considère cependant qu'une coïncidence totale entre le logique et l'historique est impossible, et c'est pourquoi ce type de rapports parallèles et de correspondances décrits plus haut ne sont pas absolus. Comme, en effet, l'histoire réelle comprend toujours de la contingence, elle peut avoir des déviations, et, d'un point de vue logique, ces phénomènes contingents, ces phénomènes de déviation (k) peuvent être mis de côté.

(k) Le concept philosophique de déviation

L'idéalisme de Hegel se manifeste aussi par l'absence de toute théorie positive de la déviation. Dans une conception idéaliste de la dialectique, les déviations n'existent pas vraiment et ne le peuvent d'ailleurs pas. Pourquoi?

Les déviations, les retombées... ne sont en fait pleinement pensables qu'en corrélation dialectique avec la détermination et la limite d'un mouvement.

De ce point de vue, il y a bien deux types de déviations (ce que couramment on désigne : opportunisme de droite/opportunisme de gauche) qui n'auront pas le même temps d'émergence dans le cours du mouvement (l'une au début, l'autre à la fin).

Mais de les penser comme déviations suppose de voir que, comme forces de répétition internes à la contradiction, chacune d'elles ne tend qu'à reconvoquer un des termes de la contradiction initiale :

- la première ne fait que répéter le terme dominant,
- et la seconde, en arguant d'un état de pureté originelle précédant toute détermination, s'assignera de retrouver l'autre. Elle évoquera toujours cette pureté d'origine pour prendre force historiquement.
On le voit donc, les déviations ne sont référables que dans leur correspondance avec la contradiction initiale : attestant le contradictoire même du développement, elles manifestent que tout cela se passe et se déploie dans le champ d'une contradiction initiale.
Mais les penser ainsi c'est justement ce que Hegel ne peut pas faire, puisqu'il présuppose, lui, un terme unique et non une contradiction.
Sur cette base, les déviations n'ont en effet aucune nécessité et comme « la pensée vraie est une pensée de la nécessité » (*Encyclopédie*) son développement ne saurait intégrer une lutte contre les déviations. « Tout le réel est rationnel » parce que nécessaire. De par leur contingence, les déviations ne sont donc pas réelles : ce qui revient à dire que chez Hegel la réalité est conçue sur le mode de l'orthodoxie : elle passe tout entière par l'autre voie.
La dialectique matérialiste va au contraire présenter la déviation comme inéluctable, l'existence du faux et de l'ancien à toutes les étapes du processus comme une loi nécessaire. Il n'y a pas une succession du nouveau et de l'ancien mais lutte continuelle des deux. Les déviations sont nécessaires et la lutte contre les déviations est un élément moteur du développement d'ensemble.
On notera malgré tout que cette absence de théorie positive des déviations ne constitue pas le tout de la position hégélienne.
C'est que sur cette question comme sur beaucoup d'autres on va en fait être confronté aux effets de bascule classiques du système hégélien.
Qu'il y ait terme unique et non contradiction conduit, comme on l'a vu, à ignorer les déviations.
Mais à tenir compte de la pensée vraie de la contingence qui s'intègre à l'histoire du concept (*cf. Logique de l'Essence,* chapitre 21, « La réalité »), le tout ne s'inverse-t-il pas, puisque de la contingence s'y avère la nécessité : « le contingent est donc nécessaire... »
Et du même coup il est réel, etc.

Ce qui se manifeste ainsi, c'est une contradiction typique entre le local et l'ensemble de l'œuvre hégélienne, son

explicite (ce qu'ici il dit de la contingence) et l'implicite (la place que tient en général la lutte contre les déviations dans le dégagement du nouveau), entre le théorique et le pratique.
Autre manière de cerner cette contradiction : que la lutte contre les déviations ne soit pas conçue de façon motrice aura en retour pour effet paradoxal de devoir compter sur elles et elles seules dans la genèse du nouveau. C'est bien ainsi qu'il faut comprendre la filiation être⇒néant⇒devenir. Hegel s'y trouve acculé par son entêtement à partir d'un terme unique. À prendre en effet une contradiction initiale blanc/être pur, première marque, le néant doit en réalité y être compris comme une première retombée (reconvocation du blanc initial dominant). Le retour à l'être, dans le chapitre sur le néant, s'y donnera quant à lui comme le rappel de l'être pur initial. Et c'est ainsi en ne supposant que l'ancien que Hegel prétendra inscrire le nouveau du devenir. Mais on sait qu'il échoue, et qu'il y a coupure.

Aussi ce qui est logique, ce qui est du ressort de la logique, se débarrasse-t-il de la contingence de l'histoire réelle. En parlant du parallélisme et de la coïncidence entre le développement des concepts logiques et le développement de l'histoire de la philosophie, Hegel souligne donc que ces rapports de parallélisme et de coïncidence ne sont référables « qu'à un niveau d'ensemble » ou « grossièrement ».

Nous n'avons pris plus haut que l'exemple de l'histoire de la métaphysique pour expliquer la coïncidence du logique et de l'historique. En fait, pour Hegel, c'est non seulement l'histoire du développement de la métaphysique qui coïncide avec le développement des concepts logiques, mais c'est également le cas de l'histoire du développement de toutes les choses réelles ; le procès du développement de toutes les choses réelles est aussi un procès du simple au complexe, où le contenu s'enrichit sans cesse. Hegel considère que toute chose présente est le résultat d'une chose passée ; l'ultime résultat du développement historique est toujours de conserver la chose passée par une forme de dépassement ; le développement historique est tel un grand cours d'eau, plus loin il coule, plus le volume d'eau est important, c'est-à-dire que le contenu est de plus en plus riche. En exposant sa pensée de la coïncidence de la logique et de l'histoire, Hegel estime, en chamboulant tout, que l'historique n'est que le résultat du développement des concepts logiques ; c'est bien évidemment de l'idéalisme. Mais que Hegel puisse lier étroitement le logique et l'historique constitue la partie rationnelle de sa philosophie. Car, du point de vue du matérialisme scientifique, le cours de la pensée qui va du simple au complexe (le logique) correspond au processus historique réel (l'historique). *Le Capital* de Marx est le meilleur exemple d'étude menée sur la base du principe de la coïncidence de la logique et de l'histoire. Marx étudie d'abord la marchandise, puis la monnaie et enfin le capital. Ici, la marchandise est la catégorie la plus simple, la monnaie est plus complexe que la marchandise, le capital est plus complexe que la monnaie ; selon le procès de la connaissance, si l'on ne connaît pas d'abord les choses simples, on ne peut connaître les choses complexes ; c'est pourquoi un tel processus d'examen, qui va de l'examen de la marchandise à celui de la monnaie, puis de celui de la monnaie à celui du capital, n'est pas fortuit ou arbitraire, mais déterminé par l'ordre logique de la pensée, par la nécessité du procès de la connaissance. Mais, d'un autre côté, le logique est l'expression théorique du développement historique réel, et ce procès de déduction des catégories qui va de la marchandise à la monnaie et de la monnaie au capital est en même temps déterminé par le développement historique réel ; car, dans le développement historique réel, ces trois choses apparaissent selon un ordre du simple vers le complexe, de l'inférieur vers le supérieur – de la marchandise à la monnaie, de la monnaie au capital : l'apparition de la monnaie est plus tardive que celle de la marchandise, et celle du capital plus tardive que celle de la monnaie. Après avoir expliqué tout cela, Marx a indiqué : Dans ces limites, ce cours de la pensée abstraite qui s'élève du plus simple au complexe correspond au procès historique réel.

VI. Le principe relatif à la coïncidence entre logique et théorie de la connaissance

À partir du principe de l'identité de la pensée et de l'Être, Hegel considère d'une part que logique et ontologie coïncident, d'autre part que logique et théorie de la connaissance coïncident également. La théorie de la connaissance est la théorie relative au processus de la connaissance ; le contenu de la connaissance ce sont les choses qui existent (l'être). La logique est la théorie relative aux formes de la pensée, mais Hegel estime que les formes de la pensée qu'étudie la logique dialectique ne sont pas des formules creuses et abstraites, coupées du contenu de la connaissance mais qu'elles sont étroitement liées au contenu : à tel contenu, telle forme. L'ordre des formes de la pensée – concepts, catégories – qu'étudie la logique de Hegel n'est donc pas du tout arbitraire, mais coïncide avec le procès de développement de la connaissance et avec le cours d'approfondissement et de concrétisation incessants du contenu de la connaissance. Si la logique de Hegel part du concept d'Être, c'est parce que la connaissance que nous avons au début des choses concrètes est la plus pauvre et la plus abstraite. Ainsi, quand nous ressentons une chose telle que l'Être, mais que nous ne pouvons rien en dire, le contenu de notre connaissance est alors le plus pauvre et le plus abstrait ; la catégorie logique correspondant à ce stade de la connaissance est l'Être. Les catégories postérieures à l'Être correspondent toutes, pour Hegel, au contenu de la connaissance. Et, comme dans le procès de connaissance on a d'abord la connaissance directe, sensible, et qu'ensuite seulement on pénètre l'essence des choses, de même en logique la catégorie d'Être apparaîtra d'abord et celle d'Essence après ;

comme dans le procès de connaissance, la connaissance de la quantité demande plus d'approfondissement que celle de la qualité, de même en logique la catégorie de qualité apparaîtra d'abord, puis celle de quantité ; comme dans le processus de connaissance, la connaissance des rapports dialectiques entre telle et telle chose est plus profonde que la connaissance simple d'une chose, de même aura-t-on d'abord la catégorie de Chose, puis celle de Causalité, etc. Bref, le développement de la connaissance suit un cours qui va de l'abstrait vers le concret, du simple vers le complexe, et la déduction des catégories logiques suit le même cours. Les deux coïncident. Bien que l'ordre de conversion des catégories logiques de Hegel ait quelque chose de forcé, de rigide, sa logique, dans l'ensemble, expose de façon idéaliste la pensée dialectique rationnelle de la coïncidence entre la logique et la théorie de la connaissance. Pour mieux comprendre la coïncidence entre la logique et la théorie de la connaissance chez Hegel, nous allons aborder plus particulièrement le problème des différents types de jugement dans la logique de Hegel : comme on l'a dit plus haut, la vérité concrète est, pour Hegel, l'unité organique de plusieurs déterminations. Sur la base de ce point de vue fondamental, Hegel affirme que le jugement n'est pas une catégorie extérieure ou parallèle à la vérité concrète, mais le développement de celle-ci, l'exposition et l'explication des particularités ou des déterminations que comprend la vérité concrète. Soit le jugement : « l'or est jaune ». « Jaune » est une exposition des particularités de cette chose concrète qu'est « l'or ». À partir de ce point de vue sur le jugement, Hegel, pour la première fois dans l'histoire de la philosophie, a, en collant de près au contenu (l) de la connaissance, distingué trois grands stades et quatre grandes sortes de jugement.

(I) *« En collant de près au contenu »*

C'est là un aspect bien connu du système hégélien qui trouve une de ses formulations les plus célèbres dans la préface de *La Phénoménologie* où Hegel dit :
« La connaissance scientifique exige qu'on s'abandonne à la vie de l'objet ou, ce qui signifie la même chose, qu'on ait présente et qu'on exprime la nécessité intérieure de cet objet » (p. 47).
Par là se trouvent introduites deux idées :
1) La connaissance scientifique se doit d'exprimer les contradictions internes des choses par quoi celles-ci bougent, changent et évoluent nécessairement.
Pour réussir à exprimer ces contradictions, pour atteindre ce savoir, il faut, nous dit Hegel, s'abandonner à la vie de l'objet. Il faut aller aux choses...
- Sur le premier aspect, le dialecticien matérialiste se reconnaît pleinement dans ce primat des causes internes : « La cause fondamentale des choses et des phénomènes n'est pas externe, mais interne ; elle se trouve dans les contradictions internes des choses et des phénomènes eux-mêmes ». (Mao, t. I, p. 349). Il y a donc bien ici, sur cette question des causes internes comme principe de développement des choses elles-mêmes, une filiation Hegel⇒Mao.
- Sur le deuxième point, problème, autrement dit, il faut diviser le propos hégélien :

a) Nul doute que la phrase de Hegel véhicule quelque chose du genre : pour connaître, il faut en passer par les choses elles-mêmes ; les idées justes surgissent de la pratique... Oui, mais une pratique qui s'alimente à quel moment ?
b) C'est là toute la question, car, aucun doute, avec Hegel il ne s'agit pas de révolte mais bien de son inverse. Connaître supposera le moment pratique de l'abandon. Le principe maoïste « On a raison de se révolter » devient donc chez Hegel : on a raison de s'abandonner, et la filiation Hegel⇒Mao précédemment relevée devient, de beaucoup, contradictoire.
Si donc au travers du conseil hégélien (il faut s'abandonner à la vie de l'objet) on peut concevoir une unité entre le marxisme et Hegel, l'un et l'autre maintenant que la pratique est une condition interne à la théorie

elle-même, il n'en va pas de même à prendre en compte le moment pratique en question dans l'un et l'autre cas : pour un marxiste, c'est la révolte contre les réactionnaires qui est l'ancrage interne de la théorie ; à l'inverse, pour Hegel seul celui qui est pratiquement intérieur à l'abandon se trouverait à même de connaître. Ce qu'il formulera encore en disant qu'« il suffit de considérer ou plutôt *d'accepter ce qui existe*, en mettant à part toutes les réflexions et toutes les opinions qu'on peut avoir par ailleurs » (Hegel, *Logique*, p. 68).

Les trois grands stades sont ceux de l'Être, de l'Essence et du Concept, équivalents aux trois grandes parties de la *Logique*. Le jugement du stade de l'Être est le « jugement essentiel » ; le jugement du stade de l'Essence comprend le « jugement réfléchi » et le « jugement nécessaire » ; et le jugement du stade du Concept s'appelle le « jugement conceptuel ». Ces quatre sortes de jugement ne sont pas à un même niveau et n'ont pas la même valeur; il y a une hiérarchie, un ordre donné. La place de celui qui suit est d'un cran plus élevé que celui qui précède. Prenons pour exemples (1) « les roses sont rouges », (2) « les roses sont utiles », (3) « les roses sont des plantes » et (4) « ce bouquet de roses est beau ». Selon le contenu de la connaissance, le sens du prédicat, ces quatre types de jugement sont plus ou moins élevés : le premier (« les roses sont rouges ») est le plus inférieur, car le prédicat de ce type de jugement n'expose que les qualités particulières directes et sensibles du sujet (les roses, choses concrètes). Pour déterminer si le sujet a ou non cette qualité, il suffit d'utiliser nos sensations immédiates. Par exemple, si nous voulons déterminer si la rose a cette qualité qu'est le rouge, il suffit d'utiliser un peu notre vue. Hegel appelle ces jugements « jugements essentiels ». Ce type de jugement montre que le contenu de la connaissance n'a pas encore atteint l'essence de la chose, mais n'est encore que direct, immédiat ; ce type de jugement n'équivaut donc qu'à celui du stade de l'Être, et on ne peut pas dire qu'il équivaut à celui de l'Essence. Le second type de jugement, « les roses sont utiles », Hegel l'appelle le « jugement réfléchi ». Ce qu'expose le prédicat de ce jugement ne concerne plus des qualités particulières, directes, sensible, mais les déterminations relatives à certains liens du sujet. En effet, dire que « les roses sont utiles » a trait aux rapports entre les roses et d'autres choses ; ce type de jugement expose les particularités des roses à partir de leurs rapports avec les autres choses. Hegel estime que ce jugement touche à l'essence des choses, car pour lui la catégorie de chose c'est la « réflexion sur soi » dans un rapport. Ce jugement expose manifestement le contenu du sujet de façon plus concrète et profonde. Ce jugement est donc un niveau au-dessus du jugement essentiel.

Plus élevé que le « jugement réfléchi » est le « jugement nécessaire », tel que « les roses sont des plantes ». Ce qu'expose le prédicat de ce type de jugement, ce sont les rapports de substance du sujet ; comme le « jugement réfléchi », il appartient au stade de l'Essence, mais il comprend plus de nécessité, il expose plus profondément, plus concrètement le contenu et les particularités du sujet. Ce type de jugement est donc supérieur.

Cependant, le jugement qui expose le plus profondément et le plus concrètement le contenu et les particularités du sujet, c'est encore un quatrième type de jugement, le « jugement conceptuel ». Ce jugement montre si une chose concrète (le sujet) correspond ou non à sa nature, à son concept, et jusqu'à quel degré il y correspond. Ainsi, les prédicats « beau », « vrai », « bien »... Par exemple : « ce bouquet de roses est beau », « cette maison est bien ». Ces jugements comparent toujours une chose concrète et son concept, ils comparent « ce bouquet de roses » et le concept de « rose » ; ils comparent « cette maison » et le concept de « maison ». Tout ce qui correspond à son concept, à sa nature, est alors beau, bien et vrai. Aussi, quand nous disons : « ce bouquet de roses est beau », cela veut dire que ce bouquet de fleurs a poussé conformément à la nature, au concept de rose. Quand nous disons ; « cette maison est bien », cela veut dire que cette maison a été construite conformément au concept de maison. Hegel estime que, pour émettre un tel jugement, il faut avoir la connaissance la plus profonde et la plus concrète des choses concrètes.

Ce classement de Hegel est certes quelque peu « obscur et forcé ». Quand en particulier il fait du jugement apodictique l'unique et suprême jugement, c'est là une manifestation de la nature idéaliste de sa philosophie ; cependant, comme l'a dit Engels : « La vérité interne et la nécessité interne de ce classement sont claires[15] ».

Son classement place à des niveaux plus ou moins élevés les diverses formes de jugement selon le procès d'approfondissement de la connaissance, et il a donc profondément décrit le processus de connaissance que les hommes ont de la vérité concrète, et qui va de l'abstrait, de l'indigent, vers le concret, le profond : quand le contenu de notre connaissance n'est que l'existence immédiate de l'objet, qu'il n'est que les qualités particulières abstraites, sensibles, et que donc notre connaissance n'est que très superficielle et abstraite, la forme de la pensée que nous utilisons, le jugement, est le jugement le plus inférieur, le « jugement essentiel » ; quand le contenu de notre connaissance de l'être porte sur les déterminations de rapports de l'objet, quand elle pénètre l'« essence » de

15. Engels, *La Dialectique de la Nature.*

l'objet et que notre connaissance est plus profonde, plus concrète, la forme de pensée que nous utilisons est le « jugement réfléchi » voire le « jugement nécessaire » ; le « jugement conceptuel », lui, exprime que nous avons de l'objet la connaissance la plus profonde et la plus concrète, À tel contenu de la connaissance, telle forme de la connaissance ; le contenu de la connaissance s'approfondit et se concrétise sans cesse, et il en va de même pour la forme de la connaissance ; l'ensemble du système conceptuel de la logique de Hegel expose donc concrètement le principe de l'unité de la logique et de la connaissance. Bien sûr, ce principe est exposé chez Hegel sous une forme idéaliste.

Nous avons relevé plus haut quelques idées dialectiques importantes du système de Hegel ; en fait, la pensée rationnelle de la philosophie de Hegel est beaucoup plus riche que ce que nous avons mentionné. Même dans la « philosophie de la nature », maillon le plus faible de la philosophie hégélienne, il y a pas mal d'idées rationnelles, celles que nous avons citées quand nous avons parlé plus haut du stade naturel en sont des preuves manifestes. Dans *Ludwig Feuerbach et la Fin de la philosophie classique allemande,* Engels dit qu'il suffit de ne pas s'arrêter inutilement au pied de ce grand édifice qu'est le système idéaliste de la philosophie hégélienne, mais qu'en y pénétrant nous y découvrirons d'innombrables trésors. Cet éloge d'Engels n'est pas du tout excessif.

Bien que ce dont parle Hegel ne soit absolument pas la dialectique du monde objectif, dans la dialectique de l'Esprit Absolu ou de l'Idée Absolue, dans le processus de liaison réciproque, de conversion mutuelle et d'autocontradiction des concepts purement logiques, en un mot dans sa dialectique idéaliste, il a deviné, ou plutôt il a reflété inconsciemment, la dialectique des choses objectives elles-mêmes. Par exemple, l'idée de Hegel relative au mouvement et au développement incessants de l'Esprit Absolu, de l'Idée Absolue, et à l'existence des liaisons internes dans le mouvement et le développement, c'est refléter inconsciemment la situation réelle du mouvement et du développement incessants du monde réel ainsi que les liaisons mutuelles et le conditionnement réciproque de tous ses phénomènes. De même, l'idée de Hegel sur l'automouvement de l'Esprit, de l'Idée, et sur le fait que les contradictions sont la source du mouvement, et l'idée relative à la conversion réciproque des deux concepts de « qualité » et de « quantité » : c'est là aussi refléter inconsciemment la situation réelle des contradictions internes et des transformations entre la qualité et la quantité dans le monde réel. Et jusqu'à l'idée de Hegel qui voit dans le procès d'autoconnaissance de l'Esprit, de l'Idée, un procès qui va de l'abstrait au concret, du simple au complexe, c'est encore refléter inconsciemment le procès d'approfondissement et de concrétisation incessants de la connaissance humaine réelle. Et ainsi de suite.

Bref, dans sa dialectique idéaliste, dans la dialectique du concept, « Hegel a génialement *deviné* la dialectique des choses (des phénomènes, de l'univers, de la *nature*)[16] ».

Il a reflété inconsciemment la dialectique des choses objectives elles-mêmes ; c'est là que réside le « noyau rationnel » de la dialectique de Hegel, et son grand mérite historique.

Avant la constitution de la philosophie marxiste, il y avait deux méthodes quant à la question du développement des sciences : l'une était la méthode métaphysique, l'autre la dialectique hégélienne. Cependant, la vieille méthode métaphysique ne pouvait certes pas stimuler le développement des sciences, elle avait déjà été détruite sur le plan théorique par Kant et surtout Hegel ; seule la méthode hégélienne a posé le problème de

16. Lénine, « Science de la Logique de Hegel ».

l'universalité et de l'éternité du développement dialectique ; elle a tenté de faire du monde un procès de mouvement, de transformation et de développement incessants, et d'y découvrir les liaisons internes, elle a eu « comme fondement un énorme sentiment historique ». Lors de l'étude des problèmes, elle est souvent partie du point de vue du développement et de la liaison ; et à l'époque la dialectique hégélienne était donc « parmi les matériaux logiques existant le seul matériau au moins utilisable ». Ce sont justement ces choses rationnelles que Marx et Engels ont assimilées de la dialectique hégélienne quand ils ont créé le matérialisme dialectique.

Voilà pourquoi les grands auteurs marxistes-léninistes ont hautement apprécié la philosophie de Hegel.

Cependant, la dialectique de Hegel est, quant à son essence, fondamentalement idéaliste (m). Elle est édifiée sur une base antiscientifique ; Hegel a seulement deviné la dialectique des choses objectives dans sa dialectique idéaliste, mais il n'a pas eu une connaissance scientifique du processus réel objectif qui apparaît dialectiquement. Au contraire, il a, sous une forme idéaliste (mystique), déformé fondamentalement ce processus réel objectif. C'est pourquoi la dialectique hégélienne « est dans sa forme existante complètement inutilisable ». Et, en assimilant la partie rationnelle de la méthode dialectique de Hegel, Marx et Engels ont donc considéré qu'il faut d'abord faire de la méthode de Hegel une critique radicale, pénétrante, « rejeter sa gangue idéaliste » pour que la dialectique puisse apparaître sous son aspect originel.

(m) Note synthétique sur la dialectique matérialiste

Dans le chapitre suivant (chapitre ici non traduit et intitulé « La conception de Hegel relative au procès de développement de l'ensemble du monde »), l'auteur, essayant de serrer de plus près les déformations

idéalistes de la dialectique hégélienne, est amené à reprendre l'idée selon laquelle :
« La contradiction interne de la philosophie de Hegel réside entre l'aspect progressiste et révolutionnaire de sa philosophie et son aspect consolateur, voire réactionnaire ; plus concrètement ce qui entre en contradiction avec le système idéaliste hégélien ne désigne pas l'ensemble de la dialectique idéaliste, qui forme un tout avec le système idéaliste, mais désigne seulement le "noyau rationnel" de sa dialectique, le fait que dans sa dialectique idéaliste soit devinée la dialectique des choses et des phénomènes objectifs eux-mêmes. »
En traitant ainsi de la question décisive des rapports entre *dialectique et idéalisme* dans l'entreprise hégélienne, Zhang introduit trois notions :
- celle de « système idéaliste »,
- celle de « dialectique idéaliste »,
- celle de « noyau rationnel ».

L'articulation de ces trois notions est alors la suivante : la contradiction propre à l'œuvre de Hegel oppose non pas l'idéalisme (comme système) à la dialectique, mais *l'idéalisme au noyau rationnel*. Le troisième terme (la dialectique hégélienne) est le résultat de cette contradiction.
Ce point est décisif, en ce qu'il indique que la marque idéaliste est interne à la dialectique elle-même. Ainsi s'ouvre la voie d'une lecture divisée de Hegel. Cette lecture n'oppose pas la dialectique à l'idéalisme, pour la raison évidente que le contraire de la dialectique n'a *jamais été* l'idéalisme, mais bien la métaphysique. La véritable division de Hegel est nécessairement l'opposition, *interne à sa dialectique*, de l'idéalisme et du matérialisme, c'est-à-dire l'opposition des effets du système et du noyau rationnel. Autrement dit, le noyau rationnel de la dialectique hégélienne est nécessairement le matérialisme.
Il y a donc à l'œuvre dans Hegel, une voie *matérialiste* (et dialectique), qui est proprement ce que désigne le noyau rationnel, dimension « critique et révolutionnaire » de son œuvre. Cette voie est contrecarrée, de façon interne au propos dialectique, par son contraire idéaliste. Et cette contradiction est à l'œuvre *partout*, dans chaque temps de la dialectique hégélienne.
D'une certaine manière, c'est bien ce principe de

lecture que Zhang semble ici mettre en œuvre lorsqu'il examine l'idée de mouvement chez Hegel. Puisqu'en effet, pour le résumer brièvement et reprendre cette contradiction réénoncée par lui :

Système idéaliste/Dialectique

Idéalisme/Noyau rationnel

On dira que, par système idéaliste, l'auteur entendra « en entrée » « autoréalisation du Concept, de l'Absolu... » et face à cet aspect du système idéaliste hégélien la dialectique se trouvera limitée : une fois l'absolu réalisé, plus de contradiction ni de mouvement, dira Zhang, divisant bien ainsi la dialectique hégélienne en un aspect idéaliste (fin avec l'Absolu...), qui en réalité fera partie du système idéaliste, et un aspect rationnel (disons, en gros, quand il y a mouvement...).

Ce qui nous donne :

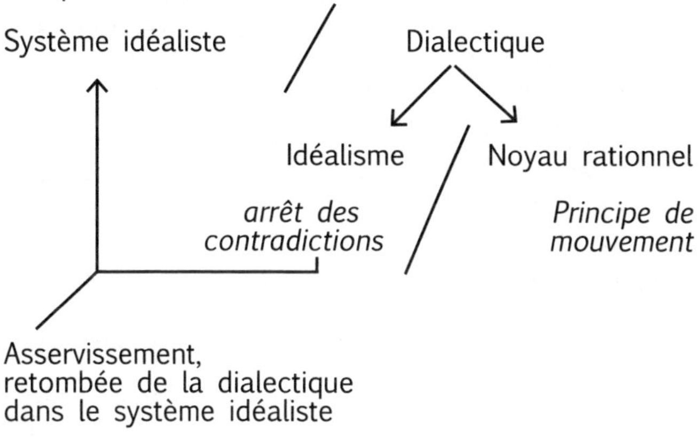

Par ce biais-là, nul doute qu'on mette en évidence une des contradictions de la dialectique hégélienne. Cependant, on le voit bien, en procédant ainsi on n'obtient pas non plus vraiment une division comme telle de l'idée de mouvement chez Hegel. L'aspect mouvement, plein de lui-même, se trouve alors rangé tout entier du côté « noyau rationnel ». Noyau rationnel et mouvement vont être identifiés sans que

l'on puisse savoir de quel type de mouvement il s'agit chez Hegel.
Par là, on expliquera bien en partie l'asservissement de la dialectique, mais ce extérieurement au mouvement lui-même. De cette retombée dans l'idéalisme, on ne percevra pas les causes internes au mouvement et ce dernier, laissé de côté, se verra entièrement positivé. Or l'intérêt face à Hegel consiste précisément à tenter d'avancer sur le mouvement, donc sur la dialectique. Voir ce qu'il en est de la dialectique elle-même au travers de ce que Hegel lui-même dit ou pratique dans le mouvement et le développement de ses figures. C'est le style de transformation à l'œuvre chez Hegel qu'il faut donc aussi questionner et diviser ; saisir le deux du deux en quelque sorte, la dialecticité du dialectique hégélien, voir ce qui dans ce mouvement reconduit finalement au un.
C'est un projet qui peut d'ailleurs arguer du principe même que Zhang jugeait bon de rappeler : si en effet dans la forme où elle se donne chez Hegel la dialectique se trouve asservie à son système idéaliste, cela laisse supposer que cet asservissement lui-même vaut pour la conception hégélienne du mouvement, de la transformation... toutes choses ici examinées par Zhang.
Aussi, du seul fait que cette idée de mouvement soit à l'œuvre chez Hegel on ne pourra immédiatement conclure en validant totalement un passage du type être⇒néant... sauf à reprendre ce qui n'est tout d'abord que de la dialectique idéaliste.
À diviser ce début de la grande logique on se demandera donc :
1) En quoi est-ce idéaliste comme mouvement, concrètement ?
2) Mais, également : qu'est-ce que, à l'intérieur même de cet enchaînement, Hegel a néanmoins deviné-reflété de la dialectique des choses et des phénomènes objectifs ? Bref, quels en sont les aspects rationnels ?

Autour du *Noyau rationnel de la dialectique hégélienne*

Entretien de Tzuchien Tho avec Alain Badiou

Tzuchien Tho. Pour commencer, on pourrait constater que dans ce livre le contexte est d'une grande importance. Je dirais même qu'il s'inscrit dans trois contextes différents. Premier contexte : ce texte a été publié à la fin des années 1970, c'est-à-dire dans les années « post-68 », et, à la suite du durcissement de la situation politique, au cours des « années de plomb ». Je n'oublie pas de mentionner les « nouveaux philosophes », qui ont pris les questions soulevées par Mai 68 dans une direction différente. En Chine, après la normalisation des rapports entre la Chine et les États-Unis (1972), il y a eu la mort de Mao en 1976 et la chute de la « bande des quatre ». En Asie du Sud-Est, bien sûr, la guerre au Vietnam atteint son zénith et les Khmers rouges ont pris le pouvoir. La liste des événements (au sens général du terme) pourrait être très longue mais je propose cette contextualisation historique (peut-être trop superficielle) pour comprendre quelle était pour vous la situation globale de cet ouvrage. Au début du texte, vous déclarez vouloir mettre les luttes en Chine et en Albanie en rapport avec la situation française, pour mieux « abattre le révisionnisme en France ». Votre propos s'inscrit ainsi très fortement dans une ligne marxiste-léniniste-maoïste, et vise à donner « vie et sens au marxisme-léninisme ». Comment évaluez-vous ce projet aujourd'hui ? Je pose cette question en deux sens : dans le sens politique et philosophique du rapport que vous perceviez entre la France (ou l'Europe) et la Chine (ou l'Asie), et dans le sens de l'inscription de ce rapport au sein d'un projet communiste.

Alain Badiou. Le contexte est en effet celui de la fin de ce que j'appelle les « années rouges », entre 1966 et 1976 environ. Pour les militants qui refusent de se rallier à l'ordre « démocratique » dominant, le principal est d'affirmer une continuité. La continuité la plus importante est évidemment politique, pratique. Mais avec les « nouveaux philosophes », il y a aussi un problème de continuité philosophique. J'ai trouvé intéressant de s'appuyer, à propos de la dialectique, sur un texte chinois parlant de Hegel. Cela propose à la fois une distance dans le temps (remonter à Hegel) et une distance dans l'espace (le commentaire chinois d'un grand classique occidental). Ce qui est finalement remarquable, c'est que le début de la réaction politique, à partir de 1976, va être un phénomène mondial. Le coup d'État en Chine, qui va amener Deng Xiaoping au pouvoir, va jouer le même rôle que l'élection de Mitterrand en France, le règne de Reagan aux États-Unis, Thatcher en Angleterre, etc. Le livre dont nous parlons est un des derniers signaux émis par une séquence en train de s'achever.

Le deuxième contexte est évidemment votre propre trajectoire. Cette question s'inscrit peut-être dans le cadre de « la philosophie comme biographie ». On sait déjà que Mai 68 a tout changé pour vous, et fut votre « chemin de Damas ». La décennie suivante fut-elle une période de politisation ? Comment doit-on comprendre le rapport entre ce texte sur la dialectique et la politique ? Je rappelle que dans Le Concept de modèle, *vous aviez dénoncé le « théoricisme ».* Le Noyau rationnel *paraît dix ans après, à la suite de* Théorie de la contradiction *et* De l'Idéologie. *Même si le thème du formalisme reste présent, il me semble que l'orientation de votre pensée a changé. Par exemple, la question de la continuité et de la discontinuité, que vous aviez précédemment traitée sous la forme de la question mathématique de l'infini ou de l'incomplétude, apparaît désormais sous l'aspect du principe « L'un se divise en deux ». Y a-t-il vraiment eu un changement ? Pourriez-vous expliciter ce nœud complexe du formalisme, entre politique et mathématique, dans le contexte de ce chapitre de votre « biographie » ?*

La question est en fait celle du rapport entre philosophie et politique. La philosophie peut être définie comme la pensée de formes de la pensée. Avant Mai 68, le paradigme principal de ces formes est le logico-mathématique. Dans la séquence « rouge », le paradigme se déplace vers la politique. On rencontre alors inévitablement la question des contradictions, de la lutte, de la dialectique. Mon problème a toujours été de maintenir les acquis formels de la période des années 1960 sans abandonner la puissance de pensée de la politique. J'ai donc cherché une synthèse entre le formalisme logique moderne et la dialectique au sens marxiste. Le principal résultat de cet effort est contenu dans *Théorie du Sujet*. Le livre dont nous parlons est une étape vers *Théorie du Sujet*.

Le troisième contexte touche évidemment à l'histoire de ce texte lui-même, dont la production reste très mystérieuse. Comment vous, Joël Bellassen et Louis Mossot en êtes-vous venus à travailler à ce projet destiné à la collection « Yenan » de Maspero ? Pourquoi avoir choisi ce texte de Zhang Shiying, et en particulier ce chapitre ? Comment avez-vous travaillé ? Comment cette collaboration a-t-elle débouché sur ce livre étrange et singulier, essai politique déguisé en commentaire philosophique et commentaire philosophique déguisé en essai politique ? Y a-t-il quelque chose à dire aujourd'hui sur cette « performance » (par opposition à une simple proposition) du principe « Un se divise en deux » ?

C'est Joël Bellassen, sympathisant de l'organisation maoïste dont j'étais militant, l'UCFML (Union des communistes de France marxiste-léniniste), et membre d'un groupe de sinologues maoïstes dont le nom était « Vent d'Est » et qui publiait une revue sous ce titre, qui nous a indiqué l'existence du texte, et en particulier du morceau que nous avons décidé de traduire[1]. Louis Mossot était un de mes plus anciens étudiants, lui aussi sympathisant de l'UCFML, et avec qui je travaillais sur de nombreuses questions. Nous étions l'un et l'autre très intéressés par la question de la dialectique, et en particulier par les apports novateurs de Mao dans « De la contradiction » et « De la juste contradiction des contradictions au sein du peuple ». Nous avons alors décidé de faire un livre à nous trois, avec plusieurs introductions et des notes détaillées. Il s'agissait de montrer que le principe « Un se divise en deux » n'est pas une simplification grossière de la dialectique, mais au contraire une vision subtile et neuve, qui dépasse l'interprétation stalinienne élémentaire.

La négation m'apparaît comme un thème central de cet ouvrage. Dans un passage expliquant la différence entre la négation formelle et la négation relative à la dialectique, vous avancez une idée très intéressante : « La logique formelle est en réalité un dispositif artificiel (mathématique) qui règle les formations

1. L'expression « Vent d'Est » est surtout connue pour le film réalisé par le groupe Dziga Vertov (Jean-Luc Godard, Daniel Cohn-Bendit et Sergio Bazzini). Mais, dans le sillage immédiat de la Révolution culturelle, un certain nombre de militants maoïstes avaient adopté ce nom pour produire articles et brochures et organiser des voyages en Chine. La fraction pro-maoïste semble avoir eu une forte emprise sur la sinologie française de cette époque, à tel point que René Viénet, jeune sinologue lié aux situationnistes et critique de Mao, fut fortement ostracisé et réalisa des films anti-maoïstes comme *La Dialectique peut-elle casser des briques ?* et *Encore un effort, Chinois, si vous voulez être révolutionnaires.* Joël Bellassen compte aujourd'hui parmi les grands sinologues du monde francophone, surtout dans le domaine de l'apprentissage du chinois. Ses manuels font autorité dans le monde entier. (Toutes les notes sont de Tzuchien Tho.)

(les écritures). Comme tout montage mécanique, ce dispositif est par lui-même sans force : il ne "travaille" rien, et ne délivre donc aucune espèce de vérité. ».
D'abord, où se situe la différence entre votre pensée d'aujourd'hui et celle d'hier ? Pour nuancer et clarifier cette question, on ne peut ignorer le grand réseau construit entre L'Être et l'événement *(1988) et* Logiques des mondes *(2006). Dans un texte récemment paru dans la* Cardozo Law Review, *vous distinguez trois (ou quatre) formes de négation. La négation hégélienne est évidemment non classique. Dans cet article, vous avancez que « lorsque le monde est intuitionniste, un vrai changement doit être classique, et un faux changement paraconsistant*[2] *». Comment se pose la question de la négation hégélienne dans ce partage ? Dans* Le Noyau rationnel, *la question du passage de la quantité à la qualité est évoquée à travers les références au bouquet de fleurs, au pauvre âne surchargé. Il me semble que ce texte partage une même thématique ou une même motivation avec* Logiques des mondes, *celle de l'apparaître et des formes de changement.* Le Noyau rationnel *constituait-il une tentative de penser, sous la question de la dialectique hégélienne, ce que vous avez ensuite traité différemment, à travers le formalisme de catégories ? (Outre les références au rapport entre qualité et quantité, on pourrait citer d'autres correspondances étonnantes entre les deux textes : la dialectique de la vie et de la mort [*Le Noyau rationnel, *pp. 232-233 ;* Logiques, *pp. 285-286], ou encore la distinction entre changement et modification sur un lieu, une localisation, un site [*Noyau, *pp. 238-239 ;* Logiques, *p. 401].)*

On a déjà remarqué que *Logiques des mondes* était parfois plus proche de *Théorie du Sujet* que de *L'Être et l'événe-*

2. Alain Badiou, « The Three Negations », *Cardozo Law Review*, vol. 29, n° 5, avril 2008, p. 1883.

ment. Comme le livre dont nous parlons est une étape vers *Théorie du sujet,* il n'est pas étonnant que vous trouviez des liens entre ce livre et *Logiques des mondes*. En effet, la dialectique hégélienne, qui suppose une théorie non classique de la négation, est pour moi plus proche de la logique de l'apparaître, ou des phénomènes, que de la logique de l'être pur. En fait, la logique hégélienne est une sorte de mélange entre la logique intuitionniste (qui refuse le principe du tiers exclu) et la logique paraconsistante (qui refuse le principe de non-contradiction).

La configuration de la négation dans Le Noyau rationnel *soulève bien des questions quant à la théorie des conditions. Dans le texte, vous recherchiez une négation qui « travaille ». La négation qui travaille est bien celle de la dialectique et non la négation classique. Ces lectures opposées de la négation d'une époque à l'autre montrent-elles que vous avez changé d'avis, ou bien y a-t-il une synthèse profonde entre les deux ? En un certain sens, l'aspect actif de la théorie des conditions fait écho à cette idée, car il y a de vrais mouvements dialectiques dans l'amour, la politique, la science et l'art dans lesquels la négation « travaille » sous une vérité. Cependant, dans ce texte qui concerne la dialectique, la différence entre la politique et la philosophie n'est pas très marqué. C'est pourquoi je me demande si la distinction importante que vous faites aujourd'hui entre la philosophie et les quatre conditions pourrait être reconstruite sous la question de la négation. Est-il possible d'envisager la question des conditions de la philosophie comme un « travail » de négation dans des domaines différents ? Ce partage différent des champs mettrait l'accent sur le « caractère agissant », si bien que les « noms » comme « la politique » ou « l'art » deviendraient indifférents par rapport aux procédures de vérité.*

La négation intuitionniste, telle qu'elle fonctionne au niveau du transcendantal des mondes, est déjà une négation « agissante » au sens suivant : il existe de très nombreux intermédiaires entre la proposition p et la proposition non-p. La négation est donc un cas limite pour toute une série de possibilités, qui vont de l'identité à l'altérité complète en passant par tous les degrés de la différence qualitative. Ce qui est purement classique intervient à deux niveaux : dans l'ontologie pure (être ou non-être) et au moment où un processus de vérité est confronté à un point (il faut choisir ceci ou cela, sans autre alternative). Enfin, au niveau du sujet, nous avons des négations paraconsistantes. En effet, le sujet fidèle affirme l'événement, alors que le sujet réactif le nie. Et cependant, ils coexistent, de sorte que le principe de non-contradiction n'est pas respecté au niveau de la lutte idéologique. Finalement, la philosophie, se rapportant à ses conditions, doit assumer que tout processus réel combine trois formes distinctes de négation. Cette idée d'une complexité négative est déjà présente chez Mao, pour qui le traitement d'une contradiction antagonique (donc classique) passe par un correct traitement des contradictions au sein du peuple (donc intuitionnistes ou paraconsistantes).

La question du matérialisme constitue un aspect central du Noyau rationnel. *L'un des principaux arguments est dirigé contre le matérialisme « dogmatique » ou « idéaliste » défendu par Althusser. Évidemment pour Zhang, cette question était encore plus essentielle. La cible principale de son texte était la critique de Yang Hsien-Chien, qui avait attaqué le modèle théorie/pratique de Mao après le Grand Bond en avant. La question concernait bien l'identité de la pensée et de l'être. Dans ce contexte, vous proposez une forme « travailleuse » de maté-*

rialisme, celle de la pratique et de la méthode, c'est-à-dire une forme dialectique, un matérialisme qui fonctionne de « particulier à particulier ». En quel sens cette forme de matérialisme est-elle à l'œuvre dans votre pensée aujourd'hui ? Il me semble tout à fait pertinent de se demander si le retour sur des questions mathématiques (dans le cadre de l'identité entre l'être et la pensée) dans L'Être et l'événement*, qui a été critiqué d'ailleurs comme « idéaliste », ne pourrait pas être clarifié par la lecture de vos textes antérieurs. De plus, comment doit-on comprendre le nouveau « postulat du matérialisme » proposé dans* Logiques des mondes*, selon lequel « quel que soit le monde, tout atome de ce monde est un atome réel » ? Restons-nous dans la critique d'Althusser comme matérialiste idéaliste tout en affirmant un matérialisme dialectique ?*

Le projet le plus important d'Althusser a sans doute été de définir un matérialisme progressiste qui soit cependant non dialectique, séparé de l'idée de négation. La preuve est que, comme Negri, il a tenté de rattacher Marx, non pas à Hegel, mais à Spinoza, une philosophie strictement affirmative, pour laquelle le négatif n'existe pas. En ce qui me concerne, la ligne principale a toujours été de maintenir le motif du Sujet, ce qui exige en fait le maintien de la catégorie de négation. C'est pourquoi mon matérialisme fait place à une théorie complexe des opérateurs négatifs, négation classique au niveau ontologique, négation intuitionniste (donc plus faible, et c'est pourquoi je la nomme « envers » plutôt que négation) au niveau de l'être-là, ou des mondes. Ceci dit, je maintiens aussi la dimension affirmative du matérialisme proprement dit (la dialectique commence surtout avec les procédures de vérité). L'énoncé « tout atome est réel » ne fait aucune allusion à la négation. Il dit plutôt ceci :

au niveau atomique (donc au niveau « élémentaire » de l'apparaître), il n'y a plus de distinction entre l'être-multiple et son apparaître.

En lisant Le Noyau rationnel *après* L'Être et l'événement *ou* Logiques des mondes, *j'ai eu l'impression que la question de la contingence, concept central de votre travail le plus récent, n'avait pas été abordée comme telle. Lorsque vous traitez de la contingence, c'est en conjonction avec le concept de déviation (*Noyau, *pp. 257-258). Concernant les trois termes que sont la place, l'excès et la destruction de place, dans vos séminaires les plus récents, vous traitez la question de la place ou du « hors-lieu » (comme la cité idéale de* La République*) sous le concept de la contingence et de la possibilité ou plutôt d'une possibilité au-delà de la simple « probabilité » ou de la possibilité vide de la logique formelle. La place, l'excès et sa mesure, que vous avez développés à l'époque sous le concept de la « destruction de place », sont-ils aujourd'hui remplacés par une orientation vers la contingence ? Existe-il une continuité entre vos tentatives d'hier et d'aujourd'hui pour penser la question du « hors-lieu » en rapport avec le concept de contingence ? Sur ce point, je voudrais ajouter que, dans ses derniers textes, Althusser opposait justement la dialectique et l'aléatoire.*

Je préfère « hasard » à contingence. On ne peut pas appeler « contingence » le rapport entre l'être-multiple pur et son être-là dans un monde. Certes, il n'y a pas de lien de nécessité, ou plutôt de transitivité. La pensée ne peut déduire l'être-là de l'être-en-tant-qu'être, contrairement à ce que pensait Hegel. Mais cette non-déductibilité ne construit pas une contingence « ontologique ». La pensée ne peut passer de la non-nécessité à la contingence, car alors (c'est le talon d'Achille de Meillassoux) la contingence devient en réalité nécessaire. Je pose que le transcendantal d'un monde est une non-nécessité sans pour autant que cette non-nécessité soit nécessaire. Du coup, la seule place possible de la contingence, dans mon dispositif, est l'événement proprement dit, lequel est plutôt « hasardeux » en un sens non-probabiliste (il n'y a aucun calcul possible concernant l'événement). Ensuite, il y a la logique des conséquences, qui n'est pas contingente. Le « hors-lieu » est le nom que j'ai donné à la non-nécessité comme non-contingence.

Et bien sûr, dans le travail de Quentin Meillassoux, la contingence occupe désormais une place centrale. On voit bien que sa manière d'aborder le concept est différente de la vôtre. Que pensez-vous de cette manière de traiter le concept de contingence ? Y a-t-il au fond un rapport théorique entre le « hors-lieu » et l'absolutisation de la contingence développée sous le terme d'« archi-fossile » ?

La contingence, pour Meillassoux, est d'abord celle des lois de la nature. Mais pour moi, il n'y a pas « la nature », et donc il n'y a pas non plus ses lois. Il y a une multiplicité infinie de mondes, dont les transcendantaux (et donc les lois) ne se recouvrent pas. C'est du reste la raison pour laquelle l'univers inframoléculaire n'a en fait pas les mêmes lois que l'univers supramoléculaire. La seule piste intéressante est l'intégration à la physique de ces différences d'échelle. Il faut admettre que l'échelle d'un phénomène, donc le transcendantal du monde où il apparaît, est une donnée immanente de sa rationalisation scientifique. La géométrie fractale permet de formaliser ce point. Après quoi, on fait disparaître le concept uniforme d'univers, tout comme celui de nature, et de lois de la nature. Tout ce projet est en train d'être mené à bien par Laurent Nottale. Dans ce contexte, la question de savoir si les « lois de la nature » sont nécessaires ou contingentes perd son intérêt.

J'ai commencé par vous interroger sur le contexte de parution de ce livre. Vous avez répondu que c'étaient alors les « années rouges », un tournant vers la politique, et que vers 1976, en Chine avec Deng Xiaoping, aux États-Unis avec Reagan, en Grande-Bretagne avec Thatcher, en France avec Mitterrand, les années rouges se referment définitivement. Ainsi, alors que ce livre peut être fascinant pour un chercheur en histoire de la philosophie, il est aussi, et je dis cela sans provocation aucune, un peu oublié. Parmi ceux qui connaissent très bien votre travail, certains sont parfois surpris quand on leur dit que vous avez écrit un livre sur Hegel. Vous avez parlé de « distance » entre la Chine et la France dans les années 1970, et aujourd'hui se pose la question de la distance avec cette période elle-même. En même temps, il y a aussi une vraie connexion entre la Chine et la France, connexion qui constitue l'un des héritages du maoïsme français. Que pensez-vous de cette distance temporelle, au moment où ce texte est réédité ? Cette séquence est-elle terminée ou bien y a-t-il un lien que l'on pourrait retravailler ?

Je crois que vous touchez un problème tout à fait important, le problème de savoir pourquoi la pensée française et la politique française ont entretenu dans ces années-là un rapport très étroit à la Chine, et pourquoi aujourd'hui cette période est refoulée, au point que quand j'en parle, ça fait bizarre...

Il y a aussi eu un article dans Libération *qui vous qualifiait de « Mao en chaire*[3] *».*

Oui, absolument. Et si l'on se rapproche du livre en question, dans mon projet, dans mon travail, il est en effet oublié et ignoré, alors qu'il a des liens très étroits avec *Théorie du sujet*, par exemple. Après tout, il n'y a pas un seul de mes grands livres de philosophie où il n'y ait pas au moins un chapitre sur Hegel. Si l'on réunissait tout cela, on aurait finalement un gros livre sur Hegel. Intellectuellement, le rapport à la Chine a été le vecteur maoïste, mais il faut bien voir que dans le vecteur maoïste, la question de la philosophie était très importante. C'est une grande différence avec le lien à l'Union soviétique. Lénine ou même Staline étaient pour l'essentiel des dirigeants politiques. Tandis que la figure de Mao est bien plus compliquée : elle inclut une référence à la philosophie, et plus précisément à la contradiction, à la théorie de la contradiction, donc à la dialectique. Je pense que dans l'histoire des tentatives marxistes du XXe siècle, la tentative maoïste est la plus dialectique. Chez Staline, il y a une rigidité, alors que Mao cherche les nuances dans la contradiction. Le fait qu'on ait pensé à ce moment-là à faire un livre sur le « Hegel chinois » n'est pas tellement étonnant si l'on pense que le lien, même politique, même maoïste, idéologique à la Chine, avait en son centre la conviction que le marxisme chinois – la pensée de Mao – était un effort pour transformer la dialectique. Et cette transformation de la dialectique avait des origines dans la culture chinoise. Évidemment, la philosophie marxiste classique avait aussi des liens étroits avec la philosophie allemande. À ce niveau-là, le refoulement et l'oubli de cette référence viennent aussi

3. Éric Aeschimann, « Mao en chaire », *Libération*, 1er octobre 2007.

du fait que cette question de la dialectique a été abandonnée dans les courants principaux de la philosophie réactive française pendant trente ans. Il ne s'agit pas simplement d'un refoulement de la terrible histoire totalitaire de la Chine contemporaine. Or la question de la dialectique, je l'ai gardée, réaffirmée, développée. Après tout, dans le dernier grand livre, j'oppose le matérialisme dialectique à la dialectique, et j'affirme par là que la question de la dialectique demeure centrale. Par conséquent, cette tentative de transformation de la dialectique qui a eu lieu en Chine dans ces années-là, entre les années 1930 et les années 1970, reste pour moi proche. Je reviens à votre « distance ». La distance avec les particularités de la révolution chinoise peut être très grande aujourd'hui, parce qu'on ne refera pas les mêmes choses, mais la distance sur le noyau dialectique de la pensée qui était à l'œuvre là-dedans, y compris les rapports entre dialectique et formalisme – je le dirais comme ça –, c'était après tout la question fondamentale de Lautman, mais c'était également la question fondamentale de Mao : quel est le rapport entre la dialectique et le formalisme du Parti ? Le Parti, c'était avant tout une forme. Une forme qui a largement écrasé les contenus, si je puis dire. Pourquoi Mao s'en est-il pris au Parti lui-même, sinon parce que la question du rapport entre la dialectique et le formalisme était quand même, même s'il ne le disait pas dans ces mots-là, la question politique fondamentale. Or je continue à penser que cette question n'a pas été surmontée ni résolue, qu'elle est à la racine de l'échec historique de cette période, et que sur ce point, la distance est une proximité. Ce qui a échoué là demeure comme ce dont nous devons redevenir proches, sans trop savoir où nous allons, mais tant mieux, ce n'est pas important.

Votre réponse est très intéressante au sens où elle répond à une critique récurrente adressée au maoïsme français. Zizek lui-même l'a reprise dans ses propres termes : c'est l'idée qu'il y a toujours une révolution « au-delà », une révolution vis-à-vis de laquelle on peut garder une certaine distance et demeurer dans notre situation académique occidentale. Chávez, les mouvements de protestation à Téhéran, Gaza, et ainsi de suite...

Ce n'est pas simplement l'appui qu'on prend dans un exotisme révolutionnaire, pas du tout ! Je pense que le maoïsme a apporté une transformation réelle des questions, et qu'il est très intéressant qu'il l'ait fait par une entrée philosophique. Tout le monde sait que les écrits philosophiques de Mao sont les plus importants. Même Brecht repère déjà l'importance de « Théorie de la contradiction ». Je pense qu'il y a les écrits philosophiques et les écrits militaires. Mais si on les regarde de près, ces derniers sont fondamentalement des écrits dialectiques. Qu'est-ce que le primat de la défensive stratégique, sinon une question dialectique ? Alors de deux choses l'une : ou bien on abandonne ces problèmes et on crée une distance définitive, ou bien on considère que ces problèmes, et en particulier en leur cœur le rapport entre formalisme et dialectique, sont des problèmes fondamentaux et encore ouverts. Alors la distance se réduit considérablement et il y a une contemporanéité de tout cela.

Et là, l'« hypothèse communiste » ne se situe pas seulement dans le temps, mais aussi dans l'espace.

Absolument. Il y a une géographie de cette hypothèse. Dans l'Union soviétique des années 1970, il n'y avait plus d'hypothèse communiste du tout. Personne ne disait « On marche vers le communisme ». C'était fini. Tandis que pour Mao, la question de savoir où était le mouvement communiste restait absolument sa question. Donc il ne suffit pas de se dire communiste, il faut animer l'hypothèse pour l'être. L'hypothèse communiste, à ce moment-là, était vivante en Chine, c'est indubitable. Après quoi il y eut une période de disparition. Maintenant on peut tenter de reformuler la question, à un niveau philosophique constitué, l'hypothèse communiste est une manière d'appréhender le rapport politique entre la dialectique et le formalisme. Donc il y a un jeu temporel et spatial de l'hypothèse, et je maintiens absolument que la Chine a été un lieu d'existence singulière et irréductible de l'hypothèse communiste, pendant les années 1960 et 1970, alors que ce n'était plus le cas de l'URSS. D'ailleurs la contradiction entre l'URSS et la Chine portait sur ce point.

L'incident de Tien An Men a été en résonance avec tout cela. Dans ses mémoires récemment publiés, Li Peng dit que ces étudiants et ces travailleurs rassemblés lui rappelaient les Gardes rouges chantant L'Internationale. *Les discours politiques dans le square lui ont fait craindre que ne s'ouvre une autre séquence de ce processus...*

C'est ainsi que je comprends l'intervention à Tien An Men. Parce qu'on peut la comprendre de deux manières. Il y a la compréhension occidentale, selon laquelle ils demandaient la démocratie, etc., et qu'ils ont été réprimés par les barbares communistes de toujours... Mais il y a une compréhension beaucoup plus profonde qui oblige à rappeler l'horizon Révolution culturelle. Il faut aussi se représenter le traumatisme que la Révolution culturelle a été, pour tout le monde en Chine, mais aussi pour le personnel politique chinois, pour la grande masse des gens du Parti. On peut donc dire que la répression était suffisamment anti-dialectique, c'est-à-dire contre la remise en mouvement des choses dans un ordre réellement collectif. J'ai toujours pensé qu'il y avait deux visions de l'intervention de l'armée à Tien An Men, deux visions opposées. Le mouvement n'était pas encore parvenu à une conscience complètement clarifiée de lui-même. Ce n'est pas un jugement sur le mouvement lui-même, qui comportait en effet des tendances tout à fait différentes, comme d'ailleurs la Révolution culturelle. Un désordre énorme, assumé par Mao, qui considérait que le désordre amène l'ordre...

C'était une masse très mélangée. Il y avait des libéraux à l'occidentale, mais aussi des anarchistes, des syndicalistes, des communistes, etc.

Bien sûr, il y avait de tout. Et dans la Révolution culturelle, quand il y a eu le soulèvement, il y avait aussi de tout, on l'a bien vu après, il y avait des factions adverses (parmi les Gardes rouges), qui se sont divisées en d'innombrables tendances politiques. Cette histoire est d'ailleurs entièrement à écrire. On peut désormais avoir les documents, donc l'histoire va commencer.

Je passe à une autre question, à nouveau liée au contexte de la rédaction du texte. Le texte se fonde sur la proposition « Un se divise en deux ». Ne constitue-t-il pas aussi une « performance » de cette idée ? On a deux longues introductions, « Hegel en France », puis « Hegel en Chine », et dans le texte principal, une division entre le corps de texte et les annotations. Il y a une sorte de multiplicité interne. Était-ce là votre intention ? J'ajouterai un autre élément. Dans votre sémi-

naire de l'année 2009-2010[4], vous avez souligné l'impureté essentielle du discours philosophique. Ce livre en donne un bon exemple. On a d'abord un commentaire venu de Chine sur Hegel, une sorte de commentaire maoïste, puis un commentaire français qui marque parfois ses désaccords avec Zhang Shiying. Une dialectique vient donc travailler une impureté déjà interne au texte.

Il est sûr que c'est un texte qui dans sa composition illustre tout à fait l'impureté de ce qu'on pourrait appeler la prose dialectique, et celle-ci, y compris dans sa forme matérielle, ne peut pas être exactement comme une dissertation homogène. Sur ce point, je ne peux que redire ce que vous dites. Il y a un travail dans la distance, c'est un texte qui assume une distance, puisqu'on part d'un document de base qui est un texte chinois sur la dialectique, dont nous savons très bien que cela n'a pas de sens de l'éditer comme tel. Ce qui a un sens, c'est de le mettre en jeu dans sa proximité, alors qu'il est distant. Parce que Hegel est quelque chose de savant pour les Chinois, quelque chose d'extérieur. Donc premièrement, on doit rapprocher le texte dans la distance, et pour ce faire, on va éclairer cette distance – « Hegel en France », « Hegel en Chine » – ; deuxièmement, on va annoter le texte de telle sorte qu'on le fasse jouer de façon divisée, entre sa part lointaine et sa part proche. Le texte lui-même est un exemple presque matériel du jeu dialectique entre distance et proximité, avec un nom propre, qui est la seule unité de la chose, « Hegel ». Mais Hegel n'est qu'un nom.

4. Séminaire tenu à l'École normale supérieure de la rue d'Ulm, et dont le thème était, pour la troisième année consécutive, « Pour aujourd'hui : Platon ». On en trouvera les notes et la retranscription sur le site de François Nicolas, www.entretemps.fr/badiou/seminaire.htm

Pour cette raison, c'est un livre un peu difficile à lire.

Je ne sais même pas si on peut vraiment le lire. On peut circuler dedans plutôt que le lire.

C'est le seul texte de vous qui ait cette forme.

Je crois que c'est parce que c'est le seul texte de moi qui entre en contact effectif avec un autre texte, entièrement autonome et distant. Cela impose forcément une forme. Nous n'avons jamais eu l'idée de faire une petite introduction, puis de faire le texte. Notre projet n'était pas académique, mais de montrer en quel sens la dialectique était une question centrale, et qui avait en même temps des espaces différents. Montrer l'unité de la question, ce n'est pas écraser la distance, au contraire. Alors comment montrer la distance dans un texte ? Il y a l'introduction et le texte, le texte et les notes, et finalement, on a utilisé cela pour illustrer l'idée de l'universalité et en même temps de la distance. Donc c'est finalement une affaire de localisation, de localisation textuelle.

Pensez-vous que c'était une réussite, ou bien une expérimentation pas tout à fait satisfaisante ?

Pour dire que nous avons eu une vraie réussite, il faudrait reprendre ce texte, en tirer les leçons et aller plus avant. Là, c'était un peu expérimental. On est parti de l'idée qu'il était intéressant de montrer que les Chinois s'intéressaient à Hegel, parce que nous, nous nous intéressions aux Chinois, à Mao. Il s'agissait donc d'un aller-retour. C'est cela que nous voulions montrer. Ensuite nous avons bricolé. Il fallait ajouter les notes pour indiquer notre propre conception formelle, donc je ne dirais pas que c'est une réussite, mais une expérience, une expérience qu'on n'a pas poursuivie.

À l'origine de cette trilogie, Théorie de la contradiction, De l'idéologie, *et* Le Noyau rationnel, *il y avait l'idée de faire un grand livre sur Hegel, n'est-ce pas ? Mais au final, après l'expérimentation que fut ce dernier texte, vous êtes passé à* Théorie du sujet. *Ce projet est-il une sorte de synthèse ?*

J'ai commencé, avant 68, par le projet d'un livre sur Hegel, qui devait être écrit avec Jean Hyppolite, et qui était au départ centré sur la fonction des mathématiques chez Hegel, la grande note de la *Logique*. Puis j'ai été détourné de ce travail par la conjoncture politique, mais dans *Le Noyau rationnel* il y a encore une trace de cela. Ce n'est pas vraiment un livre sur Hegel, c'est un livre sur la dialectique telle qu'elle se rapporte à Hegel de façon différente dans ce livre chinois, mais c'est quand même le fantôme d'un livre sur Hegel. Ce fantôme a continué à être présent, puisqu'il y a un grand chapitre sur Hegel dans *L'Être et l'événement*, et évidemment dans *Théorie du sujet*. Mais c'est presque contemporain, puisque *Théorie du sujet* est constitué des leçons que je faisais au moment même où on a fait le petit livre sur la dialectique hégélienne. Et puis dans *L'Être et l'événement*, dans *Logiques des mondes*, il y a encore des chapitres sur Hegel. Au fond, Hegel reste un interlocuteur essentiel de quiconque parle de dialectique.
Mais je lui reproche toujours quelque chose. C'est peut-être pour cela que je n'ai pas fait de grand livre sur Hegel, contrairement à ce que veut faire Žižek. Je pense que Hegel n'a pas réussi à trouver le point dialectique véritable du rapport entre dialectique et formalisme. Finalement, le formalisme spéculatif qui est le sien engloutit la dialectique plutôt qu'il

ne la montre. Or comme c'est mon problème, je suis toujours en train de saluer Hegel, et en même temps de montrer le point où Hegel dé-dialectise la dialectique. C'est présent aussi dans le petit ouvrage.

C'est le point central du livre, diviser Hegel en deux : en une dialectique idéaliste et une dialectique matérialiste.

Oui, absolument.

Je vous ai précédemment posé une question sur le matérialisme, qui pour moi reste une question sans réponse. À l'époque, votre conception du matérialisme était étroitement liée à la dialectique et à la manière dont la dialectique est activée, alors que dans vos travaux ultérieurs, comme Logique des mondes, *le sens même du matérialisme se déplace vers ce que vous appelez le postulat matérialiste. Donc quel est le rapport entre ce matérialisme qui est dans la dialectique, ce matérialisme qui n'est visible que dans le mouvement dialectique et qui possède toujours deux moments, un moment idéaliste et un moment matérialiste, et le matérialisme plus substantiel de vos œuvres ultérieures ?*

Je maintiens qu'on entre dans le matérialisme par la dialectique, et que la tentative inverse échoue toujours parce qu'elle n'arrive pas à se donner le concept de matière. Par conséquent, l'entrée dans la dialectique par le matérialisme paralyse plus ou moins toujours la dialectique ; mais entrer par la dialectique signifie que l'on va trouver à l'intérieur de la dialectique le point crucial où se décide une orientation, matérialiste ou pas. Dans *Logique des mondes*, c'est assumer le postulat matérialiste, à savoir que tout atome est réel. Là

au moins, on sait de quoi on parle, parce qu'on est entré par la dialectique. Et l'on trouve le point où il faut assumer que le support est réel, que tout atome est réel. Il faut assumer que le support existe réellement, tout à fait à l'extérieur de l'esprit, de la conscience, etc., et que ça se dit en un point précis. Pour arriver au concept d'atome, il faut être entré par la dialectique, par le mouvement des choses dans son inscription catégorielle, l'existence du transcendantal pour la localisation des ensembles...
Donc ça, c'est complètement clair maintenant pour moi ; cela ne l'était peut-être pas autant avant, parce que je cherchais de façon un peu plus générale la connexion entre matérialisme et dialectique. Je n'avais pas les opérateurs formalistes qui permettent de dire « C'est là ». Mon énoncé actuel serait : on ne trouve le matérialisme que dans des protocoles de formalisation de la dialectique. Ce qui est conforme à ma thèse selon laquelle les mathématiques sont l'ontologie. L'être en jeu dans la dialectique va se présenter au moment où l'on a à prendre une décision de caractère formel – en apparence. Je suis sur ce point d'accord avec Lacan, le réel est une impasse de la formalisation. La formalisation arrive à un point où vous devez décider quelque chose. Là on va prendre une décision concernant le réel, donc une décision concernant le rapport de la pensée à son extérieur propre. C'est là ma pensée actuelle sur ce point. Pour ce qui est des années 1970, c'était moins articulé parce que la querelle, la lutte idéologique était plutôt interne à la définition de la dialectique : « un se divise en deux », deux fusionnent en un. Ce qu'on peut simplement dire à cette époque, c'est que si l'on adopte la vision synthétique de la dialectique, on sera conduit à des conclusions idéalistes ; si l'on maintient que le protocole fondamental de la dialectique est la division, on est ouvert à autre chose. Mais

la précision de cette autre chose n'est pas vraiment donnée à ce moment-là. Donc *Le Noyau rationnel* et *Théorie du sujet* ouvrent un chemin.

Le projet de formaliser la dialectique, qu'il soit local ou bien global, n'a jamais été complètement réalisé. En d'autres termes, un niveau de formalisation qui mettrait toutes les autres formes de logique dans un contexte nécessite au moins un concept de dialectique. Le projet de Doz et Dubarle sur la formalisation[5] *s'arrête à un certain point, à l'*Aufhebung*, qu'ils ne savent pas comment passer.*

Je pense que pour formaliser la dialectique, il faut avoir un projet qui n'est pas celui de formaliser la dialectique. Ce que j'appelle formalisation de la dialectique, c'est le développement de la dialectique jusqu'à un point suffisamment formalisé pour qu'on voie où est l'impasse et qu'il faut décider parce que ça ne passe pas. On n'arrive pas à ce point parce qu'on a l'idée de formaliser la dialectique, comme Doz et Dubarle, qui restent un peu extérieurs. Cette tentative est intéressante, et je l'ai beaucoup étudiée, mais elle est trop après coup, il s'agit trop d'une formalisation extérieure. Si l'on reste à l'intérieur, on va simplement présenter la mathématique dans sa corrélation formelle, dans son dispositif formel, jusqu'au moment où l'on sera obligé de prendre une décision matérialiste. C'est très clair : si l'on admet n'importe quel type d'atome, alors on restera dans la mathématique pure.

Je passe à une question peut-être plus périphérique, celle de la contingence et du hasard. Vous avez dit que vous préfériez le mot de hasard à celui de contingence. Mais pour clarifier, l'idée

5. Dominique Dubarle et André Doz, *Logique et dialectique*, Larousse, Paris, 1971.

de modalité pensée comme voie du hasard permet de distinguer le hasard et la contingence. Je voudrais simplement rectifier une certaine compréhension de votre pensée. On a deux aspects. Le côté non événementiel, celui de la nature ou des ensembles ordonnés, qui tient un partage entre contingence et nécessité. Et le côté de l'événement, le côté événementiel des choses, qui est entré par hasard. Cette présentation vous paraît-elle bonne ?

Oui, on peut dire ça. On peut dire que la distinction entre contingence et nécessite ne requiert pas encore la notion de l'événement. Elle est éventuellement interne à la théorie de la multiplicité comme telle. Mais je crois que la structure plus fine est celle de *Logique des mondes*, où l'on a l'échelle : la modification, le fait, la singularité faible, la singularité forte. Dans cette gradation, on peut loger un rapport entre contingence et nécessité qui ne se superpose pas à la distinction entre l'événement proprement dit et les autres formes de changement. Après tout, une singularité faible est déjà largement contingente. Et cette contingence reste un terme du régime général de ce qui est affecté par cette contingence. Je suis d'accord avec vous, dans mes différents dispositifs, il y a place pour une distinction entre contingence et nécessité qui ne recouvre pas la distinction entre être et événement. Et c'est la raison pour laquelle je préfère dire « hasard », réservant « contingence » à des formes intermédiaires de non-nécessité.

Dans la métaphysique classique, il existe déjà, d'un côté, la contingence et la nécessité, et d'autre part, les miracles. Aux XVIe *et XVII*[e] *siècles, on débattait de la question de savoir comment organiser tout cela. Pour le dire en des termes très simples, il y avait ceux qui pensaient qu'il n'y avait que la contingence et la nécessité et que les miracles n'existaient pas, ceux qui pensaient qu'il existait la contingence, la nécessité et les miracles, et enfin ceux pour qui il n'y avait que des miracles.*

Et puis la question du rapport entre la contingence et la nécessité, et le rapport entre la nature et la grâce. Finalement, les métaphysiques classiques peuvent être définies par la solution qu'elles donnent à ce problème. Il y a la solution cartésienne, la solution spinoziste, la solution de Malebranche, la solution de Leibniz... Mais je pense que c'est la même chose. Moi-même quelquefois je parle de la grâce ou du miracle. Les vieux marxistes me disent que je suis un religieux caché ou un métaphysicien traditionnel. Cela ne me gêne pas, parce que je pense qu'il y a trois termes et pas deux. C'est dialectique. La contingence et la nécessité existent, mais c'est la supplémentation par quelque chose qui radicalise la contingence au-delà d'elle-même qui constitue l'événement.

Donc on pourrait dire que chez Deleuze tout se trouve rassemblé dans un même contexte.

Oui, d'une certaine façon, chez lui c'est la dialectique du hasard et de l'éternel retour, mais parce que c'est une pensée de l'un.

Meillassoux voudrait se débarrasser du principe de raison suffisante pour que chaque fait devienne facticité pure.

La loi est comme elle est, de fait. L'univers est origine de la facticité pure, il pourrait à tout moment être autre qu'il n'est. Mais évidemment, l'intérêt chez Meillassoux, c'est la tentative de démontrer qu'il est nécessaire qu'il en soit ainsi. On dit toujours que Meillassoux défend une thèse de contingence, non. Fondamentalement, c'est une thèse de nécessité de la contingence. C'est exactement le contraire de Leibniz de ce point de vue, un retournement de Leibniz. Leibniz veut démontrer qu'il est nécessaire que rien ne soit contingent, tandis que Meillassoux veut démontrer qu'il est nécessaire que tout soit contingent. Et sa méthode est aussi fortement rationaliste que celle de Leibniz. Meillassoux s'intéresse à la philosophie parce qu'il est convaincu que l'on peut démontrer que la contingence est nécessaire, exactement comme Leibniz pense qu'on peut démontrer que rien n'est sans raison suffisante.

Leibniz appelait cela des nécessités hypothétiques, en s'appuyant sur la position selon laquelle Dieu a mis en action le meilleur des mondes possibles. On pourrait peut-être dire que Meillassoux défend au contraire une contingence hypothétique, pour démontrer que tout est contingent.

Si tout est contingent alors tout est libre, et si tout est libre...

Y a-t-il alors événement ?

Non, il n'y a pas d'événement chez lui. Mais il faut attendre qu'il publie un jour la deuxième partie de sa réflexion, à savoir qu'en fin de compte, cela signifie que dans cette liberté on peut supposer l'existence d'un bien qui est totalement sans puissance, puisqu'il ne s'inscrit dans aucune nécessité, donc d'un bien disponible pour toute contingence, c'est-à-dire quand même d'un dieu, mais d'un dieu qui n'existe pas, comme il le dit dans sa thèse, parce que ce serait déjà trop pour lui d'exister, ce serait déjà une démonstration de puissance. Mais sur ce point il hésite, pour l'instant il reste dans la part la plus logique de son propos, négativement, la critique du corrélationnisme, et positivement, l'affirmation de la nécessité de la contingence.

« Pour le maoïste que je suis »

Bruno Bosteels[1]

Dans « De si loin ! De si près ! », introduction à son livre polémique *Deleuze : « La clameur de l'Être »*, Alain Badiou rappelle brièvement la situation de la fin des années 1960 et du début des années 1970, époque où il allait jusqu'à boycotter le cours de son collègue Gilles Deleuze à l'Université de Paris 8-Vincennes, qui venait juste d'être créée : « Viennent les années rouges, soixante-huit, l'université de Vincennes. Pour le maoïste que je suis, Deleuze, inspirateur philosophique de ce que nous appelions les « anarcho-désirants », est un ennemi d'autant plus redoutable qu'il est intérieur au «mouvement», et que son cours est un des hauts lieux de l'université[2]. » Bien sûr, le temps verbal utilisé dans ce passage correspond à un simple présent historique ; techniquement, nous sommes toujours au passé, comme le confirme la suite du texte. Cependant, il ne faut pas négliger l'effet produit par la suggestion d'une fidélité permanente au passé maoïste, lequel est loin d'être un temps révolu pour la pensée de Badiou.

Je dirais que le rapport de Badiou au maoïsme, condensé dans l'ambiguité du présent de narration, consiste en une forme de post-maoïsme. Ou encore, pour expliciter le sens de cette ambiguité, nous pourrions dire que Badiou était et reste maoïste, même s'il n'est plus le maoïste qu'il était autrefois. Lui-même, dans une conférence plus récente sur la Révolution culturelle, préfère invoquer les mots de

1. Professeur de Romance Studies à l'Université de Cornell. Il a notamment publié *Alain Badiou, une trajectoire polémique* (La Fabrique, 2009) et *The Actuality of Communism* (Verso, 2011).
2. Alain Badiou, *Deleuze: « La clameur de l'Être »*, Paris, Hachette, 1997, p. 8.

Rimbaud : « J'y suis, j'y suis toujours[3] ». L'impression d'un passé, qu'il soit héroïque ou incommode, n'exclut pas une permanence du passé dans le présent, tout comme ce qui semble si près est aussi en même temps si loin. Enfin, nous ne devons pas non plus négliger la possibilité qu'une prise de distance intérieure définisse déjà le rapport du maoïsme à son propre rôle dans l'histoire. De fait, selon Badiou, toute la contribution de Mao à la théorie et à la pratique a consisté en une division interne du legs marxiste-léniniste, jusqu'à diviser le maoïsme lui-même, au point où il devient théorie de la division ou de la scission interne. « Des monts Tsinkiang à la Révolution culturelle, la pensée de Mao Tsé-toung se formule comme contre-courant, comme travail de la division », pour citer le résumé que donne Badiou dans *Théorie de la contradiction*, avant d'identifier la logique maoïste de la scission comme l'exemple suprême de la pensée dialectique : « Pensée rebelle par excellence, pensée révoltée de la révolte : pensée dialectique[4] ». Le maoïsme, sur un plan plus strictement philosophique, deviendra l'occasion d'un concept singulier de la dialectique, conçue précisément comme pensée de la révolte, selon une logique qui procède par scissions internes et recompositions divisées. Plusieurs années plus tard, Badiou écrira encore dans un article pour *Le Perroquet*, quinzomadaire de son groupe maoïste l'UCFML, ou Union des Communistes de France (marxiste-léniniste) : « Il y va des critères de la pensée

3. Alain Badiou, *La Révolution Culturelle : La dernière révolution?*, Paris, Les Conférences du Rouge-Gorge, 2002, p. 3. Il vaudrait la peine de citer tout le poème de Rimbaud « Qu'est-ce pour nous, Mon Cœur », ne fût-ce que pour apprécier à quel point la période qui suit immédiatement la Commune de Paris ressemble à l'après-68, époque du maoïsme de Badiou.
4. Alain Badiou, *Théorie de la contradiction*, p. 39. (Note de l'éditeur : pour *Théorie de la* contradiction, *De l'idéologie* et *Le Noyau rationnel de la dialectique hégélienne*, les numéros de page renvoient à notre nouvelle édition).

dialectique – pensée de la scission, de la rupture, de l'événement et de la recomposition[5]. »

Les deux sources du maoïsme en France

En France, et plus encore dans le monde anglophone, où Badiou n'a été « découvert » qu'après un délai considérable, la césure produite par la publication de *L'Être et l'événement* a entraîné un long silence sur la dette de son auteur envers le maoïsme et la séquence politique ouverte par la Révolution culturelle. Dans *L'Éthique : essai sur la conscience du Mal*, Badiou explique que « la politique des maoïstes français entre 1966 et 1976 [...] tente de penser et de pratiquer une fidélité à deux événements enchevêtrés : la Révolution culturelle en Chine, et Mai 68 en France[6] ». Tout au long de cette séquence, Badiou – sans pourtant jamais devenir « pro-chinois » – défend farouchement la pensée du président Mao Tsé-toung. Et, aujourd'hui encore, ses publications font assez souvent référence à cette expérience pour que l'on puisse considérer que les « années rouges » ont eu une importance formatrice pour sa philosophie et sa politique.

5. Alain Badiou « Les 4 dialecticiens français: Pascal, Rousseau, Mallarmé, Lacan », *Le Perroquet : Quinzomadaire d'opinion*, n° 22, mars-avril 1983, p. 11. L'essentiel de ce texte, à l'exception du fragment cité, a été repris dans Alain Badiou, « Généalogie de la dialectique », in *Peut-on penser la politique ?*, Paris, Éditions du Seuil, 1985, pp. 84-91. Il m'a semblé que « il y a des critères… » devait se lire « il y va des critères… », mais la première option ne diminue en rien l'importance de la thèse soutenue ici.

6. Alain Badiou, *L'Éthique : essai sur la conscience du Mal*, Paris, Hatier, 1993, p. 39. Voir également « Les deux sources du maoïsme en France », *in* Groupe pour la Fondation de l'Union des Communistes de France Marxiste-Léniniste, *Le Maoïsme, marxisme de notre temps*, Marseille, Potemkine, 1976, pp. 7-8. Par ailleurs, cette double allégeance pose la question de savoir comment deux événements peuvent être enchevêtrés dans une seule situation, ce qui n'est nulle part considéré, fût-ce à titre de simple possibilité, dans *L'Être et l'événement*. L'héritage de Mao nous confronte à chaque fois avec des problèmes d'articulation au sens de l'enchevêtrement, le compromis, ou la recomposition, en net contraste avec les tendances miraculeuses et absolutistes des concepts décisifs de la pensée de Badiou (ou de ses interprètes).

Or, selon un consensus largement implicite, la pensée de Badiou serait marquée, à partir de la deuxième moitié des années 1980, par une franche rupture avec toutes les formes de la pensée dialectique – et surtout avec la pensée de Mao Tsé-toung. Ainsi, après avoir consacré le premier chapitre de son ouvrage introductif aux « commencements maoïstes » de Badiou, le commentateur anglais Jason Barker semble réduire l'impact ultérieur du maoïsme à une simple « vitalité militante » aujourd'hui perdue : « De nos jours, le legs du maoïsme a presque complètement disparu[7] ». À cet égard, l'introduction de Peter Hallward possède au moins la vertu de suggérer la possibilité d'une enquête plus approfondie sur l'héritage du maoïsme de Badiou. Cet héritage ne se limite pas à une fidélité ininterrompue à certaines formes d'engagement politique. Il englobe également toute une série d'invariants théoriques et philosophiques. « Ce qu'il faudrait souligner, c'est que les concepts vraiment décisifs pour Badiou – les concepts du pur, du singulier et du générique – sont relativement constants », écrit Hallward. Pour chaque démenti des « excès de jeunesse », il existe en effet des symptômes suggérant une continuité globale, depuis au moins Mai 68 jusqu'à aujourd'hui[8] ». Si tel est le cas, ne devrions-nous pas nous garder de tracer une ligne de démarcation trop nette

7. Jason Barker, *Alain Badiou*, Londres, Pluto Press, 2002, p. 25. Ce même commentateur admet plus loin : « Le but avoué de Badiou dans *L'Être et l'événement* est d'abandonner la tradition "mort-née" du matérialisme dialectique. Cependant, persistent çà et là d'incontestables traces du marxisme – et du maoïsme –, malgré l'introduction d'une variété radicalement "postcantorienne" de ce que Badiou appelle l'»ontologie soustractive» » (p. 84).

8. Peter Hallward, *Badiou : A Subject to Truth*, Minneapolis, University of Minnesota Press, 2003, p. 30. Même si je suis fondamentalement d'accord avec la thèse de la continuité, mon interprétation de la philosophie de Badiou souligne que d'autres concepts sont plus décisifs pour comprendre cette continuité : la scission, ou le processus de la purification, plutôt que le pur en tant que tel ; la situation, ou le site symptomatique d'un événement, plutôt que la singularité ; et le forçage, ou la réapplication d'une extension générique à la situation de départ, plutôt que l'affirmation du générique en soi.

entre le « premier » et le « dernier » Badiou ? Et ne faudrait-il pas relire *L'Être et l'événement* et *Logiques des mondes* à partir des fascicules maoïstes que sont *Théorie de la contradiction* et *De l'idéologie*, relecture enfin facilitée par leur réédition ?

Aujourd'hui encore, le concept badiousien de la politique comme procédure de vérité demeure largement inséparable, malgré des autocritiques apparentes, de la théorie et de la pratique de sa vision du marxisme. En fait, pour ne donner qu'une seule indication symptomatique de cette continuité, toutes les procédures de vérité, et pas seulement la politique, supposent une « enquête » ou une « recherche » soutenue sur la possible connexion ou déconnexion entre les différents aspects d'une situation donnée et la connexion ou déconnexion qui se sera produite dans cette situation sous le signe d'un événement. Badiou écrit dans *L'Être et l'événement* : « Il est [...] légitime de traiter ultimement l'enquête, suite infinie de constats minimaux, comme la véritable unité de base de la procédure de fidélité » et donc, à travers « la subtile dialectique des savoirs et de la fidélité postévénementielle » qu'impliquent de telles procédures, comme « le noyau d'être de la dialectique savoir/vérité[9] ». Badiou, lui, n'a certainement pas oublié que l'une des leçons décisives du maoïsme était qu'il fallait mener de telles « enquêtes » ou « investigations » dans plusieurs parties du monde.

Mao Tsé-toung a consacré à cette question tout un chapitre du petit livre rouge, sous l'intitulé « Enquêtes et recherches », en proposant une méthode dont on trouve l'une des premières illustrations concrètes dans son *Rapport sur l'enquête dans le Hunan à propos du mouvement paysan* (1927), rapport dont il revisitera à plusieurs reprises le principal thème : le rôle révolutionnaire de la paysannerie, point sur lequel, dès 1927, il

9. Alain Badiou, *L'Être et l'événement*, Paris, Éditions du Seuil, 1988, p. 365.

marque fortement sa différence avec le marxisme orthodoxe et le léninisme. Dans la préface aux *Enquêtes à la campagne* (1941), Mao réitère le principe de l'enquête comme analyse concrète d'une situation concrète, par opposition à l'abstraction de la théorie pure et inconditionnée : « Tous ceux qui font un travail pratique doivent mener des enquêtes à la base. Pour ceux qui ne comprennent que la théorie sans rien connaître de la situation réelle, il est encore plus nécessaire de procéder à de telles enquêtes, sous peine de ne pouvoir lier la théorie à la pratique. « Sans enquête, pas de droit à la parole » : cette assertion, qu'on a tournée en dérision en la taxant d'empirisme étroit, je n'ai jamais regretté de l'avoir avancée[10]. » Chez les maoïstes français, l'intérêt pour l'enquête est aussi systématique que répandu. En avril 1967, la couverture du cinquième numéro de *Garde rouge*, journal central d'une organisation maoïste, l'Union des Jeunes Communistes (Marxistes-Léninistes), reprend la formule « Sans enquêtes, pas de droit à la parole ».

Serge July, membre éminent du plus célèbre groupe maoïste de France, la Gauche prolétarienne, et qui fut par la suite le cofondateur du quotidien communiste *Libération*, dira plus tard que « la clef théorique du maoïsme français, c'est l'enquête[11] ». De fait, le principe de l'enquête, tout comme la tâche de faire un bilan d'expérience, constitue un trait fondamental de la pensée-pratique de l'organisation maoïste de

10. Mao Tsé-toung, *Citations du Président Mao Tsé*-toung, Pékin, Éditions en langues étrangères, 1966, p. 254. Pour la définition du concept d'enquête chez Badiou, voir *L'Être et l'événement*, pp. 363-372. Voir également François Marmor, « Les livres et les enquêtes : pour un "marxisme concret" », *Le Maoïsme : philosophie et politique*, Paris, PUF, 1976, pp. 47-51.
11. Serge July cité dans Christophe Bourseiller, *Les Maoïstes : La folle histoire des gardes rouges français*, Paris, Plon, 1996, p. 161. Bourseiller explique : « L'enquête, c'est encore une idée des Chinois. Le concept en est lumineux : pour bien connaître la classe ouvrière et le monde paysan, il faut procéder à une enquête systématique et objective, en allant sur le terrain. Il s'agit de quitter les universités pour aller sur les lieux mêmes où sévit l'exploitation. De pratiquer l'analyse concrète. Cette mise en avant de l'enquête sera une des principales caractéristiques du mouvement maoïste » (p. 80).

Badiou, l'UCFML. L'enquête est précisément ce qui permet à tout processus militant d'effectuer un va-et-vient entre les diverses expériences politiques et leur concentration théorique effective. Ainsi peut-on lire, dans un recueil résumant les activités de l'UCFML au cours de sa première année d'existence, que l'« enquête n'est pas un simple constat, même le constat enthousiasmant de la portée de nos interventions. Elle résout un problème. Lequel ? Celui de la prise en main par les travailleurs des effets de l'intervention ». Et, plus loin, dans un autre document du même recueil : « L'enquête ne doit pas porter uniquement sur la recherche d'un nouvel objectif de lutte, elle doit proposer la mise en place de pratiques durables, amorcer la lutte idéologique. Avant la lutte et après la lutte, il y a quelque chose qui a changé, il faut savoir le faire vivre[12]. » En outre, l'UCFML considère, à la suite de Mao, qu'il est urgent d'enquêter non pas seulement sur la classe ouvrière des villes mais aussi sur les paysans pauvres : « Il est en particulier de toute première importance de mener des enquêtes militantes sur les grandes révoltes de paysans pauvres, notamment dans l'Ouest et le Centre » de la France[13]. Dans une large mesure, c'est cette tâche qu'entreprend *Le Livre des paysans pauvres*, publié par l'UCFML, qui fait le bilan des activités militantes de l'organisation dans les zones rurales de la France des années 1970, et qui constitue, de bien des manières, l'équivalent local des *Enquêtes à la campagne* de Mao. Enfin, on peut évoquer l'enquête bien plus récente menée en Chine, en mars et avril 1989, par le proche

12. Groupe pour la fondation de l'Union des Communistes Français (Marxiste-Léniniste), *Première année d'existence d'une organisation maoïste, printemps 1970/printemps 1971*, Paris, Maspero, 1972, p. 100 et 169.
13. Groupe pour la Constitution [sic] de l'Union des Communistes Français (marxiste-léniniste), *La révolution prolétarienne en France et comment construire le Parti de l'époque de la pensée de Mao Tsé-toung*, Paris, Maspero, 1970, p. 46.

et collaborateur de Badiou Sylvain Lazarus et ses camarades italiens Sandro Russo, Claudia Pozzana et Valerio Romitelli. Ce séjour fit l'objet d'une discussion, qui fut en partie publiée dans le bulletin d'information de l'UCFML, *Le Perroquet*[14].

Si j'ai accordé autant d'attention à la question de l'enquête, qui s'est de nouveau posée dans le contexte de *L'Être et l'événement*, c'est pour montrer le rôle pivot de certains concepts et principes maoïstes dans les œuvres ultérieures de Badiou. Il ne s'agit pas simplement de souligner que ces concepts et principes ont persisté, mais aussi et surtout de saisir comment, où, et à quelle fin ils ont été mis en œuvre. Je dirais que, dans *L'Être et l'événement*, ils entrent en jeu précisément au moment où vérité et savoir s'articulent dans ce qui porte encore le nom de dialectique – et ce même si, dans l'introduction, Badiou prétend avoir délaissé la tradition « mort-née » du matérialisme dialectique pour prendre un tournant mathématique. « C'est dire que tout se joue dans la pensée du couple vérité/savoir, écrit Badiou. Ce qui revient en fait à penser le rapport – qui est plutôt un dé-rapport – entre, d'une part une fidélité postévénementielle, d'autre part un état fixe du savoir, ou ce que je nommerai ci-dessous l'encyclopédie d'une situation. La clé du problème est le mode sur lequel une procédure de fidélité *traverse* le savoir existant, à partir de ce point surnuméraire qu'est le nom de l'événement[15]. » Ces déclarations nous montrent déjà à quel point de la théorie d'ensemble intervient un concept comme celui d'enquête : là où une vérité « traverse » le savoir et ouvre ensuite la voie pour « forcer » l'encyclopédie disponible d'une

14. Voir *Dialogue autour de Tien An Men*, numéro spécial du *Perroquet : Quinzomadaire d'opinion*, n° 86-87, mars 1990. Une partie de l'enquête à Guangzhou a également été publiée dans Sylvain Lazarus, *L'Anthropologie du nom*, Paris, Éditions du Seuil, 1996, pp. 233-249 ; et dans Sylvain Lazarus, *Chercher ailleurs et autrement: Sur la doctrine des lieux, l'économie, l'effondrement du socialisme*, Paris, Les Conférences du Perroquet, 1992.
15. Badiou, *L'Être et l'événement*, p. 361.

situation donnée, et changer l'ancien en nouveau. Bien que Badiou ne mentionne pas explicitement ses sources chinoises, l'enquête demeure, dans son œuvre ultérieure, ce qui assure une possible connexion entre certains éléments de la situation existante et la rupture introduite par un événement rare.

Je soutiendrai que c'est précisément dans le rapport dialectique entre vérité et savoir que s'inscrit l'essentiel de ce que Badiou doit au maoïsme. En même temps, le processus de fidélité et la séquence d'enquêtes où cette fidélité trouve son expression organisée la plus élémentaire empêchent également la dialectique de la vérité et du savoir de dégénérer en cette dualité inopérante, quasi mystique ou miraculeuse, qu'un grand nombre de critiques disent percevoir dans le travail de Badiou. Cette interprétation tendrait à confirmer la thèse fondamentale selon laquelle seule une compréhension de la dette maintenue de Badiou envers le maoïsme peut nous permettre de saisir le renouvellement de la dialectique matérialiste qu'il propose ; à l'inverse, une compréhension miraculeuse et antidialectique de la relation entre vérité et savoir résulte bien souvent d'un échec à appréhender la présence de l'héritage maoïste dans l'œuvre de Badiou.

En développant cette thèse sur le maoïsme de Badiou, qui s'appuie sur le rôle constant joué par une notion comme celle d'enquête, mon but n'est pas de reconstituer l'histoire du maoïsme français, et encore moins celle de la Chine maoïste, mais plutôt d'analyser comment, politiquement et philosophiquement, cette double série d'événements a travaillé l'œuvre badiousienne. Badiou n'est pas devenu « post-marxiste », il n'a pas suivi une trajectoire similaire à d'autres auteurs qui, tel Ernesto Laclau, se reconnaissent dans cette étiquette. Il serait plus adéquat de le qualifier de post-maoïste. Toutefois, on ne saurait user de ce qualificatif que si, malgré les violentes réactions suscitées par le débat sur le postmodernisme, on est capable de conserver le sens actif et quasi psychanalytique du préfixe pour élaborer les vérités durables du maoïsme ainsi que ses tout aussi indéniables points aveugles : le « post-maoïsme », non comme ce qui vient simplement après la fin du maoïsme, ou, selon une perception encore plus simpliste, après la mort de Mao Tsé-toung et l'accession au pouvoir de Deng Xiaoping, mais comme nom d'une configuration historique particulière dans laquelle la réflexion critique fait retour, fût-ce de manière subreptice, sur les enseignements à demi oubliés, à demi refoulés, du maoïsme. Inutile de préciser que cette configuration est dans une large mesure internationale, et que des variétés de post-maoïsme existent aujourd'hui non seulement en France, mais aussi en Argentine, au Chili, au Pays basque, et même aux États-Unis d'Amérique – pour ne citer que quelques cas au-delà des exemples évidents et désastreux du Pérou, du Népal ou des Philippines.

Le maoïsme comme post-léninisme

Un rapide survol de l'œuvre de Badiou suffit à conforter la thèse d'une dette soutenue et prolongée envers le maoïsme. Ses premières publications, de *Théorie de la contradiction* au *Noyau rationnel de la dialectique hégélienne*, ont proposé une analyse systématique de la pensée de Mao infléchie par la théorie et la philosophie française ; et, dans une longue séance du cycle de cours intitulé *Le Siècle*, « Un se divise en deux », Badiou est revenu sur certains des violents événements et débats qui ont déchiré la Chine maoïste à la fin des années 1960, eu égard notamment à la distinction formelle entre contradictions antagonistes et contradictions non antagonistes, dans le but d'interroger leur éventuelle pertinence pour notre époque. À peu près au même moment, dans une conférence intitulée « La Révolution culturelle : la dernière révolution ? », Badiou s'est de nouveau confronté à l'héritage de Mao en rapportant la séquence d'événements survenus en Chine entre 1966 et 1976 (ou, dans la version la plus réduite, entre mai 1966 et septembre 1967) à son propre concept d'une « politique sans parti » telle que l'a pratiquée l'Organisation politique, issue de l'UCFML. Entre ces deux moments, le rapport de Badiou au maoïsme semble avoir été surtout d'ordre critique, comme l'indiquent de rapides remarques faites dans certaines conférences réunies dans *Conditions* et dans *L'Éthique*, sur le « désastre » provoqué par les Gardes rouges –, jusqu'au tournant pris par *Logiques des mondes* (2006), qui s'ouvre et se clôt de façon significative sur l'exemple de la Chine de Mao.

Les différentes étapes de cette évaluation du maoïsme soulèvent d'emblée toute une série de questions générales. Première question : dans quelle mesure Badiou a-t-il abandonné les principes de sa jeunesse maoïste ? Après *Théorie du sujet*, qui demeurait fortement surdéterminé par son expérience maoïste, s'est-il aligné sur la tendance contemporaine, euphorique ou mélancolique, consistant à déclarer la fin, voire la complète disparition historique, du marxisme et du dogme du marxisme-léninisme-maoïsme ? Deuxième question : les récentes critiques adressées par Badiou à la Révolution culturelle et au rôle désastreux des Gardes rouges ont-elles quoi que ce soit de nouveau ? Et jusqu'où vont-elles ? Plus précisément, ces critiques traduisent-elles une tentative d'autocritique de sa part sur les excès de ses œuvres antérieures ? Enfin demeure cette question : dans quelle mesure l'idée d'une politique sans parti, dont Badiou pose aujourd'hui qu'elle était en partie à l'œuvre dans la Révolution culturelle, remet-elle en cause ses précédentes analyses du maoïsme, fortement axées sur la notion de parti ? Autrement dit, en quoi le concept d'organisation de la politique défendu par Badiou a-t-il réellement changé ?

Mao avait dit : « Apprendre auprès des masses » et « mener des enquêtes à la base » ; mais aussi, déclaration plus célèbre encore : « Servir le peuple[16] ». Pour Badiou, même après son abandon apparent du vocabulaire maoïste, il s'agit encore de tirer les enseignements des vérités produites en dehors de la philosophie, dans les conditions effectives de l'art, de la politique ou de la science, d'enquêter sur les instruments conceptuels nécessaires pour enregistrer et concentrer leurs effets au sein de la philosophie. Si douloureux qu'il soit d'admettre que la philosophie ne produit elle-même aucune vérité, la tâche du philosophe consiste à servir les vérités produites ailleurs. « Une philosophie digne de ce nom – celle qui commence avec Parménide – est toutefois antinomique au service des biens, pour autant qu'elle s'efforce d'être au service des vérités, car on peut toujours s'efforcer d'être au service de ce qu'on ne constitue pas ». Badiou conclut : « La philosophie est donc au service de l'art, de la science et de la politique. Qu'elle soit capable d'être au service de l'amour est plus douteux (en revanche, l'art, procédure mixte, soutient les vérités de l'amour). En tout cas, il n'y a pas de philosophie commerçante[17] ». Ainsi, pour Badiou, la trajectoire du maoïsme au post-maoïsme pourrait se résumer à un changement de maxime : de « servir le peuple » à « être au service des vérités ».

Les années ouvertement maoïstes de Badiou sont spécifiquement liées à une organisation militante, le Groupe pour la

16. Mao, *Citations du Président Mao Tsé-toung, op. cit.* pp. 188-192.
17. Badiou, *L'Être et l'événement, op. cit.*, pp. 375-376.

Fondation de l'Union des Communistes de France Marxiste-Léniniste, ou l'Union des Communistes de France Marxiste-Léniniste (UCFML, parfois seulement désignée par le sigle UCF). L'orientation de cette petite organisation vers l'unification future des communistes, ainsi que sa fidélité au principe mallarméen de l'action restreinte, ne sont peut-être pas étrangères à l'ambiguïté qui entoure le principal objectif de ses militants : fonder un « parti de type nouveau[18] ». Mais ce parti a ceci d'ambigu qu'il ne semble déjà plus être formellement un parti. Le maoïsme, en ce sens, est d'abord et avant tout un effort pour se confronter à la forme-parti comme avant-garde de la conscience de classe au sens rigoureusement léniniste du terme : « Ce qu'on appelle le maoïsme a développé à notre époque un approfondissement de la conception léniniste du parti[19]. » Le maoïsme de Badiou, bien qu'il prétende représenter l'orthodoxie idéologique du marxisme-léninisme, est donc déjà un post-léninisme : à la fois pas de côté, et enquête renouvelée sur la forme-parti de la politique d'émancipation. Dans une déclaration rétrospective publiée en 1981, l'UCFML dit même que ce projet remonte à la fondation du groupe en 1969-1970 : « Notre conviction que le maoïsme est une étape du marxisme – son étape post-léniniste – date de notre fondation. Elle s'enracine dans l'expérience, la portée universelle et le bilan de la Révolution Culturelle[20] ».

18. Voir *La révolution prolétarienne en France, passim.*

19. « Maoïsme et question du Parti », *in Le Maoïsme*, numéro spécial du *Marxiste-Léniniste : Journal Central du Groupe pour la Fondation de l'Union des Communistes de France Marxistes Léninistes*, n° 12, automne 1976, p. 20.

20. « Le maoïsme: une étape du marxisme », *in 10 ans de maoïsme. Une histoire, un bilan, une politique*, numéro double du *Marxiste-Léniniste*, n° 50-51, printemps 1981, p. 7. Voir également Paul Sandevince (pseudonyme de Sylvain Lazarus), *Notes de travail sur le post-léninisme*, Paris, Potemkine, 1980. Même si, rétrospectivement l'UCFML, prétend avoir été post-léniniste depuis le début, il y a certainement eu plusieurs étapes dans ce développement. Voir le dossier « *Alain Badiou and Cultural Revolution* », publié dans le numéro spécial de *Positions: east asia cultures critique*, n° 13, 2005, pp. 515-533.

En 1969, Badiou avait tenté d'innover de l'intérieur en tant que membre fondateur dissident du Parti socialiste unifié (PSU), en collaborant, aux côtés d'Emmanuel Terray, Harry Jancovici et Denis Ménétrey à une brochure intitulée *Contribution au problème de la construction d'un parti marxiste-léniniste de type nouveau*. Cette proposition fut rejetée lors du congrès national du PSU qui se tint à Dijon à la fin de cette même année. Entre-temps Badiou, rejoint notamment par ses camarades Natacha Michel et Sylvain Lazarus, créa l'UCFML. Malgré une certaine parenté idéologique, et un nom presque identique, il convient de ne pas confondre cette organisation avec l'UJCML, ou UJC (ml), l'Union des jeunesses communistes (marxistes-léninistes), dont de nombreux membres étaient issus de l'École normale supérieure de la rue d'Ulm (et comptaient dans leurs rangs bien d'autres althussériens, comme Jacques Rancière et Jacques-Alain Miller). Fondée en février 1966 et emmenée par Robert Linhart, jusqu'à l'effondrement de celui-ci deux ans plus tard, au moment précis où des barricades s'élevaient partout dans les rues de Paris, l'UJC (ml) fut officiellement dissoute après Mai 68, car le groupe se sentait incapable de bâtir une alliance durable entre le mouvement étudiant et les luttes ouvrières. Par contraste, le militantisme de l'UCFML atteint son point culminant entre le début et le milieu des années 1970, précisément parce qu'il s'est donné pour tâche de continuer à interroger les événements de mai-juin 1968, aussi bien l'opposition réactionnaire qu'ils ont suscitée que leurs conséquences de plus long terme sur la situation politique en France et à l'étranger.

Comme Badiou et Lazarus l'indiquent dans l'avertissement figurant sur presque chaque volume de la collection « Yenan » qu'ils animent au cours des années 1970 chez Maspero (maison qui publiait également la célèbre collection

« Théorie » dirigée par Althusser), il n'y a qu'une question cruciale : « Quelle est, ici et maintenant, la voie à suivre pour que fusionnent le marxisme et le mouvement ouvrier réel[21] ? » Plusieurs années plus tard, Badiou continue à voir le maoïsme comme une tâche inachevée, plutôt que comme une cause perdue ou un accomplissement passé qu'il faudrait savourer avec une certaine nostalgie historiographique : « Ce à quoi nous donnons le nom de "maoïsme" est moins un résultat fini qu'une tâche, une directive historique. Il s'agit de penser et de pratiquer le post-léninisme. Mesurer l'ancien, éclairer la destruction, recomposer la politique dans la minceur de ses appuis indépendants, et cela quand l'histoire se poursuit sous les pavillons les plus sombres[22]. » Ce serait donc une erreur que d'identifier le maoïsme de Badiou à un retour pur et simple à l'orthodoxie du marxisme-léninisme. Cette orthodoxie est elle-même remplie de contradictions. On ne saurait agiter de drapeau rouge dénué d'ambiguïté, ni déduire les tactiques et stratégies politiques d'une prétendue marche nécessaire de l'histoire. La politique est ancrée dans ses propres points de repère, lesquels sont autonomes, rares, spécifiques à une situation et dotés d'une histoire propre. Ils ne sont nullement subordonnés à la direction d'une histoire une et unifiée qui serait au-delà ou en dehors de la politique.

Sur ce plan, on note une inflexion légère mais significative dans le travail de Badiou : celui-ci passe de l'idée de *politiser l'histoire* (ce qui suppose encore un ancrage relativement extérieur de la politique dans l'histoire comprise au niveau de

21. Voir également l'introduction à *La Révolution prolétarienne en France*: « Si nous nous employons à fondre la vérité universelle du marxisme-léninisme, dont l'étape supérieure, toute nouvelle, est la pensée de Mao Tsé-toung, dans la pratique concrète de la révolution française, celle-ci sera victorieuse à coup sûr. Cette fusion exige que la pensée de Mao Tsé-toung soit réellement considérée comme un guide pour l'action » (pp. 9-10).
22. Badiou, *Théorie du sujet*, Paris, Éditions du Seuil, 1982, p. 198.

l'être social et économique) à celle d'***historiciser la politique*** (qui renvoie une compréhension purement séquentielle de la politique à sa propre historicité intrinsèque). Pour Badiou, c'est précisément l'expérience maoïste qui fait obstacle à la possibilité d'accomplir pleinement la première idée, tandis que sa récente conférence sur la Révolution culturelle, celle sur la Commune de Paris, ou encore celle de Natacha Michel sur Mai 68 (relevant du même cycle), nous offrent une bonne illustration de la seconde : « Ce cycle de conférences, proposé par l'Organisation politique, est destiné à clarifier, au moment où commence un nouveau siècle, les liens entre histoire et politique. On y examinera, à la lumière de cette question, divers épisodes fondamentaux de l'historicité de la politique. Par exemple, la Révolution russe, la Résistance, la Révolution culturelle, Mai 68…[23] » Ce n'est donc pas un hasard si ce débat sur l'historicité de la politique sert de toile de fond pour relire et revenir sur la Révolution culturelle : au contraire, le maoïsme et la Révolution culturelle, auxquels l'UCFML se déclare fidèle à la suite de mai 68, constituent également des éléments déterminants de l'articulation mouvante de la politique et de l'histoire qui appelle ce type de lecture et d'enquête[24].

Autonomie de la politique et du parti

Deux questions récurrentes sont directement pertinentes pour comprendre le rôle du maoïsme dans l'œuvre de

23. Badiou, *La Révolution Culturelle : La dernière révolution?*, p. 31. L'énoncé programmatique de ce cycle de conférences propose une sorte de métapolitique comme version renouvelée du matérialisme historique, dont le but serait « dans chaque cas de rendre justice à la singularité des événements, tout en retenant, pour la pensée, ce qu'ils éclairent de la politique, de l'histoire de ses formes, de ses créations et donc de ce que nous avons à faire et à penser, maintenant ».

24. Voir Alessandro Russo, « The Conclusive Scene: Mao and the Red Guards in July 1968 », *positions*, n° 13, 2005, pp. 535-574.

Badiou : la perte d'autonomie de la politique et le statut du parti. S'agissant de la première, rares sont les commentateurs qui n'ont pas noté la stupéfiante expansion du terrain politique entre la fin des années 1960 et le début des années 1970. Dans ce contexte, la « révolution culturelle » devient un terme générique largement détaché de son ancrage concret dans la séquence des évenements chinois. « Il s'agit maintenant d'investir aussi bien la culture que la politique », observe Christophe Bourseiller : « Le maoïsme devient donc de plus en plus fluide, de moins en moins idéologique, de plus en plus "quotidienniste" : il s'agit de lutter au jour le jour et d'ouvrir des fronts partout, même dans la vie de tous les jours[25]. » Badiou en revanche a toujours inébranlablement souligné que la pratique politique était autonome et irréductible aux questions purement culturelles. Ainsi, il conclut sa conférence « Politique et philosophie » par ces mots : « La chose même, en politique, est a-culturelle, comme le sont toute pensée et toute vérité. Comique, purement comique est le thème d'une politique culturelle, comme l'est celui d'une culture politique[26]. » Cette déclaration, faite par quelqu'un qui a ouvertement revendiqué sa fidélité à la Révolution culturelle, semble on ne peut plus contradictoire. En outre, comme y insiste l'UCFML à la fin de son document fondateur : « Un des grands enseignements de la tempête révolutionnaire de Mai est que la lutte des classes ne se limite pas à l'usine. L'oppression capitaliste touche tous les domaines de la vie sociale. » Et le texte se conclut sur ces mots : « Le front de la culture et de l'art est également d'une très grande importance. L'expérience historique de la Grande Révolution Culturelle Prolétarienne nous apprend que, dans certaines circonstances, il peut même devenir un front décisif

25. Bourseiller, *Les Maoïstes, op cit.*, p. 130 et 150.
26. Alain Badiou, *Conditions*, Paris, Éditions du Seuil, 1992, p. 250.

de la lutte des classes[27]. » L'UCFML accordait une place politique décisive à la culture, et c'est pourquoi elle a créé en 1974 le groupe Foudre, principalement dirigé par Natacha Michel, et qui était destiné à intervenir dans le domaine culturel et artistique au niveau de la spécificité des contradictions de la propagande – c'est-à-dire des contradictions des formes de conscience entre l'ancien et le nouveau. On n'est donc pas si loin de l'idée de « révolution de la vie quotidienne », comme l'avait déjà suggéré le document fondateur de l'UCFML : « La révolution est dans la vie et la transforme[28]. » En fait, tout en tirant un bilan sur son expérience, le journal central de l'organisation, *Le Marxiste-Léniniste*, rejette ouvertement l'opposition entre politique et vie quotidienne qui constituait un présupposé commun à la plupart des interprétations de l'après-68 : « Notre politique est nouvelle parce qu'elle se réfère au quotidien. Depuis 68, on oppose la volonté de changer la vie dans la quotidienneté à la politique politicienne et spectaculaire. Mais ce qu'expriment au travers de la politique quotidienne de l'usine les noyaux, c'est l'affirmation qu'il n'y a pas d'acquis autres que politiques[29]. » La culture, ainsi comprise, n'est jamais vraiment apolitique ; à l'inverse il n'est pas de vérité politique qui ne touche aussi à la culture.

27. Voir *La Révolution prolétarienne en France, op. cit.*, p. 126 et 128. Comme dans le cas de Mao sur la détermination, respectivement, par l'infrastructure, la pratique, ou la politique, sur la superstructure, la théorie, ou l'idéologie, la question de la priorité est ici aussi d'ordre conjoncturel : « Il n'y a pas de priorité absolue de la lutte sur les quartiers sur la lutte dans les usines mais l'inverse n'est pas vrai non plus » (p. 126). Cela étant, bien que l'usine n'ait pas de priorité absolue, elle conserve une fonction symptomatique par rapport à d'autres sites dans la situation historique moderne. Aux lecteurs qui considéreraient cette thèse comme un résidu de la période dialectique de Badiou, je conseille fortement de lire un texte extraordinaire, « L'usine comme site événementiel », qui devait figurer à l'origine dans *L'Être et l'événement*, mais qui a seulement paru dans *Le Perroquet*, n° 62-63, 22 avril-10 mai 1986, p. 1 et 4-6.

28. *La Révolution prolétarienne en France, op. cit.*, p. 119.

29. *Le Marxiste-Léniniste*, n° 50-51, 1981, p. 17.

Il convient de reconnaître que, même au début de la Révolution Culturelle, les « 16 points » étaient extrêmement vagues, voire métaphysiques, quant à la signification du concept traduit sous le nom de « culturel [30] ». Ce flou et cette ambiguïté se retrouvent en partie dans les activités de l'UCFML. Conformément à la thèse maoïste selon laquelle « il ne peut pas y avoir de l'art au-dessus de la lutte des classes », le groupe Foudre refuse de traiter l'« art » et la « culture » comme des sphères ou des domaines sociologiquement définis et disjoints de la politique : « Nous avons dès le début critiqué l'idée d'un "secteur culturel" que le groupe Foudre viendrait occuper, case vide définie objectivement[31]. » D'un autre côté pourtant, le groupe soutient qu'il y a une spécificité de l'art : « L'art est doté d'une autonomie relative par rapport au champ social et aux formes politiques de la lutte des classes. Quoiqu'inscrit dans les propagandes idéologiques, il n'est pas transitif à la politique. C'est qu'il a une histoire propre, sédimentée : l'histoire des formes[32]. » Badiou lui-même a récemment fini par reconnaître que pour comprendre pleinement la séquence qui va de la fin des années 1960 au début des années 1970, on ne saurait tenir pour complètement disjointes les conditions de la politique, de l'art, de la science et de l'amour, contrairement au préjugé typiquement moderniste qui affirme leur autonomie. Ainsi, après avoir vu (surtout dans *Manifeste pour la philosophie*) comment les quatre conditions de la vérité doivent être séparées et désuturées en tant qu'idées claires et distinctes, il faudrait examiner comment, histori-

30. Badiou, *La Révolution Culturelle, op. cit.*, p. 11. Voir également Alessandro Russo, « *How to Translate 'Cultural Revolution'?* », *Inter-Asia Cultural Studies*, n° 7, 2006, pp. 673-682.
31. « L'art et la culture: un groupe maoïste, le groupe FOUDRE », *Le Marxiste-Léniniste*, n° 50-51, 1981, p. 20.
32. *Ibid.*, p. 21.

quement, elles sont très souvent entremêlées, et comment elles se combinent, par exemple dans l'« art prolétaire » ou l'« amour courtois », ainsi que Badiou voulait au départ le faire dans *Logique des mondes*.

Interrogé sur ce point, Badiou est même allé jusqu'à admettre que la « culture » n'est peut-être pas simplement de l'« art » vidé de toute vérité, comme il l'a par exemple affirmé dans l'introduction à *Saint Paul*, mais qu'il pourrait s'agir du nom approprié du « réseau » ou du « nouage » des diverses conditions de vérité : « Je pense qu'on peut considérer que "culturel", c'est le nouage des forçages, c'est-à-dire, c'est à un moment donné la manière dont le système encyclopédique de la situation est modifié sous des contraintes de forçage qui relèvent de procédures différentes les unes des autres[33]. » Le point important réside ici dans la suggestion selon laquelle, avec les différentes opérations qui forcent la connaissance disponible d'une situation donnée après qu'on l'a examinée du point de vue de l'événement, nous sommes une fois de plus renvoyés à une dialectique du savoir et de la vérité – qui recouvre désormais un réseau de vérités multiples qui pourraient servir au final à formaliser le concept même de « culture » –, par le biais d'une notion empruntée à l'héritage maoïste et inspirée par la Révolution culturelle.

La seconde question, qui touche au rôle du parti, est peut-être plus polémique encore. Pour le Badiou ouvertement maoïste (au moins jusqu'à *Théorie du sujet*), « tout sujet est politique » et le parti est le corps matériel d'un tel sujet : « Le parti est le corps de la politique, au sens

33. Voir « Peut-on penser le nouveau en situation ? Entretien entre Bruno Bosteels et Alain Badiou », *Situations de la philosophie*, numéro spécial de *Failles*, n° 2, printemps 2006, p. 91.

strict[34] ». De ce point de vue, peu de choses semblent avoir changé depuis que l'UCFML, dans son document fondateur, a reformulé le concept de parti pour l'adapter à l'époque. On aurait toutefois tort d'ignorer la distance qui sépare l'UCFML du parti de type nouveau. On trouve ainsi cette remarque dans le texte d'ouverture : « L'Union des Communistes Français (marxiste-léniniste), à son tour, n'est pas le Parti. Elle ne prétend pas connaître d'avance et propager ce que sera la réalité vivante du Parti. Elle est le noyau promoteur qui porte au sein des masses la question du Parti, centralise les expériences à la lumière de ce projet, formule des directives et les vérifie, les rectifie, dans la pratique des masses[35]. » L'organisation de Badiou considère qu'il serait unilatéral et prématuré de prétendre qu'il pourrait exister, en France à cette époque, un authentique nouveau parti communiste. En fait, rejetant la prétention de l'ex-PCMLF à être ce parti même après avoir été contraint à la clandestinité, l'UCFML souligne que « dans le moment actuel, il est groupusculaire, il est non-prolétarien de créer, purement et simplement, le Parti[36]. » Il faut se garder de considérer ces déclarations comme de simples fables qui dissimuleraient une foi inébranlable dans le parti d'avant-garde. Au contraire, ce qui se joue là, c'est déjà, dans une certaine mesure, le destin du parti léniniste lui-même. À l'évidence, le fait que la création effective du parti ait été momentanément reportée, mais aussi l'affirmation répétée

34. Badiou, *Théorie du sujet, op. cit.*, p. 46 et 306.

35. *La Révolution prolétarienne en France, op. cit.*, p. 5.

36. *Ibid.*, p. 65. Voir aussi la déclaration précédente, qui date du début de 1970 : « En Mai 1968 (et la situation est la même aujourd'hui) n'existaient ni parti ni groupement authentiquement marxistes-léninistes » (p. 13). Pour une excellente étude sur la place de l'UCFML par rapport au PCMLF (Parti Communiste Marxiste-Léniniste de France), et au PCF (ml), ou Parti Communiste Révolutionnaire (marxiste-léniniste), voir A. Belden Fields, *Trotskyism and Maoism in France and the United States,* New York, Praeger, 1988, chap. 3.

qu'il ne s'agissait que du « noyau promoteur » d'une organisation à venir, témoignent d'une crise de la forme-parti traditionnelle. Ce sont là les signes d'un problème irrésolu – d'une question dont la Révolution Culturelle a fait un problème et une tâche à accomplir : « Un problème ouvert donc aux deux sens du terme : premièrement qui n'est pas résolu, deuxièmement dont les masses peuvent s'emparer[37]. »

Théorie du sujet se montre on ne peut plus clair à cet égard. Selon la périodisation proposée dans cet ouvrage, Marx, Lénine et Mao constituent trois stades – trois épisodes incontournables relativement à l'historicité intrinsèque de la politique – de la mise en question progressive du parti comme tâche à accomplir. Avec la Révolution culturelle, la question du sujet de la politique est laissée sans réponse sous la pression irrésistible des masses : « La question subjective (comment la Révolution culturelle, soulèvement de masse contre la nouvelle bourgeoisie bureaucratique d'État, est-elle venue buter sur la refonte du parti) demeure en suspens, question clef de toute politique marxiste aujourd'hui[38]. » Pour autant, on ne peut pas dire que l'idée d'une politique sans parti, appliquée à la Révolution culturelle, serait uniquement le produit d'une réinterprétation rétrospective dans les œuvres postérieures de Badiou. Au contraire, la critique immanente de la forme-parti a toujours été un critère décisif du maoïsme de Badiou. Je dirais même que c'est le suspens du parti comme forme de l'organisation politique au sens strict qui introduit une irréductible distance intérieure, ou scission dialectique, au cœur du maoïsme, au point de le transformer en une forme de post-maoïsme.

37. UCFML, « Commentaire préliminaire », *in* Paul Sandevince, *Notes de travail sur le post-léninisme, op. cit.*, p. 4.
38. Badiou, *Théorie du sujet, op. cit.* p. 65.

La rapide périodisation proposée dans *Théorie du sujet* sera réaffirmée dix ans plus tard dans « Le Mode dialectique », remarquable texte anonyme probablement écrit par Sylvain Lazarus et publié dans le journal de l'Organisation Politique, *La Distance Politique*. Alors que Marx a subordonné la politique au cours objectif de l'histoire comme lutte des classes, et que Lénine voulait que le parti résorbe le fossé grandissant entre l'histoire et la politique, Badiou et Lazarus affirment qu'avec Mao, le concept d'histoire (ou d'Histoire) comme référent extérieur a purement et simplement disparu, au profit d'une appréhension strictement conjoncturelle des lois de la politique et de leurs situations changeantes : « La pensée n'est plus celle de l'adéquation entre la politique et l'Histoire. Aucun espoir de fusion ne se présente jamais. » Et, quelques lignes plus loin : « Le mode dialectique déshistoricise[39] ». Avec Mao, la politique cesse d'être transitive au cours global de l'histoire, et le parti lui-même ne saurait combler cet écart.

En d'autres termes, la rupture avec la transitivité de la politique, dont j'ai précédemment dit qu'elle impliquait un passage de la ***politisation de l'histoire à l'historicisation de la politique***, ne signale pas une ***prise de distance*** avec le maoïsme mais constitue dans une large mesure le reflet théorique d'une rupture ***interne*** au mode maoïste de la politique. Pour reprendre les termes que Badiou emploie dans *Théorie du sujet* à propos du troisième stade de sa périodisation du marxisme, du léninisme et du maoïsme : « La classe ouvrière est inapte à jamais résorber la scission, qui la fait être, entre son immédiateté sociale et son projet politique. D'un tel sujet politique – finalement restreint à l'action de son tenant-lieu,

39. Anonyme, « Le mode dialectique : à propos de Mao Tsé-Toung et de *Problèmes stratégiques de la guerre révolutionnaire en Chine* », *La Distance Politique*, n° 3, mai 1992, p. 5.

le parti, corps fait d'une âme opaque et multiple – on ne dira jamais qu'il constitue l'histoire, ni même qu'il la fait[40]. » Clairement, on est loin d'une compréhension orthodoxe de la dialectique de l'histoire et de la politique, de l'être social et de la conscience, ou des masses et des classes, où le parti occuperait la place de médiateur évanouissant ou de troisième terme. L'inverse semble presque vrai : c'est seulement quand le rapport entre histoire et politique est définitivement rompu, ou qu'il cède la place au rapport d'un non-rapport, que Badiou et Lazarus parlent d'un mode « dialectique » de la politique. La pensée dialectique continue d'engager un troisième terme, mais c'est seulement le procès de scission des deux premiers qui constitue l'unité ténue du troisième.

Enfin, sur un terrain plus empirique, si l'on compare les deux principales organisations dans lesquelles Badiou a été actif, l'une appelant à un « parti de type nouveau » et l'autre à une « politique sans parti », ne doit-on pas en conclure qu'elles ont proposé des formes de militantisme quasi identiques ? On pourra bien considérer que la première organisation souffrait d'une insuffisance sur le plan pratique et la seconde d'une inconsistance théorique, mais le fait est que la forme organisationnelle de la politique demeure assez constante pour Badiou. En fait, ce pourrait être l'un des grands enseignements à tirer de la mise en suspens de la forme-parti accomplie durant la Révolution Culturelle : non pas la réponse anarchiste ou aventuriste consistant à rejeter toutes les formes d'organisation, mais la nécessité d'une organisation de la politique - dans des noyaux, des comités de base, des communes, ou une « organisation politique[41] » générique. En effet, l'idée de parti - même si le nom dispa-

40. Badiou, *Théorie du sujet, op. cit.*, p. 205.

41. Pour un panorama des différentes formes d'organisation associées à l'UCFML, voir *Le Marxiste-Léniniste*, n° 50-51, printemps 1981.

raît - vise précisément à ajouter la question de la consistance matérielle et de la durabilité, autrement dit, la question de l'organisation, pour que la politique soit davantage que des soulèvements ou des manifestations de masse de courte durée. On l'a vu dans *Théorie de la contradiction :* « Sans application organisée, pas de plan d'épreuve, pas de vérification, pas de vérité. La "théorie" ne peut alors qu'engendrer des absurdités idéalistes[42] ». Ou comme l'écrit Badiou dans *Peut-on penser la politique ?*, donc après sa supposée rupture avec le maoïsme : « L'organisation politique est requise pour que l'intervention en pari fasse processus de ce qui va d'une interruption à une fidélité », même si aucune pratique organisée ne sera jamais capable de sceller l'abîme ouvert par le déchirement événementiel : « Par sa fidelité propagatrice, échelonnement d'interventions en pari, elle laisse ouvert ce point par où la suture de l'Un défaille à sceller le Deux[43] ».

Éléments pour une théorie des déviations

En utilisant les termes proposés dans *Théorie de la contradiction* et *De l'idéologie*, il est également possible de théoriser la logique des déviations idéologiques gauchistes et droitistes par contraste avec les éléments fondamentaux de la refonte maoïste de la dialectique matérialiste défendue par Badiou. Toutes les déviations finissent par basculer dans une forme d'idéalisme dans la mesure où elles désavouent ce que Badiou qualifie souvent de dialecticité de la dialectique : « La dialectique, si l'on peut dire, est elle-même dialectique, en ce que ses opérateurs conceptuels, qui reflètent la réalité, sont tous également scindés[44]. » Les deux types de

42. Badiou, *Théorie de la contradiction*, p. 15.
43. Badiou, *Peut-on penser la politique ?, op. cit.*, p. 112.
44. Badiou, *Théorie de la contradiction*, p. 68.

déviation idéologique identifiés par Badiou sont le reflet l'un de l'autre, dans la mesure où ils négligent le fait que la structure et la tendance, ou la place et la force, doivent être articulées à travers la scission de chacun des deux termes : dans le cas du « gauchisme », l'élément structural inhérent à toute tendance est négligé au profit du devenir pur, illimité et affirmatif. L'exemple type de ce point de vue, ce sont les tendances aventuristes nourries par Mai 68, révéré comme un événement immense et grandiose à lui tout seul : « Si en effet on néglige l'élément structural, on prend la tendance pour un état de chose réalisé[45] ». Tout fusionne alors dans l'être du devenir pur.

Dans le cas du « droitisme », la possibilité du changement radical est forclose au nom d'une analyse purement objective de la structure. Sans surprise, c'est l'économisme de la Deuxième Internationale qui en constitue l'exemple type : « Si l'on néglige l'élément tendanciel, on réprime inévitablement le nouveau au nom de l'ancien, on soutient l'ordre établi. On s'installe dans l'attentisme opportuniste[46] ». Ici, tout se fonde sur l'état pur des conditions existantes.

Certes, chaque instance ou contradiction de la société doit être vue comme relevant d'une structure à dominante possédant une détermination en dernière instance. À cet égard, pour Badiou, Althusser a raison. « En fait, tout revient à ceci : saisie dans un état donné, ou au long d'une séquence particulière de son développement, toute contradiction assigne à ses termes une *place* déterminée, place elle-même définie par son rapport à la place de l'autre terme. En ce sens, la dialectique est une logique des places[47]. » Mais il est tout aussi vrai que toute structure de places assignées se trans-

45. *Ibid.*
46. *Ibid.*, p. 69.
47. *Ibid.*

forme constamment sous l'effet de scissions, de coupures et de changements internes. À cet égard, c'est Deleuze qui a raison. « Saisie en revanche dans son mouvement ininterrompu par étapes, toute contradiction confronte des *forces* dont la nature est d'ordre différentiel : ce qui importe dans l'évaluation de la force du point de vue du mouvement de la contradiction, ce n'est plus son état transitoire de subordination ou de domination, mais sa croissance ou sa décroissance. » Badiou poursuit : « Dans son versant tendanciel ou proprement historique, la dialectique est une logique des forces[48]. » Si ces deux positions sont partiellement vraies, chacune prise isolément demeure clairement insuffisante. La véritable difficulté, c'est de trouver un moyen de surmonter leur complémentarité apparente sans recourir à la médiation d'une synthèse : « Le problème dialectique central est donc le suivant : comment s'articulent, sans fusionner, la logique des places et la logique des forces[49] ? »

Selon la lecture que Badiou propose à cette époque, le cas de Deleuze nous donne une idée de la manière dont place et force peuvent se combiner – comme ils le sont le plus souvent – dans une déviation « gauchiste ». En termes moraux, cela revient traditionnellement à présupposer un dualisme absolu de la nécessité et de la liberté. Dans « Le Parti et le flux » (publié par le groupe Yenan-Philosophie de l'UCFML dans *La Situation actuelle sur le front de la philosophie*), Badiou cite un long passage de *L'Anti-Œdipe*, dans lequel tous les célèbres dualismes énoncés dans le livre, du molaire et du moléculaire aux groupes assujettis et aux groupes sujets, semblent contre toute attente puiser leur principe moteur dans un kantisme à peine déguisé. « Deleuze et

48. *Ibid.*
49. *Ibid.*

Guattari ne s'en cachent guère : retour à Kant, voilà ce qu'ils trouvent pour conjurer le fantôme hégélien. » Badiou part à l'attaque : « C'est l'énergie pure, déliée, générique, l'énergie en tant que telle. Ce qui est à soi-même sa loi, ou son absence de loi. La vieille liberté d'autonomie, repeinte hâtivement aux couleurs de ce qu'exigeait légitimement la jeunesse en révolte : quelques crachats sur la famille bourgeoise[50]. » Face à l'énergie pure de cette liberté inconditionnée, il n'y a que la nécessité aveugle d'un ordre paranoïaque qui, tel un vampire, se nourrit de l'énergie et de la créativité libres, la liberté n'étant dès lors qu'un autre nom de la vie elle-même.

En plus de la variante morale, on peut aussi formuler une variante politique de ce dualisme radical de la force et de la place au sein du « gauchisme ». Elle se présente généralement sous l'aspect d'une opposition directe et non médiatisée entre les masses et l'État, ou entre la plèbe et l'État – dualités auxquelles il faudrait aujourd'hui ajouter l'antagonisme ouvertement non dialectique, voire antidialectique, de la multitude et de l'Empire. Le pouvoir et la résistance semblent de tout temps opposer les mêmes masses vivantes et créatrices au même système répressif et mortifère. Badiou note qu'« [à] cet égard, l'idéologie "massiste" issue de 68 excelle dans l'aplatissement de l'analyse dialectique. Toujours les mêmes masses exaltées contre l'identique pouvoir, l'invariable système [51]. » Cette vision de la politique échoue à prendre en compte le fait que, concrètement, aucun mouvement ne procède en bloc, sauf par les scissions qui disloquent et révoquent la totalité existante : « Ce ne sont jamais "les masses", ni le "mouvement" qui portent en bloc son engendrement,

50. Badiou, « Le flux et le parti (dans les marges de l'*Anti-Œdipe*) », in *La Situation actuelle sur le front philosophique*, Paris, Maspero, 1977, pp. 31-32.
51. Badiou, *Théorie de la contradiction*, p. 57.

mais ce qui en eux s'est divisé de l'ancien[52]. » Mais surtout, la fascination du « massisme » ou du « mouvementisme » – à quoi l'on devrait désormais ajouter le « multitudinisme » – n'a rien d'une découverte radicalement neuve ; c'était déjà l'une des principales cibles de Marx et Engels : « Que le «mouvement » soit une poussée désirante, un flux qui file ; que toute institution soit paranoïaque, et hétérogène par principe au « mouvement » ; que rien ne se fasse *contre* l'ordre existant, mais selon une schize affirmative qui se retire de cet ordre ; qu'il faille donc substituer à toute organisation, à tout hideux militantisme, l'autogestion – ou l'association, on se querelle là-dessus dans certaines chaumières – du mouvement pur : toutes ces révisions audacieuses, dont on prétend qu'elles dressent contre le marxisme-léninisme « totalitaire » la fulgurante nouveauté des masses marginales en dissidence, sont mot pour mot ce que Marx et Engels, dans *L'Idéologie allemande*, avaient à mettre en pièces – vers 1845 ! – pour déblayer le terrain d'une systématisation enfin cohérente des pratiques révolutionnaires de leur temps[53]. »

Traversant les dualismes inopérants des masses et du pouvoir, du mouvement et de l'organisation, ou de la dissidence et du totalitarisme, la politique doit être pensée avec tout l'arsenal de concepts impliqué dans la logique de la scission, résumée de la façon la plus succincte par la formule maoïste « Un se divise en deux ». Badiou explique ainsi : « Nous sommes pour "un se divise en deux". Nous sommes pour la croissance en scission du nouveau. Nous ne voulons ni des masses ultra-gauches sanctifiées et obscures, inopérantes et répétitives, ni de l'union révisionniste, façade d'une dictature sinistre. Ce qui est prolétarien, aujourd'hui surtout,

52. *Ibid.*
53. *Ibid.*, p. 60.

divise, et combat, et fait croître jusqu'au principal d'infimes fractures intérieures au "mouvement"[54]. »

Tout cela semble revenir à l'idée que, comme on nous l'a répété de Mao à Negri, il ne saurait y avoir de pouvoir sans force constituante de résistance. En ce sens, quelqu'un comme Glucksmann semble avoir ouvert la voie. Car dès le début de *La Cuisinière et le mangeur d'hommes*, livre qui, avec *Les Maîtres penseurs*, a propulsé l'ancien rédacteur en chef de *La Cause du peuple* devenu nouveau philosophe sur le devant de la scène médiatique, Glucksmann pose un principe digne du maoïsme de sa jeunesse : « Au commencement était la résistance[55]. » Mais il abandonne bien vite ce primat radical et presque ontologique de la résistance pour consacrer toute son attention à l'écrasant pouvoir répressif de l'État. « C'est pourquoi les conclusions politiques de Glucksmann sont exactement désespérantes », explique Badiou dans *De l'idéologie*. Il nous dit : « Là où cesse l'État commence l'homme », mais du combat populaire contre l'État, il ne retrace que la morne durée répétitive, l'obstination infinie, sans que rien ne marque nulle part que cette continuation cumule les forces d'un aboutissement quelconque. À le lire, l'homme n'est pas prêt à commencer[56]. » En fait, l'obsession anti-répressive contredit même l'affirmation de son allégeance à la pure force créatrice de la résistance populaire : « Il est inconséquent de lire dans l'histoire l'omniprésente contradiction des masses et de l'État, d'affirmer qu'on se range aux côtés de la plèbe, et de ne disserter exclusivement que sur la force et les multi-

54. *Ibid.*, p. 57.
55. André Glucksmann, *La cuisinière et le mangeur d'hommes*, Paris, Éditions du Seuil, 1975, p. 21.
56. Badiou et Balmès, *De l'idéologie*, p. 134.

formes ruses victorieuses de l'État[57]. » De la fausse opposition entre les masses et l'État, il n'y a qu'un pas à vanter les tendances intrinsèquement démocratiques des premières (ne serait-ce même que par défaut), puisqu'elles sont le seul remède contre les excès totalitaires du premier, que le goulag a marqué d'infamie. Ce pas, nous le savons, les nouveaux philosophes l'ont promptement franchi.

Dans l'introduction collective à *La Situation actuelle sur le front de la philosophie*, le groupe Yenan-Philosophie accuse *toutes* les tendances révisionnistes présentes dans la pensée française des années 1970, non seulement chez les nouveaux philosophes comme Glucksmann, mais aussi chez les deleuziens, althussériens et lacaniens, de présupposer des oppositions catégorielles éliminant tout terme diagonal – qu'il s'agisse de la classe, du parti, ou de l'organisation – entre les masses et l'État. « Substituer partout le couple masses/État à la lutte des classes : il ne s'agit que de cela. L'essence politique de ces "philosophies" tient dans le principe suivant, principe d'amer ressentiment contre toute l'histoire de ce siècle : "pour que la révolte des masses contre l'État soit bonne, il faut rejeter la direction de classe du prolétariat, résilier le marxisme, haïr jusqu'à l'idée du parti de classe"[58]. » En conséquence, ces théoriciens en sont réduits soit à nier totalement les contradictions antagonistes, soit à reconnaître avec jubilation un simple semblant d'antagonisme. « Ils rêvent d'un antagonisme formel, d'un monde cassé en deux

57. *Ibid.*, p. 135.

58. Groupe Yenan-Philosophie, « État de front », *in La Situation actuelle sur le front de la philosophie*, p. 12. Outre Deleuze, Lacan et Althusser, une note évoque un quatrième interlocuteur – Michel Foucault – et annonce une prochaine discussion de ses thèses. Cette polémique n'eut jamais lieu. Soit dit en passant, cette lacune reste à mon sens perceptible dans le travail de Badiou, dont certains lecteurs souhaiteraient qu'il se confronte de façon plus soutenue aux derniers séminaires de Foucault sur la biopolitique et l'herméneutique du sujet.

sans autre épée que l'idéologie », alors qu'une pleine compréhension de la politique d'émancipation impliquerait non pas seulement la joie et la passion propres aux révoltes de courte durée, mais un travail discipliné visant à produire une transformation durable de la situation : « Ils aiment la révolte, dont ils profèrent utilement l'universalité, mais ils sont secondaires dans la politique, qui est le changement du monde réel dans sa particularité historique[59]. » Il est donc urgent et nécessaire de combattre ces tendances révisionnistes sur le front philosophique. « *Tout le monde*, y compris les maoïstes, est après tout sommé aujourd'hui, après la Révolution culturelle et mai 68, de prendre position, de cerner le nouveau, sur ce que désigne la politique dans son articulation complexe, dans sa trilogie constitutive : mouvement de masse, point de vue de classe, État. Telle est bien aujourd'hui la question de toute philosophie possible, où se lit le primat de la politique (de l'antagonisme) *dans son actualité*[60]. »

Enfin, c'est dans les notes denses du *Noyau rationnel de la dialectique hégélienne* que Badiou explicite la nécessité d'un concept pleinement philosophique de déviation. De manière significative, ce concept est introuvable dans la dialectique idéaliste de Hegel : « L'idéalisme de Hegel se manifeste aussi par l'absence de toute théorie positive de la déviation[61]. » La *Science de la logique* reste prisonnière du faux problème du

59. *Ibid.*, p. 10. L'évocation de la tentative dite « archi-politique » de Nietzsche, dont le lemme est « casser en deux l'histoire du monde », anticipe une autre version de la même polémique, où Badiou rejettera de nouveau la figure radicale-anarchique de l'antagonisme, ou du Deux comme tel, qui relève à ses yeux de l'héritage problématique de Nietzsche (*cf.* Alain Badiou, *Casser en deux l'histoire du monde ?*, Paris, Les Conférences du Perroquet, 1992).
60. Groupe Yenan-Philosophie, « État de front », *op. cit.*, pp. 12-13.
61. Alain Badiou, Joël Bellassen et Louis Mossot, *Le Noyau rationnel de la dialectique hégélienne. Traductions, introductions et commentaires autour d'un texte de Zhang Shiying, Pékin, 1972*, p. 258. Voir tout particulièrement la note « (k) Le concept philosophique de déviation ».

commencement absolu, ou, pour être plus précis – mais c'est déjà symptomatique d'une scission désavouée qui pointe vers un noyau rationnel de la dialectique idéaliste –, prisonnière de l'alternative entre deux commencements absolus : l'Être et le Néant. Par contraste, Badiou semble tacitement s'accorder avec Adorno, pour qui une véritable dialectique matérialiste doit partir, non de l'Être ou du Néant, mais de quelque chose. Pour Adorno, le « quelque chose en tant que substrat nécessaire au penser du concept, même à celui du concept de l'être, est l'abstraction la plus extrême de la teneur chosale (*das Sachhaltige*) non identique au penser, et qui néanmoins ne saurait être éliminée par aucun processus supplémentaire de pensée. [...] D'ailleurs Hegel ne peut lui-même supporter la moindre trace de non-identité dans le début de la logique, trace que le mot "quelque chose" rappelle[62]. » Mais pour le maoïste qu'est Badiou, tout doit toujours être divisé – divisé entre soi-même et quelque chose d'autre, déterminé par le système dans lequel ce quelque chose trouve sa place.

Ainsi, tandis que la logique de la scission fait de larges emprunts au début de la *Grande Logique* (surtout à « Quelque-chose et être-autre » et à « Détermination, constitution et limite »), Badiou reformule systématiquement les principes élémentaires de cette logique dans son propre vocabulaire, en insistant sur le fait que toute entité est scindée entre une part relevant de la logique des places, et une autre dont on ne peut rendre compte qu'en faisant appel à une logique des forces. À l'inverse, parce qu'elles sont absentes ou désavouées, la détermination et la limite nous permettent aussi de saisir la logique des déviations. « Les déviations, les retombées [...] ne sont en fait pleinement pensables qu'en corrélation dialectique avec la détermination et la limite d'un mouvement »,

62. Theodor W. Adorno, *Dialectique négative*, trad. fr. Groupe de traduction du Collège de philosophie, Paris, Payot, Petite Bibliothèque, 2003, pp. 167-168.

au sens où le « droitisme » et le « gauchisme » ne font rien d'autre que reconvoquer dans sa pureté isolée l'un des termes de la contradiction initiale : « la première ne fait que répéter le terme dominant », tandis que « la seconde, en arguant d'un état de pureté originelle précédant toute détermination, s'assignera de retrouver l'autre[63] ».

Cependant, dès sa période maoïste, Badiou a parfaitement conscience du fait que les formes les plus avancées de théorie et de philosophie, la psychanalyse lacanienne par exemple, voire Althusser et Deleuze, ne sauraient être seulement caricaturées comme des déviations « structuraliste » et « ultra-gauchiste ». La ligne de démarcation doit être tracée ailleurs, ou de manière plus précise. On pourrait ainsi reconnaître qu'une forme accomplie de structuralisme – que d'autres préfèrent appeler « poststructuralisme » – pose non seulement la nature divisée de la structure et du sujet, mais conçoit également leur relation dans les termes troublants d'une exclusion interne. Pareille conceptualisation retravaille donc de fond en comble la topologie de l'intérieur et de l'extérieur – chaque intérieur, chaque identité stable, chaque intériorité idéaliste ou humaniste se trouvant défini dans les termes paradoxaux de son dehors constitutif.

Dans *Le Noyau rationnel*, Badiou semble encore reprocher au « structuralisme » et au « gauchisme » d'ignorer la topologie de l'extérieur constitutif. « C'est la racine de l'échec de tout structuralisme marxiste, comme de tout courant "gauchiste", qui prétend organiser la pensée et l'action à partir d'une compréhension absolue de la société oppressive comme Système, et lance la directive de dissidence, d'extériorité. Or il n'y a pas d'extérieur, ce qui ne signifie nullement une contrainte indépassable de l'intérieur (la "récupération"),

63. Badiou *et al.*, *Le Noyau rationnel*, p. 259.

car il n'y a pas d'intérieur non plus[64]. » Cette critique ne nous invite-t-elle pas à reconsidérer Lacan qui, dans ses derniers séminaires, devient un véritable maître de ces topologies de l'intérieur/extérieur ? Ou, de façon plus inattendue, ne pourrait-on aussi développer une logique de l'exclusion interne à partir de la notion de cause absente que l'on trouve non seulement dans les textes canoniques d'Althusser, mais aussi dans *Logique du sens*, qui est sans conteste l'ouvrage le plus structuraliste de Deleuze ? Tout cela ne satisfait-il pas aux réquisits de la dialectique matérialiste selon la définition maoïste qu'en propose Badiou ?

Une réponse à cette dernière question, qui sera développée plus longuement dans *Théorie du sujet*, se trouve déjà dans *Le Noyau rationnel*. Selon Badiou, la psychanalyse de Lacan réduit en fin de compte la topologie de l'extérieur constitutif à la simple reconnaissance d'un donné structural. C'est pourquoi la topologie de l'extérieur constitutif, en tant que point culminant de la dialectique de la structure et du sujet, doit à son tour être divisée en une compréhension structurale et une compréhension tendantielle. « Le destin historique de cette topologie est sa division inévitable. On peut en effet la concevoir de façon purement structurale : extérieur et intérieur sont alors discernables *en tout point*, mais indiscernables dans le Tout, supposé donné. [...] Cette voie est suivie par Lacan (mais déjà par Mallarmé), dans l'usage qu'il fait des surfaces non orientables, comme le ruban de Möbius. » Et Badiou ajoute : « Mais on peut, et on doit, concevoir en fait la corrélation scindée extérieur/intérieur plutôt comme un processus, où ce qui fait que le réel est simultanément à sa place et en excès sur cette place, à l'intérieur et à l'extérieur,

64. *Ibid.*, p. 229.

réside dans son déploiement comme force qualitative[65]. » Au final, cette critique confirme la nécessité d'une torsion symptomatique qui ne resterait pas au niveau structural de la reconnaissance d'un extérieur interne mais passerait dans la disqualification ou la destruction de l'ancien à l'intérieur du nouveau.

Mao comme tiers évanouissant

En somme, le maoïsme permet à Badiou d'articuler, sans séparation ni fusion, la place et la force, l'état et la tendance, la structure et le sujet, ou l'être et l'événement. Bien sûr, la traversée en diagonale des dualismes inhérents à un système métaphysique peut apparaître comme une constante qui parcourt toute l'histoire de la philosophie : « Le motif selon lequel la pensée doit toujours s'établir dans un au-delà des oppositions catégorielles, et y tracer une diagonale sans précédent, est constitutif de la philosophie elle-même. » Ainsi, pour saisir la singularité de telle ou telle philosophie, il faut examiner ce qui fait la spécificité du recours conceptuel à une diagonale plutôt qu'à une autre : « Toute la question est de savoir ce que valent les opérateurs du tracé diagonal, et à quelle ressource inconnue ils convoquent la pensée[66]. » À mon sens, le maoïsme constitue l'une de ces diagonales, dont l'importance dans la trajectoire philosophique de Badiou demeure méconnue encore aujourd'hui.

Théorie de la contradiction énonce on ne peut plus clairement les implications philosophiques de la dialectique matérialiste en tant que traversée en diagonale des contraires – surtout, dans ce cas, des contraires que sont le sujet et

65. *Ibid.*, p. 229.
66. Alain Badiou, « Un, multiple, multiplicité(s) », *Multitudes*, n° 1, mars 2000, p. 197.

l'objet. « Le problème est de réfléchir à la fois la scission et l'action réciproque des deux catégories (sujet et objet) dans le mouvement général d'un processus, sans exclure que le facteur subjectif puisse être la clef de ce mouvement. » Badiou résume son propos en faisant référence à Hegel via Lénine : « Pour Lénine, il s'agit de prendre appui sur Hegel pour en finir avec l'*unilatéralité* des catégories de sujet et d'objet, dès lors qu'on les sépare (opération métaphysique) ou qu'on annule l'une d'entre elles (idéalisme absolu ou matérialisme mécaniste)[67]. » En un certain sens, Badiou se contente d'ajouter que Mao est le portrait craché de ce Hegel matérialiste dont Lénine chante les louanges à chaque page des *Cahiers philosophiques*. Mais alors, cette idée possède aussi de profondes conséquences quant à la généalogie personnelle de Badiou et à son rapport aux principales écoles philosophiques françaises de cette époque.

Dans *Peut-on penser la politique ?*, Badiou rappelle que la scène philosophique des années 1960-1970 était divisée par le dernier combat de géants, la polémique entre Sartre et Althusser. « Quand les médiations de la politique sont claires, le philosophe a pour impératif de les subsumer dans la direction d'un fondement », écrit Badiou. « Le dernier débat en la matière opposa les tenants de la liberté comme transparence réflexive fondatrice aux tenants de la structure comme presciption d'un régime de la causalité. Sartre et Althusser, c'était, au fond, la Cause contre la cause[68] ». Hegel,

67. Badiou, *Théorie de la contradiction*, p. 44.

68. Badiou, *Peut-on penser la politique ?*, *op. cit.*, p. 10. Dans la mesure où la psychanalyse lacanienne prospère désormais officiellement dans l'École de la Cause freudienne, de même que la Cause de Sartre fait écho à *La Cause du peuple*, on pourrait ajouter Lacan à la polémique entre Sartre et Althusser. La question étant bien sûr : de quel côté ? Ou peut-être devrait-on se demander si une logique lacanienne de la cause (en tant que *Chose, das Ding*) n'interrompt pas la possibilité d'être fidèle à une Cause politique, tout comme la causalité structurale a peut-être empêché Althusser de rejoindre la Cause de Sartre et le bord

dont l'ombre plane sur ce débat au moins autant que celle de Marx, n'est donc souvent guère qu'un nom de code servant à critiquer la persistance d'éléments humanistes et idéalistes chez le jeune Marx, même si, selon Badiou, le courant anti-humaniste n'est pas totalement incompatible avec un retour à Hegel lui-même, à condition d'abandonner la *Phénoménologie de l'Esprit* au profit de la *Science de la logique*.

Pour faire la critique du dogme stalinien, Sartre s'est appuyé sur les thèmes typiquement hégéliens de l'aliénation et de la lutte pour la conscience de soi qui ont si fortement inspiré le Marx des *Manuscrits de 1844.* Mais Badiou considère que, pour héroïque qu'elle soit, cette tentative a trahi à la fois Hegel et Marx. « Dans la *Critique de la raison dialectique* (mais après le jeune Lukács, après Korsch), Sartre, d'un même mouvement, saluait le marxisme comme l'horizon indépassable de notre culture et entreprenait de démanteler ce marxisme en le réalignant de force sur l'idée d'origine qui lui est la plus étrangère : la transparence du *cogito*. [...] Faux l'un et l'autre, ce Marx et ce Hegel, le premier d'être réduit au second et le second d'être séparé de la part de lui-même qui avait précisément frayé la voie au premier : la *Grande Logique*[69] ». Althusser voulait quant à lui renouer avec la radicalité de la découverte par Marx de la causalité structurale en la dépouillant de tous ses éléments hégéliens : « Althusser

maoïste. Žižek a récemment tenté de réconcilier les deux sens du mot « cause » : « Le trope politique standard "la cause de la liberté" devrait être pris de manière plus littérale qu'on ne l'entend habituellement, dans *les deux* principaux sens du mot "cause" : la cause qui produit des effets et la cause politique qui nous mobilise. Ces deux significations ne sont peut-être pas aussi disparates qu'il y paraît : la Cause qui nous mobilise (la "cause de la liberté") agit comme Cause absente qui perturbe le réseau de la causalité » (*cf.* Slavoj Žižek, *In Defense of Lost Causes*, Londres, Verso, 2008, p. 289). Badiou écrit aussi : « Lacan établit en effet que la cause du désir est un objet perdu, manquant, et qu'ainsi le désir, articulé sous la loi symbolique, n'a ni substance, ni nature. Il n'a qu'une vérité » (*Petit panthéon portatif*, Paris, La Fabrique, 2008, pp. 12-13).

69. Badiou *et al.*, *Le Noyau rationnel*, p. 207.

restituait au marxisme une sorte de tranchant brutal, l'isolait de la tradition subjectiviste, le remettait en selle comme connaissance positive ». Mais ce projet reposait sur un double évitement : « En même temps, Marx et Hegel, quoique dans des termes inversés, s'y trouvaient tout autant forclos que dans l'époque antérieure. Le second en ce que sa figure unilatérale, prise comme cible, se trouvait de ce fait même cautionnée : le Hegel matérialiste de la *Grande Logique* est tout aussi muet pour Althusser que pour Sartre[70] ».

La dialectique de Badiou cherche à traverser l'alternative, grandiose mais débilitante, que représentent Sartre et Althusser par le biais d'une recomposition divisée, tout en demeurant fidèle aux deux principaux référents du maoïsme français. « Ce que la Révolution culturelle et Mai 68 firent comprendre à échelle de masse, c'est qu'il fallait tout autre chose qu'une oscillation des traditions intellectuelles nationales (entre le Descartes du *cogito*, Sartre, et le Descartes des machines, Althusser) pour réinvestir le marxisme dans le mouvement révolutionnaire réel. » Badiou conclut : « Le propos maoïste est de rompre cette alternance, cette esquive[71] ». Enfin, pour tracer une diagonale dans le débat Sartre/Althusser, le maoïsme implique un retour au conflit des interprétations autour de Hegel. En fait, c'est par sa division même que Hegel semble être le seul remède à la tentation de soumettre son œuvre au réductionnisme, qu'il soit positiviste ou idéaliste : « Hegel demeure l'enjeu d'un interminable conflit, car la compréhension travaillée de sa division est ce qui interdit seule, dans la pensée du rapport Marx/Hegel, et la déviation idéaliste-romantique, et la déviation scientiste-académique, et, finalement, la haine tout court du marxisme[72]. »

70. *Ibid.*
71. *Ibid.*, p. 210.
72. *Ibid.*

Cependant, pour rendre justice à Sartre et à Althusser, on doit peut-être ajouter que leur œuvre respective contient sans conteste nombre des éléments nécessaires à leur division. Dans certaines formulations d'Althusser, l'étude systématique de la surdétermination sous certaines conditions, qu'il appelait aussi des « événements », révèle l'excès de la structure sur ses ressources immanentes, excès qui présuppose déjà l'inscription d'un effet de sujet qui n'est pas simplement idéologique. À l'inverse, on peut s'attendre à trouver des restes d'opacité et de contre-finalité de la structure, ou pour reprendre le vocabulaire sartrien, une part de « pratico-inerte », dans les efforts du sujet pour atteindre à la transparence du *cogito* comme conscience de soi.

Un ne cesse jamais de se diviser en deux. Mais j'insisterai sur l'idée que, de la même façon, il faut appliquer la logique de la scission et de la recomposition aux notions d'être et d'événement développées par Badiou dans son œuvre ultérieure. À défaut de le faire, on manquerait la singularité des opérateurs diagonaux (sites, fidélité, enquête, forçage, etc.) qui rattachent une ontologie purement mathématique à une théorie du sujet intervenant. C'est cette diagonale que, selon Badiou, le maoïsme rend possible, à un niveau tant philosophique que politique : « Je dirais qu'au fond j'ai trouvé dans le maoïsme quelque chose où il n'y avait plus d'antinomie entre ce que la mathématique peut véhiculer de transparence formelle et structurale d'un côté, et de l'autre, le protocole de constitution du sujet[73]. » Pour le dire autrement, si Sartre, Althusser et Lacan nomment les trois maîtres ou enseignants qui ont marqué l'apprentissage philosophique de Badiou, il faut ajouter que le nœud borroméen qui les relie tous les

73. Voir « Peut-on penser le nouveau en situation ? Entretien entre Bruno Bosteels et Alain Badiou », p. 70.

trois, pour utiliser une catégorie chère au dernier de la série, n'aurait jamais pu s'établir sans l'expérience du maoïsme.

De la destruction à la soustraction ?

Alors, y a-t-il jamais eu de coupure dans l'œuvre de Badiou ? En refusant d'établir une opposition tranchée entre la « jeunesse » et la « maturité » de Badiou (laquelle serait marquée par l'abandon de la dialectique), n'avons-nous pas déformé sa philosophie pour lui imposer un continuisme aveugle ? N'est-il pas nécessaire d'introduire la légère distance d'un préfixe dans le maoïsme de Badiou ? Comment interpréter le fossé affirmé dans l'invocation d'un *post*-maoïsme ? Après tout, Badiou ne structure-t-il pas sa conférence sur la Révolution culturelle autour de l'hypothèse que cette série d'événements marque la fin d'une époque – la fin, précisément, de l'époque révolutionnaire ? Que faire de cette hypothèse à la lumière de la dette durable de Badiou envers le maoïsme et, plus généralement, envers le marxisme ?

Alberto Toscano a proposé l'une des interprétations les plus claires et les plus sophistiquées de la rupture immanente au marxisme-léninisme qui semble s'être produite dans l'œuvre de Badiou. Selon Toscano, cette rupture est consommée vers 1985, en particulier dans *Peut-on penser la politique ?*, où Badiou effectue une déconstruction définitive de l'approche métaphysique et classiste de la politique. Avant cela, l'idée de communisme impliquait une politique de la transitivité, qui avait pour moteur l'antagonisme entre la structure dominante de la représentation et le sujet irreprésentable qui, bien que forclos, se précède lui-même. « Ce qui, dans ces doctrines mérite le qualificatif de "métaphysique", c'est l'idée que la politique s'inscrit d'une façon ou d'une autre dans la représentation, que ce qui est forclos par la domination n'en est pas moins doté d'une force politique latente ; autrement dit, l'idée que le sujet politique qui émerge du travail du positif, qu'il s'agisse de l'appropriation de la production ou de la limitation et de la destruction de la place, est l'obscur précurseur de lui-même[74]. » Selon cette interprétation, avec *Peut-on penser la politique ?*, la compréhension badiousienne de la politique passe d'une logique de l'antagonisme ancrée dans les classes (y compris sous sa forme la plus violente de destruction et d'autopurification par la terreur) à une logique de soustraction totalement intransitive à toute substance préalable, sociale, économique ou autre : « Ce qui est incontestable, c'est que l'abandon de l'antagonisme de classe comme support dialectique de la subjectivité communiste l'affecte d'une intransitivité radicale à la représentation, mais aussi d'une discontinuité de ses manifestations[75] ». En abandonnant la transitivité de la subjectivité politique à la structure de l'antagonisme (quand bien même cette structure serait posée comme ténue et aléatoire), Badiou aurait donc définitivement renoncé au principe fondamental qui sous-tend toute position marxiste-léniniste.

Toscano semble toutefois hésiter dans sa tentative de tracer une frontière conceptuelle nette entre les opérations typiques du mode transitif de la politique (réappropriation, destruction, purification) et celles qui présupposent une certaine déconstruction de la métaphysique de la transitivité (soustraction, évitement, prise de distance). À plusieurs moments de sa description, les opérations antérieures et postérieures à la rupture en viennent à se ressembler tellement qu'elles semblent abolir l'idée de rupture linéaire et définitive. Ces

74. Alberto Toscano, « *Communism as Separation* », *in* Peter Hallward (éd.), *Think Again : Alain Badiou and the Future of Philosophy*, Londres, Continuum, 2004, p. 143.
75. *Ibid.*, p. 145.

résonances n'indiquent pas nécessairement que l'interprétation de Toscano soit défectueuse, mais plutôt que nombre des opérations auparavant cruciales dans la philosophie de Badiou ont conservé toute leur importance, bien qu'elles soient désormais orientées ou accentuées différemment. Ainsi, dans des textes plus récents, le passage supposé linéaire de la destruction à la soustraction, ou de la purification au jeu de la différence minimale, cède la place au réordonnancement complexe d'une simultanéité. L'hésitation même de Toscano témoigne de la possibilité d'une telle combinaison, qui ne s'est réalisée que tout récemment pour Badiou.

Une fois encore, le maoïsme de Badiou semble avoir une fonction symptomatique dans ce contexte. En fait, ce que semble oublier l'idée de déconstruction de la « fiction » de la transitivité entre politique et social dans le marxisme-léninisme, c'est que cette déconstruction est elle-même héritée du maoïsme. Trop souvent, les lecteurs de Badiou voudraient croire que ce que ce dernier dit du marxisme « classique » ou « orthodoxe », ou du marxisme-léninisme (par exemple dans *Peut-on penser la politique ?*) s'applique automatiquement, par le biais d'une autocritique immanente, à son propre maoïsme. Mais cette approche minimise l'importance non seulement des notes critiques qu'en 1958 et 1960 Mao a consacrées aux *Problèmes économiques du socialisme en URSS* de Staline et au manuel d'économie politique officiel de l'Union soviétique, mais aussi de la critique de l'« ouvriérisme », exemple type de politique de la transitivité, formulée par Badiou et ses camarades maoïstes de l'UCFML.

L'« ouvriérisme », que l'UCFML tient pour une tare idéologique constitutive de la Gauche prolétarienne, consiste à confondre l'être social de la classe ouvrière avec sa capacité politique. En pratique, cette confusion implique une réduction de la lutte militante à des revendications purement économiques, occasionnellement intensifiées par une violente surenchère destinée à provoquer les autorités en place. Pour l'UCFML au contraire, on ne saurait réduire la politique à une série de revendications économiques, même lorsque ces dernières sont inscrites dans une chaîne d'équivalences élargie. En outre, il faut refuser l'attitude faussement populiste, typiquement moralisante et paternaliste, consistant à considérer que les ouvriers sont dotés d'une capacité politique innée ou immanente. Dans une circulaire rédigée peu après sa création, l'UCFML insiste sur ce point : « Il est complètement faux de penser que n'importe quelle pratique sociale de n'importe quel ouvrier est révolutionnaire, prolétarienne. Il faut fermement combattre ces orientations qui, malgré l'aspect "de gauche" qu'elles peuvent essayer de prendre, sont de droite en réalité. Elles rejettent en effet la liaison de masse et l'analyse matérialiste[76]. » Cela signifie aussi que le moment de la politique ne peut être subordonné à des revendications purement économiques, comme celles que formulent typiquement les syndicats. En fait, seule une distinction claire entre la substance socio-économique de la catégorie d'ouvrier et sa capacité subjective organisée permet de préserver l'autonomie de la politique. « L'ouvriérisme, le culte de l'ouvrier, qui fit tant de ravages, et qui fut bien plus que le gauchisme, notre maladie infantile, c'est du point de vue politique, l'incapacité à manier réellement la question du parti comme noyau dirigeant du peuple tout entier », peut-on lire dans un numéro spécial du *Marxiste-Léniniste*. « L'ouvriérisme et le syndicalisme comme idéologies, l'une de certains militants, l'autre de certains ouvriers, c'est le refus de diriger, le refus

76. « Circulaire sur quelques problèmes idéologiques » (septembre 1970), repris dans UCFML, *Première année d'existence*, *op. cit.*, p. 20.

de l'indépendance politique prolétarienne[77]. » Au fond, d'un point de vue maoïste, il n'existe pas de classes avant que celles-ci ne se distinguent les unes des autres dans la lutte. Ou, pour reprendre une expression philosophique concentrée du même principe que Badiou utilise dans *Théorie de la contradiction* : « Une classe ne préexiste jamais à la lutte des classes. Exister, c'est s'opposer. L'existence d'un terme est tout entière donnée dans sa corrélation contradictoire à l'autre terme de la scission[78]. » Par conséquent, aux yeux de Badiou, la véritable rupture sur le plan de la transitivité de la politique s'effectue *au sein du* marxisme-léninisme *en tant que conséquence* du maoïsme.

Politique et histoire

Au lieu d'invoquer telle ou telle version de la critique de la métaphysique, dans laquelle le maoïsme ne serait que trop susceptible de devenir l'équivalent du marxisme-léninisme, et celui-ci à son tour un simple synonyme du stalinisme, on pourrait avancer que, chez Badiou, la rupture tourne autour de l'historicité intrinsèque de la politique. L'UCFML l'affirme dans un fascicule distribué après la mort de Mao : « Être maoïste, c'est être à l'école de l'histoire. » Mais ce principe doit aussi s'appliquer à l'étude du marxisme : « Il faut étudier l'histoire contemporaine et *pratiquer le matérialisme historique à propos du marxisme lui-même*[79]. » Le marxisme n'est pas une doctrine ni une théorie, économique ou philosophique, mais il n'est pas non plus une simple idéologie, et encore moins une vision du monde ; c'est au contraire une politique, la politique du communisme, et ses différents

77. *Le Marxiste-Léniniste*, n° 12, automne 1976, p. 21.
78. Badiou, *Théorie de la contradiction*, p. 58.
79. UCFML, *Sur le maoïsme et la situation en Chine*, *op. cit.*, pp. 1-2.

stades forment une histoire interne, dont on peut tout au plus dire qu'elle se trouve concentrée dans les théories de Marx et d'Engels, de Lénine et de Mao.

Ainsi, lorsqu'en 1981 les militants de l'UCFML tirent le bilan de leur trajectoire dans un numéro spécial du *Marxiste-Léniniste*, ils commencent par reconnaître l'échec, ou le total anéantissement de la puissance historique, des deux principaux points de repère qu'ils s'étaient donné au départ, la Révolution culturelle et Mai 68 : « Ces référents sont aujourd'hui sans puissance propre. Nous portons leurs questions plutôt que leurs issues[80]. » Cet échec de la référentialité ne signifie pas que l'on en aurait fini avec le double héritage du maoïsme. Bien au contraire, c'est à partir des questions qu'il a laissé irrésolues qu'il faut donner au marxisme un audacieux nouveau commencement : « Contre Mai 68, nous savons qu'il faut la politique, le parti, la rupture ; et que la classe ouvrière comme réalité politique est une tâche plutôt qu'une donnée. Au regard de la Révolution culturelle, nous savons qu'elle a échoué, et que le maoïsme a pour centre cet échec plutôt que ce qui a eu lieu. Nous, qui avons commencé dans le croisement de Mai 68 et de la G.R.C.P., avons conscience d'avoir duré pour d'autres raisons : la tenacité politique, et la certitude que le communisme est un processus plutôt qu'un résultat. Processus dont la matière et l'enjeu sont le Parti de type nouveau, le Parti de l'époque post-léniniste, qui commence à peine, et qui est elle-même prise dans le commencement général de cette civilisation énorme qui a le nom du marxisme. Notre fidélité à notre origine nous enjoint de tenir un deuxième commencement. Qui connaît la période et le risque de son histoire a la consistance de ce qui peut vaincre et durer[81]. »

80. Anonyme, « Introduction », *Le Marxiste-Léniniste, 10 ans de maoïsme*, n° 50-51, 1981, p. 1.
81. *Ibid.*

Dans d'autres brochures de la même époque, les auteurs anonymes de l'UCFML vont même jusqu'à poser que pour être marxiste, il faut en un sens devenir post-maoïste. Armés du savoir historique, conscients que l'échec d'un projet révolutionnaire comme la Commune de Paris fut peut-être plus instructif pour Marx et Lénine que ne l'aurait été une victoire, les auteurs en appellent à une enquête soutenue sur les obstacles et les contradictions expliquant l'échec de la Révolution culturelle – échec révélé de façon symptomatique au cours des procès de la Bande des Quatre. « L'échec d'une révolution fixe universellement la tâche de préciser sur quoi elle a buté ; quelle question politique interne lui a interdit, dans des conditions de masse positives, d'atteindre ses principaux objectifs conscients », peut-on lire dans la brochure *Questions du maoïsme : De la Chine de la Révolution culturelle à la Chine des Procès de Pékin.* « Aujourd'hui, un marxiste est quelqu'un qui, dans le cadre d'une politique organisée, s'efforce de résoudre pour son propre compte les PROBLÈMES laissés en suspens par le maoïsme initial, le maoïsme de Mao Tsé-toung, le maoïsme contemporain de la Révolution culturelle. Il n'y a pas d'autre marxisme que celui-là[82]. » Puisque le problème fondamental qu'a laissé irrésolu la Révolution culturelle est celui de parti, la résolution de ce problème implique de concevoir des moyens de constituer un parti de type nouveau, le parti du post-léninisme. C'est sur ce problème qu'a très tôt buté la Révolution culturelle.

L'hypothèse centrale énoncée par Badiou dans sa conférence sur la Révolution culturelle reprend donc plusieurs des thèses avancées par l'UCFML entre la fin des années 1970 et le début des années 1980, à l'époque où le groupe

82. UCFML, *Questions du maoïsme : De la Chine de la Révolution Culturelle à la Chine des Procès de Pékin*, Marseille, Potemkine, 1981, p. 10.

cherchait à réévaluer son militantisme à partir du concept et de la pratique du post-léninisme. La Révolution s'est révélée incapable de résoudre la tension entre le cadre du Parti-État et les mobilisations massives qui devaient défaire ce cadre de l'intérieur. La brochure de l'UCFML publiée juste après la mort de Mao le dit clairement : « La Révolution Culturelle Prolétarienne n'a pas transformé radicalement la pensée politique des dirigeants de la gauche maoïste sur les questions de l'organisation. C'est largement dans le cadre du Parti que, depuis 1969, se sont jusqu'à ce jour livrées les batailles politiques concernant les orientations fondamentales de l'édification du socialisme. Il semble bien qu'ait subsisté une contradiction entre une orientation politique d'ensemble largement renouvelée par la révolution culturelle et un cadre organisationnel dont la réalité comme la théorie restaient pour l'essentiel inchangées[83]. »

Ou, pour citer l'excellent résumé proposé par Paul Sandevince (pseudonyme de Sylvain Lazarus) dans ses *Notes de travail sur le post-léninisme* : « Le maoïsme par rapport à cela marque une rupture. Plutôt, il ouvre à la nécessité d'une rupture, sans que pour autant le dispositif conceptuel de cette rupture soit constitué. Il y a un relatif silence de la G.R.C.P. et de Mao sur ce que serait le profil du parti de la nouvelle étape. Mao et la G.R.C.P. ouvrent à la période du post-léninisme en ouvrant des pistes sur la question des masses, sur le prolétariat, mais pas sur la politique prolétarienne, sur la politique du parti. Mao ouvre sur le post-léninisme en termes de politique de masse, sans que pour l'instant on puisse dire que le principe d'une unité entre politique de masse et politique de classe (parti) soit trouvé[84]. » Si le maoïsme de la Révolution

83. UCFML, *Sur le maoïsme et la situation en Chine, op. cit.*, pp. 16-17.
84. Sandevince, *Notes de travail sur le post-léninisme, op. cit.*, p. 9.

culturelle fut un effort héroïque mais avorté pour donner une nouvelle forme d'organisation à une politique post-léniniste, alors, après l'échec de la Révolution culturelle, il s'agit de préparer un nouveau maoïsme, ou un post-maoïsme, en s'appuyant sur une série d'enquêtes militantes.

On peut donc comprendre pourquoi Badiou, tout en reconnaissant la clôture d'une époque, dit sans honte ni remords, au présent de narration, « le maoïste que je suis » ; ou pourquoi, dans *Théorie du sujet*, il admet une « incoercible nostalgie » des années de la Révolution culturelle, y compris du « culte de Mao » auquel il a lui aussi pris part : « Je ne suis preneur ni de la revanche posthume de Camus sur Sartre, ni de l'éloge immodéré de Raymond Aron, du chef qu'il se serait "moins trompé", ce à quoi en effet on parvient sans peine quand on ne prend pas d'autres risques que de suivre la pédagogie du monde comme il va[85]. » Le maoïsme et la Révolution culturelle, loin de se conformer à une pédagogie du monde tel qu'il est, continuent au contraire de poser des problèmes auxquels un travail d'enquête audacieux et assidu peut commencer à formuler de possibles solutions.

85. Badiou, *Théorie du sujet, op. cit.*, p. 318

TABLE

AUX PRAIRIES ORDINAIRES

Dans la même collection

Félix Guattari, *La Révolution moléculaire*, août 2012

Dans la collection *Penser/Croiser*

Mike Davis, *Soyez réalistes, demandez l'impossible*, septembre 2012

Fredric Jameson, *La Totalité comme complot*, septembre 2012

Dans la collection *Singulières modernités*

David Harvey, *Paris, capitale de la modernité*, 2012

Ernst Bloch, *Thomas Münzer, théologien de la révolution*, 2012

Hors collection

The Wire, reconstitution collective, coédition Capricci/Les Prairies ordinaires, 2011

Achevé d'imprimer par Normandie Roto Impression s.a.s. à Lonrai

Dépôt légal : avril 2012

Numéro d'impression : 121685

Imprimé en France